Amerika war schon immer »great«. Nicht erst heutzutage konnten Männer mit manchmal sehr ungewöhnlichen Biografien ins Weiße Haus gelangen. In diesem spannenden, amüsanten und auch nachdenklichen Buch werden 13 dieser Präsidenten wieder lebendig, allesamt Individualisten, die fast alle weitab vom gängigen Politikertyp agierten und die dennoch das Amt prägten, in ihm scheiterten, mitunter aber sehr erfolgreich waren: Wir begegnen dem einzigen Präsidenten, der eigenhändig einen anderen Mann erschossen hat (Andrew Jackson). Wir begleiten einen Bücherwurm, der sich selbst zum Cowboy und Macho trimmte (Theodore Roosevelt). Wir sehen einen Mann, der im Berufsleben gescheitert war – und plötzlich über den Einsatz der Atombombe entscheiden musste (Harry Truman) und wir verfolgen den Aufstieg eines zutiefst misstrauischen Menschen, der sich von einer Welt von Feinden umgeben sah und schließlich vom höchsten Amt zurücktreten musste, als einziger Präsident (Richard Nixon). Eine verblüffende und außergewöhnliche Porträtgalerie der sonderbarsten Männer im mächtigsten Amt der Welt.

Ronald D. Gerste, geboren 1957, ist Arzt, Historiker und Amerikakenner. Er lebt als Buchautor und Wissenschaftskorrespondent in Washington, D.C. Er schreibt u.a. für die *Frankfurter Allgemeine Zeitung*, die *Neue Zürcher Zeitung* und *Die Zeit*. Bei Klett-Cotta erschienen kürzlich auch seine Bücher »Amerika verstehen« und »Die Heilung der Welt«.

RONALD D. GERSTE

TRINKER, COWBOYS, SONDERLINGE

DIE 13 SELTSAMSTEN PRÄSIDENTEN DER USA

KLETT-COTTA

MIX
Papier aus verantwortungsvollen Quellen
FSC
www.fsc.org
FSC® C083411

Klett-Cotta
www.klett-cotta.de

Printed in Germany
Cover: Rothfos & Gabler, Hamburg
Unter Verwendung folgender Fotos von
© akg-images (Kennedy, Roosevelt, Pierce, Grant, Nixon),
© picture alliance (Truman) und © shutterstock (Trump),
alle übrigen von Wikimedia Commons
Innenteil: Die Porträts der Präsidenten zu Beginn der jeweiligen Kapitel sind von der Library of Congress, Washington, mit Ausnahme des Porträts von Richard Nixon, das von Wiki-Commons – Public Domain (Foto: Oliver F. Atkins) stammt und des Porträts von Donald Trump, © shutterstock / Alex Gakos.
Gesetzt von C.H.Beck.Media.Solutions, Nördlingen
Gedruckt und gebunden von CPI – Clausen & Bosse, Leck
ISBN 978-3-608-96481-3

Bibliografische Information der Deutschen Nationalbibliothek
Die Deutsche Nationalbibliothek verzeichnet diese Publikation in der Deutschen Nationalbibliografie; detaillierte bibliografische Daten sind im Internet über http://dnb.d-nb.de abrufbar.

INHALT

PROLOG

Die amerikanische Nation hatte sich in den Abendstunden vor den schwarz-weiße Bilder liefernden Fernsehgeräten eingerichtet, die im abgelaufenen Jahrzehnt ihren Siegeszug angetreten und in fast jedes Wohnzimmer zwischen Maine und Kalifornien eingezogen waren. Der Mann, mit dem diese nun der Vergangenheit angehörende Dekade, die fünfziger Jahre, für immer assoziiert sein würde, wandte sich an diesem 17. Januar 1961 gegen halb neun Uhr Ostküstenzeit an seine Landsleute. Es war eine Premiere: Zum ersten Mal würde ein amerikanischer Präsident sich direkt von vielen Millionen seiner Mitbürgerinnen und Mitbürger verabschieden. Die neue Technologie machte es möglich. Frühere Generationen mussten sich mit einer *farewell address* ihres Präsidenten wie jener des Gründervaters George Washington von 1797 in den Gazetten begnügen. Jetzt konnte die Bevölkerung in sein Gesicht blicken, seine Stimme hören und an seinen Emotionen teilhaben. Und Dwight David Eisenhower enttäuschte sie nicht.

Die Worte des großväterlich wirkenden 34. amerikanischen Präsidenten, der sein Amt in drei Tagen an einen Mann aus einer neuen Generation, den erst 43-jährigen John F. Kennedy, übergeben würde, waren ernst. Eisenhower, der über acht Jahre wirtschaftlicher Prosperität und – ungeachtet aller Krisen wie jener um Suez oder die abgeschossene U2 und der aus amerikanischer Sicht wenig erfreulichen Überraschungen wie Sputnik – eines breiten nationalen Optimismus das Land geführt hatte, warnte davor, allein für die Freuden des Tages zu leben und die Zukunft außer Acht zu lassen. Man könne nicht den Besitz der Enkelkinder vergeuden, die Existenz der Demokratie müsse für zukünftige Generationen gesichert werden und dürfe nicht zu einem bloßen Symbol, einem »insolvent phantom of tomorrow«, verkommen.

Dann wandte sich Eisenhower, der dieser Rede eine solch enorme Bedeutung beimaß, dass er zusammen mit seinem Bruder Milton über ein Jahr lang an ihr gearbeitet hatte, der dominierenden Frage von Krieg und Frieden zu. Zur Überraschung der Zuschauer ging er indes kaum auf die Bedrohung durch den Rivalen im Kalten Krieg, die Sowjetunion, ein. Seine Miene verfinsterte sich, als er vor Gefahren für die Freiheit und den Frieden warnte, die im eigenen Land, im Regierungs- und Wirtschaftssystem der USA wie ein Krebsgeschwür scheinbar unaufhaltsam zunahmen. Seine geradezu düstere Vision gipfelte in den berühmtesten Sätzen der Rede: »Wir müssen auf der Hut sein vor unberechtigten Einflüssen des militärisch-industriellen Komplexes, ob diese gewollt oder ungewollt sind. Die Gefahr für ein katastrophales Anwachsen unbefugter Macht besteht und wird weiter bestehen. Wir dürfen niemals zulassen, dass das Gewicht dieser Kräfte unsere Freiheiten oder unseren demokratischen Prozess bedroht.«[1]

Die Mahnung vor dem Militär und der Rüstungsindustrie war vor allem deshalb so authentisch – und für viele Zuhörer so überraschend –, da sie aus dem Munde eines Mannes kam, der fast sein gesamtes Berufsleben in Uniform verbracht hatte, von seinem Eintritt in die Militärakademie West Point 1911 bis zu seinem Abschied aus der Armee 1952 vor seiner Kandidatur für die Präsidentschaft.[2] Dwight D. Eisenhower war bei seiner Wahl bereits eine weltweit verehrte Persönlichkeit als der Mann, der als Oberbefehlshaber der Alliierten im Zweiten Weltkrieg weite Teile Europas von der Nazityrannei befreit hatte.

Dass ausgerechnet ein Berufssoldat vor der Machtzunahme von Militär und Rüstungslobby warnte, gab Eisenhowers Rede eine tiefe, fast bedrohliche Bedeutung. Mehr noch: Die Worte des alten Generals haben mehr als sechzig Jahre später nichts von ihrer Bedeutung verloren. Es scheint vielmehr, als seien sie geradezu prophetisch gewesen. Die USA der Gegenwart sind ein militärischer Koloss, der mehr für seine Streitkräfte ausgibt als die nächsten Länder auf dieser Rangliste zusammen.[3] Auch wenn immer wieder das Ende des amerikanischen Jahrhunderts (als solches gilt das zwanzigste) und der Aufstieg wechselnder Rivalen beschworen wird, so sind in der Gegenwart die Macht und der Einfluss der USA ungebrochen – politisch wie militärisch, wirtschaftlich wie kulturell[4].

Es liegt auf der Hand, dass damit auch der Exekutive, der die amerikanische Verfassung eine beträchtliche Machtfülle – im System der *checks and balances* mit Kongress und Oberstem Bundesgericht – zuspricht, eine ungeheuer weitreichende Bedeutung zukommt: dem Präsidenten der USA. Die Person und die Biografie des Mannes – bislang waren es ausschließlich Männer – im Weißen Haus sind indes nicht erst mit dem Aufstieg der USA zur globalen Supermacht ein Gegenstand von breitem öffentlichen Interesse geworden. Schon das Leben und der Charakter des ersten Präsidenten George Washington wurden im letzten Viertel des 18. Jahrhunderts in Büchern und Essays dem europäischen Publikum nahegebracht. Die neue Nation lag zwar etwas außerhalb des macht- und kulturpolitischen Horizontes, das Amt an ihrer Spitze faszinierte indes von Anbeginn an. Denn dieses Amt stand in einem signifikanten Gegensatz zu dem Herrschaftstypus, der in fast allen europäischen Ländern – wieder einmal hatte die Schweiz auch in dieser Hinsicht einen rühmlichen Sonderweg beschritten – die Regel war: zu den Dynastien. Während Monarchien – aufgeklärte wie in England, despotische wie in Russland – in der Alten Welt regierten, wurde in der Neuen Welt ein Mann mit der Regierungsverantwortung betraut, der nicht in diese Rolle hineingeboren, sondern von seinen Landsleuten gewählt wurde. Die amerikanische Präsidentschaft ist ein Erbe der bürgerlichen Revolutionen des Zeitalters der Aufklärung.

Die Geschichte dieser Institution ist deshalb über weite Strecken eine biografische. Zum Zeitpunkt der Drucklegung dieses Buches regiert mit Joseph Robinette Biden Jr. der 46. US-Präsident. Die Führung des Amtes wird unweigerlich durch den Charakter des Inhabers, durch seine persönlichen Erfahrungen, durch seine Stärken, seine Schwächen und manchmal auch durch seine Spleens, Verrückt- und Besonderheiten geprägt. In diesem Buch werden dreizehn Präsidenten vorgestellt, die solche Besonderheiten aufweisen. Einige davon würde man heute als mit dem Amt unvereinbar ansehen (wie die Neigung zum Alkohol), andere (wie eine ausgeprägte Vorliebe für Literatur, nicht nur als Leser, sondern auch als Autor) vielleicht gar herbeisehnen. Ein Präsident, der eigenhändig aus nach heutiger Wertvorstellung nichtigen Gründen einen anderen Menschen erschossen hat, wäre in der Gegenwart kaum als Politiker tragbar, ein anderer, der in fast jedem Beruf gescheitert ist und kein College besucht hat, zumindest unwahrscheinlich.

Die Auswahl dieser dreizehn Persönlichkeiten ist notgedrungen höchst subjektiv, und mancher Leser wird sich fragen, warum gerade dieser berücksichtigt wird und nicht jener, der doch ebenso infrage käme. Es bleibt der Leserin und dem Leser überlassen, zu einer persönlichen Einschätzung der dreizehn Präsidenten zu kommen, die wir vor allem auf ihrem Weg ins Weiße Haus, bei ihrem Aufstieg in der Politik begleiten. Ob jemand unter den *chosen thirteen* ein guter oder gar großer Präsident war, wird sich an den jeweils unterschiedlichen Wertvorstellungen entscheiden. Wie jeder Biograf und jeder Verfasser einer biografischen Skizze bekenne ich mich schuldig, dass hier und dort im Text sicher auch etwas von der eigenen Sympathie oder Antipathie einfließt. Je sechs unserer Präsidenten regierten im 19. und im 20. Jahrhundert, einer im 21. Jahrhundert. Bei den Erstgenannten schwang auch ein wenig das Bemühen mit, sie weitgehender Vergessenheit zu entreißen – oder wissen Sie, wer Chester Arthur war?

Wie angedeutet, kann man lange darüber philosophieren, wer noch in ein Buch über auffallende, besondere oder regelrecht skurrile Präsidenten hineingehört. Zwei Präsidenten, Woodrow Wilson und Franklin D. Roosevelt, sind aufgrund medizinischer Aspekte ungewöhnlich; beide spielen in einem anderen Buch aus meiner Feder eine wichtige Rolle.[5] Den in der Erstausgabe dieses Buches vorgestellten zwölf amerikanischen Präsidenten gesellt sich nun ein dreizehnter hinzu. Wer könnte abstreiten, dass das Adjektiv »seltsam« aus dem Titel auf Donald John Trump zutrifft? Ein Trinker indes – seine konsequente Meidung des Alkohols aufgrund des tragischen Schicksals seines Bruders nötigt auch politisch Andersdenkenden Respekt ab – ist er ebensowenig wie ein Cowboy. Seine Amtszeit ist noch zu gut in aller Zeitgenossen Gedächtnis, seine Tiraden sind zu frisch und die von ihm zwar nicht ausgelöste, wohl aber intensivierte und geradezu zementierte Polarisierung der amerikanischen

Gesellschaft so auf absehbare Zeit beständig, dass dieser Persönlichkeit der Gegenwart hier in den biografischen Skizzierungen der amerikanischen Präsidentschaftsgeschichte nicht allzu viel Platz eingeräumt werden müsste. Dies gilt auch, da die Einschätzungen des 45. Präsidenten durch die Öffentlichkeit weitgehend in Stein gemeißelt scheinen: Seine Anhänger (von denen es auch in Deutschland und anderen europäischen Ländern keineswegs wenige gibt) verehren ihn ungebrochen und wohl zweifellos dauerhaft. Seine Kritiker und – dies muss man wohl so sagen, denn bei zahlreichen seiner Gegner reicht die Ablehnung extrem tief – Hasser werden kaum je ein gutes Haar an ihm lassen, ungeachtet der Tatsache, dass seine Präsidentschaft für die USA und die Welt keineswegs rundum eine Katastrophe war. Den Mann, der sich weit stärker durch sein Auftreten, seine Rhetorik und vor allem durch sein die amerikanische Demokratie schädigendes Verhalten in seinen letzten Wochen im Weißen Haus – die Leugnung des Wahlergebnisses von 2020, seine Rolle im Zusammenhang mit dem Sturm auf das Capitol am 6. Januar 2021 – als durch die Bilanz seiner Administration für Zeitgenossen wie spätere Historiker definiert hat, den übrigen zwölf Präsidenten gegenüber zu stellen, trägt sicher zur Verklärung der meisten von ihnen, wie fehlerbehaftet (und damit menschlich) sie auch sein mochten, bei. Oder vielleicht gar in Kenntnis dessen, was im höchsten Amt tatsächlich möglich ist, zur Wertschätzung aller, vom streitsüchtigen Andrew Jackson bis zum düsteren Richard Nixon?

ANDREW JACKSON

Der Unbeherrschte

7. Präsident der USA von 1829 bis 1837

Die Duellanten trafen sich im Morgengrauen – wie es bei solchen Treffen, bei denen es um »Ehre« ging, Usus war – und sahen die Sonne über dem Red River in Kentucky aufgehen. Nur einer der beiden würde sie an diesem 30. Mai 1806 untergehen sehen. Nachdem man zu den Pistolen gegriffen hatte, nahmen Charles Dickinson und Andrew Jackson in einem Abstand von 24 Fuß Aufstellung, was etwas mehr als sieben Metern entspricht. Ungeachtet der eisigen Atmosphäre zwischen den beiden Männern bestand Jackson darauf, dass Dickinson den ersten Schuss abfeuerte. Der hob die Pistole, schoss – und traf Jackson in die Brust. Der groß gewachsene, sehnige Mann mit den scharf geschnittenen Gesichtszügen wankte, fiel indes nicht. Er zielte und drückte den Abzug, doch der Hahn klemmte. Jackson spannte ihn erneut und drückte ab. Diesmal hallte der Schuss über das Flussufer. Dickinson stürzte, keiner der hinzueilenden Sekundanten konnte ihm mehr helfen. Der Mann aus Nashville, dessen Name nur in Erinnerung geblieben ist, weil sein Gegner noch einen grandiosen Lebensweg vor sich hatte, starb noch auf der Walstatt. Erst als Jackson den Platz des Duells verlassen wollte, bemerkten seine Begleiter, dass einer seiner Stiefel mit Blut gefüllt war. Der Sieger des Duells war offenbar schwerer verletzt, als es zunächst angesichts seiner stoischen Reaktion schien. An die in seinem Brustkorb sitzende Kugel traute sich jedoch kein Arzt. Andrew Jackson würde sie als Erinnerung an diesen denkwürdigen Tag bis ans Ende seines Lebens in seinem Körper tragen und immer wieder über durch die alte Verletzung hervorgerufene Beschwerden klagen – eines Lebens, das immerhin noch fast vierzig Jahre währen sollte.

Andrew Jackson ist in der Galerie der amerikanischen Präsidenten der einzige, der, seinen Biografen zufolge, kaltblütig bei einem Duell einen anderen Menschen tötete. Der also außerhalb eines Krieges oder kriegerischer Handlungen bewusst und zielgerichtet einen anderen Mann aus Gründen tötete, die man mit unseren heutigen Wertvorstellungen kaum nachempfinden kann. Mit Dickinson soll er Streit wegen eines Pferderennens gehabt haben, zudem soll sein Kontrahent abfällige Bemerkungen über Jacksons Frau Rachel gemacht haben – da war der zum Jähzorn neigende Mann extrem empfindlich. Diese nach damaligem

Ehrenkodex vertretbare Handlung, bei der der Tod eines anderen Menschen in Kauf genommen wurde, wird in der Geschichtsschreibung negativer bewertet als das Töten auf dem Schlachtfeld. Wie viele spätere Präsidenten dürften in ihrer militärischen Laufbahn, die später gern zu »Heldentum« verklärt wurde, für den Tod anderer verantwortlich gewesen sein – entweder durch eigene Handlungen oder aufgrund ihrer Befehle? George Washington, James Monroe, William Henry Harrison, Zachary Taylor, Franklin Pierce, Ulysses S. Grant, Rutherford Hayes, James Garfield, Benjamin Harrison, William McKinley, Theodore Roosevelt, Harry Truman, Dwight D. Eisenhower, John F. Kennedy, Richard Nixon und Ronald Reagan: Sie alle (und diese Aufzählung beansprucht keine Vollständigkeit) waren Kriegsteilnehmer gewesen. Nur bei Ronald Reagan können wir (ebenso wie bei dem Quäker Nixon) davon ausgehen, dass er niemandem auf der gegnerischen Seite unmittelbaren Schaden zufügte, da er wegen seiner Kurzsichtigkeit keinen Fronteinsatz erlebte, sondern im Public-Relations-Sektor der amerikanischen Armee im Zweiten Weltkrieg aktiv war und Informations- und Werbefilme drehte.

Die Singularität des bewussten Tötungsaktes am Flussufer in den Jahren einer jungen, an Gewaltakte gewöhnten Republik – erst zwei Jahre zuvor war Gründervater Alexander Hamilton in einem Duell vom *amtierenden* Vizepräsidenten der USA getötet worden – passt zu einem Mann, der wie kaum ein anderer im höchsten Staatsamt nicht nur eine Kämpfernatur war, sondern sich von seinen aggressiven Emotionen, manchmal von blanker Wut und Hass, leiten ließ. Denn für Andrew Jackson war das Leben seit den Kindertagen ein einziger Kampf. Anders als seine Vorgänger im Präsidentenamt, die »alteingesessenen« Familien in den englischen Kolonien entstammten (sofern dieser Begriff angesichts eines Zeitraumes von etwas mehr als 150 Jahren zwischen der Etablierung der ersten englischen Kolonie in Virginia und der Entfremdung vom Mutterland, die zur amerikanischen Revolution führte, angemessen ist), waren Jacksons Eltern erst zwei Jahre in der Neuen Welt, als seine Mutter Elizabeth Hutchinson Jackson ihn am 15. März 1767 zur Welt brachte. Die Eltern waren aus Irland zugewandert (präziser: aus einem County, einem Landkreis, der im heutigen Nordirland liegt) und brachten zwei Söhne mit nach Amerika, Andrews ältere Brüder Hugh und Robert. Es war eine randständige, kaum gesicherte Existenz ohne Wurzeln in der Fremde, in die der kleine Andrew hineinwuchs und die ihn von klein auf lehrte, um alles kämpfen zu müssen. Wie wenig verankert diese die Geschicke der USA in der ersten Hälfte des 19. Jahrhunderts so prägende Persönlichkeit war, unterstreicht auch die Tatsache, dass Andrew Jackson der einzige Präsident ist, den keiner der amerikanischen Bundesstaaten für sich in Anspruch nehmen kann. George Washington und Thomas Jefferson waren Virginier, John F. Kennedy kam – bei seinem ausgeprägten Bostoner Akzent unüberhörbar – aus Massachusetts wie auch das Vater-Sohn-Gespann John Adams (der zweite Präsident von 1797 bis 1801) und John Quincy Adams (der sechste Präsident von 1825 bis 1829). Von Andrew Jacksons Heimat weiß man wenig. Möglicherweise erblickte er in North Carolina oder in South Carolina das Licht der Welt und wuchs in der Region Waxhaw auf, die an der Grenze zweier Staaten liegt. Er selbst wusste es ebenso wenig wie Generationen von Historikern, die sich vergeblich bemühten, es herauszufinden; und als wolle er, zu Macht und Ansehen gelangt, nicht an das Nebulöse, das wenig Gefestigte seiner eigenen Herkunft erinnert werden, besuchte er als berühmter General und Präsident nie seine mutmaßliche Heimat.

Für die existenzbedrohende Unsicherheit seiner frühen Jahre war die in jenen Jahren denkbar größte Katastrophe verantwortlich, die ein Kind heimsuchen konnte: Der Vater Andrew starb plötzlich und unerwartet noch während Elizabeths Schwangerschaft. Der kleine Andrew wuchs bei einer alleinerziehenden Mutter und bei wechselnden und nicht immer freundlichen Verwandten heran. Den nächsten Verlust fügten ihm die Zeitläufte zu: 1775 brachen zwischen den Kolonien und dem Mutterland Großbritannien Kampfhandlungen aus. Bei Lexington und Concord, außerhalb von Boston, kam es zum ersten blutigen Aufeinandertreffen der Miliz von Massachusetts mit der Unterstützung von Freiwilligenkorps und dem britischen Militär, das in den fast acht Jahre währenden amerikanischen Unabhängigkeitskrieg mündete. Kaum eine der Kolonien, die sich seit der Unabhängigkeitserklärung vom Juli 1776 als »Vereinigte Staaten« bezeichneten, blieb von Kampfhandlungen verschont. Andrews Bruder Hugh hatte sich, kaum 16 Jahre alt, zur »Continental Army« unter dem Oberbefehl von George Washington gemeldet. In der Schlacht von Stono Ferry, unweit von Charleston in South Carolina, am 20. Juni 1779 kam er ums Leben, nicht durch eine feindliche Kugel (auf britischer Seite kämpften vor allem deutsche Söldner eines hessischen Regiments), sondern durch Herz-Kreislauf-Versagen aufgrund der drückenden Hitze und, so steht zu vermuten, an Dehydrierung, denn das Trinkwasser war knapp geworden.

Dann kam der Krieg zum jungen Andrew nach Waxhaw. Im April 1781 fielen er und sein Bruder Robert, die sich bei Freunden aufhielten, in die Hände einer britischen Patrouille. Ein britischer Offizier forderte Andrew auf, ihm die Stiefel zu putzen. Der 14-Jährige, der für die amerikanische Armee Kurierdienste leistete, soll – so beschrieben es zeitgenössische Chronisten und Biografen begeistert – formvollendet geantwortet haben, er sei ein Kriegsgefangener und als solcher zu behandeln. Ein derartiges selbstbewusstes Auftreten eines minderjährigen Rebellen (gemäß britischer Diktion) kam bei dem wahrscheinlich der Aristokratie entstammenden Gentleman in roter Uniform nicht gut an. Er zog seinen Säbel, um mit dessen stumpfer Seite Jackson zu schlagen. Bei seinem Versuch, sich mit seiner Hand zu schützen, trug der Junge ebenso wie an seinem Schädel eine lebenslange Narbe davon. Auch Robert wurde von einem Säbelhieb des Offiziers verletzt.

Nach diesem Ereignis, das Jacksons Einstellung gegenüber Großbritannien prägte, wurden Andrew und Robert in ein Gefangenenlager gebracht. Dort brachen kurze Zeit später die Pocken aus, die zahlreichen Mitgefangenen das Leben kosteten. Auch die beiden Brüder erkrankten, überlebten jedoch. Da sich die Briten kaum um die Ernährung der von ihnen verachteten Rebellen und Kolonisten kümmerten, drohte ihnen auch der Hungertod. Nach geduldigen Verhandlungen mit dem Kommandanten gelang es der Mutter schließlich, dass beide Söhne freigelassen wurden. Die kleine Restfamilie machte sich zu Fuß und bei tobenden Unwettern auf den rund sechzig Kilometer langen Heimweg. Als sie in Waxhaw ankamen, schienen beide Jungen dem Tode nahe. Während ihre Mutter Andrew gesundpflegen konnte, entzündete sich Roberts Kopfwunde. Er starb mit nur 17 Jahren. Kaum war bei Andrew das Schlimmste überstanden, reiste Elizabeth nach Charleston, weil sie sich dort um zwei schwer erkrankte Neffen kümmern wollte. Andrew würde seine Mutter nie wiedersehen; sie starb in Charleston während einer Epidemie.

Es spricht für die Willensstärke und die Intelligenz des Jungen, der ab einem Alter von 14 Jahren buchstäblich allein auf der Welt war, dass er es aus eigener Kraft zu Wohlstand und Ansehen brachte – und so zu einer frühen Verkörperung des amerikanischen Traumes wurde. Die Vita des Andrew Jackson wäre schon erstaunlich genug ohne den militärischen Ruhm und den Weg in die Präsidentschaft. Eine formale Schulbildung wurde ihm nur über wenige Jahre zuteil; er war Autodidakt, der Bücher verschlang. Vor allem in der Bibel suchte dieser oft so unbeherrschte Mann Rat und Zuspruch. Das Image des ungebildeten Rohlings wird Jackson nicht gerecht, auch wenn sich seine politischen Gegner dieses Zerrbildes reichlich bedienten. Als die Universität Harvard 1833 dem amtierenden Präsidenten Andrew Jackson die Ehrendoktorwürde verlieh, weigerte sich der Harvard-Absolvent und Vorgänger im Präsidentenamt, John Quincy Adams, an der Zeremonie teilzunehmen, weil es »… eine Schande [sei], die höchste literarische Ehre einem Barbaren zukommen zu lassen, der keinen grammatikalisch korrekten Satz schreiben und seinen Namen kaum buchstabieren kann«.[1]

Elizabeth Jackson hatte gehofft, dass ihr Sohn Pfarrer werden würde. Andrew indes wählte den Beruf, der wie kein anderer in der amerikanischen Politik – im Weißen Haus und im Kongress – vertreten ist: den des Anwalts. Dazu bedurfte es in der neuen Nation nicht unbedingt eines Universitätsstudiums, die Lehre bei einem Anwalt tat es auch. Die Zulassung, als Advokat in North Carolina zu praktizieren, erhielt Jackson nach kurzer Ausbildung 1787, also mit gerade mal zwanzig Jahren, was etwas über die Mindestanforderungen an diesen Berufsstand aussagen mag. Er erwarb sich in seinem Metier schnell einen sehr speziellen Ruf als äußerst (um es diplomatisch zu formulieren) temperamentvoller Zeitgenosse, der schnell in Rage geriet und der es auch in seinem Privatleben eher wild mochte. Schon nach einem der ersten Prozesse forderte er den gegnerischen Anwalt zum Duell, das glücklicherweise weit harmloser verlief als jenes in noch ferner Zukunft am Red River. Dieses Mal hatten sich die beiden Kontrahenten darauf geeinigt, in die Luft zu schießen, womit beider Ehre wiederhergestellt war.

Trotz seiner rauen Umgangsformen war Jackson ein Mann, der Freunde gewinnen und durch seine Loyalität auch über viele Jahre halten konnte. Bereits 1788 bekam er aufgrund seiner Verbindungen den Posten eines Staatsanwaltes in einer Region, die formal noch zu North Carolina gehörte, bald aber zum Bundesstaat Tennessee wurde – jenem Staat, in dem Jackson schließlich heimisch wurde. Mitentscheidend für Jacksons weiteren Lebensweg war die Wahl der Familie, in deren prächtiges Haus in Nashville (das bald zur Hauptstadt von Tennessee werden sollte) er als Untermieter einzog. Es gehörte der Witwe von John Donelson, einer schillernden Gestalt. Donelson war einer der Gründerväter von Nashville, hatte vorher im Parlament von Virginia gesessen und sich unter anderem als Stadtplaner und Entdecker einen Namen gemacht. Auf einer seiner Expeditionen in den Westen war er 1785 von Indianern oder von Räubern erschossen worden.

John Donelson, mit dem für Abenteurer und Pioniere oft unvermeidlichen militärischen Titel, in seinem Fall dem eines Colonels, ausgestattet, hinterließ nicht nur ein schönes Anwesen, sondern auch eine schöne Tochter namens Rachel. Sie wurde Andrew Jacksons große Liebe. Rachel Donelson wird als frohgemut und charmant, als begnadete Reiterin, Tänzerin und Erzählerin beschrieben; in ihrer Gegenwart legte Andrew eine sonst kaum von ihm gewohnte Zärtlichkeit an den Tag. Was immer man später Jackson vorwerfen mochte: Ein *womanizer* wie zum Beispiel John F. Kennedy war er nicht. Die lebenslange Treue zu Rachel war sowohl Ausdruck seiner Liebe als auch seiner für ihn typischen Loyalität und Verlässlichkeit. Rachel und Andrew passten hervorragend zu einander. Es gab indes ein Problem: Rachel war verheiratet.

Als 17-Jährige hatte Rachel einen Captain Lewis Robards in Kentucky geheiratet. Die Ehe stand von Beginn an unter keinem glücklichen Stern, denn Robards war krankhaft eifersüchtig (angesichts der späteren Ereignisse vielleicht nicht ganz grundlos) und jähzornig, vielleicht sogar gewalttätig gegen seine junge Frau. Ihr Bruder holte sie heim nach Nashville. Dort kam es angesichts der sich entwickelnden Beziehung zwischen Rachel und Andrew bald zu einer persönlichen Konfrontation zwischen den beiden Rivalen. Bei der schnell zu Erregung neigenden Disposition sowohl von Robards als von Jackson mutet es wie ein Wunder an, dass die Auseinandersetzung rein verbal blieb. Nachdem Robards angedroht hatte, Rachel wieder zu sich nach Kentucky zu holen, arrangierten Freunde von ihr die Flucht. Rachel verschwand in die Stadt Natchez im heutigen Bundesstaat Mississippi, die damals auf spanischem Territorium lag. Mit einigem zeitlichen Abstand reiste Jackson – der inzwischen vernünftigerweise eine andere Unterkunft in Nashville genommen hatte – ihr nach. Anfang 1791 heirateten Rachel Donelson und Andrew Jackson in Natchez, nachdem Rachel gehört haben wollte, dass Robards die Scheidung von ihr bewirkt hätte.

Das war indes ein Irrtum. Robards hatte die Scheidung nicht einmal eingereicht. Auch nach damaligem Verständnis galt Rachel nun als Ehebrecherin und Bigamistin. Viele Jahre später würden Jacksons politische Gegner diese Vorwürfe aufgreifen und beiden damit schweren Schaden zufügen. Als die Scheidung tatsächlich erfolgt war, heirateten die beiden erneut – oder erstmals, denn die Eheschließung auf spanischem Territorium galt in Tennessee nicht – in einer privaten Zeremonie im Januar 1794. Leibliche Kinder blieben dem Paar versagt. Sie adoptierten zunächst einen Neffen Rachels, den sie Andrew Jackson Junior nannten, und 1813 ein indianisches Waisenkind, das Jackson auf seinem ersten Feldzug gegen die Ureinwohner auf dem Schlachtfeld von Tallushatchee neben seiner toten Mutter gefunden hatte. Der Begriff *battlefield* für dieses Aufeinandertreffen könnte nicht unpassender sein: Es war eines der in der Pioniergeschichte der USA so regelmäßig verübten Massaker von Weißen in einem Indianerdorf, meist an Frauen und Kindern. Der berühmte Trapper Davy Crockett soll anschließend gesagt haben: »Wir haben sie wie die Hunde erschossen.« Möglicherweise überkam Jackson bei dem Anblick des wahrscheinlich etwa zwei Jahre alten Kleinkindes neben seiner abgeschlachteten Mutter eine menschliche Rührung, die bei ihm gegenüber *native americans* die Ausnahme war. Rachel und er nannten den Buben Lyncoya und waren ihm wohl sogar in elterlicher Liebe zugeneigt. Lyncoya Jackson starb 1828, im Jahr der Wahl seines Adoptivvaters zum amerikanischen Präsidenten, an Tuberkulose.

Ein besonders enges Verhältnis hatte Jackson zu Rachels Neffen Andrew Jackson Donelson, den das Paar nach dem Tod von Rachels Bruder adoptierten – sie hatten somit zwei Adoptivsöhne fast gleichen Namens. Andrew Jackson Donelson wurde der wichtigste Vertraute und Privatsekretär während Andrew Jacksons Präsidentschaft. Er und seine Frau Emily waren für den zu der Zeit schon verwitweten Präsidenten der engste Familienkreis und gehörten zu den Menschen, an denen der schwierige Mann in seinem recht langen Leben am meisten hing. Donelson würde mehr als zehn Jahre nach Jacksons Tod bei der Präsidentschaftswahl von 1856 Vizepräsidentschaftskandidat der am Wahltag freilich weit abgeschlagenen American Party an der Seite des ehemaligen Präsidenten (1850–1853) Millard Fillmore sein.

Mit Ehrgeiz und einer einflussreichen Familie wie den Donelsons im Rücken machte Andrew Jackson schnell Karriere als Anwalt, Spekulant und Politiker. Zusammen mit einem Partner vertraten sie Investoren, die Land aufkauften, das eigentlich – teilweise durch Verträge mit der Regierung fixiert – den Ureinwohnern gehörte. Seinen ersten eigenen Sklaven hatte er sich bereits 1788 kaufen können; im Laufe seines Lebens besaß Jackson wahrscheinlich mehr als hundert Sklaven. Schon im Jahr seiner ersten Eheschließung mit Rachel 1791 wurde Jackson *attorney general*, eine Art Justizminister, von Tennessee, das noch kein Bundesstaat, sondern ein Territorium war. Als der Tag der Konstituierung als Staat näher rückte, wurde Jackson Delegierter der verfassunggebenden Versammlung und mit der Aufnahme Tennessees in die Union als 16. Bundesstaat der einzige Vertreter des neuen Mitglieds im Repräsentantenhaus. Im Jahr darauf wählte ihn das Parlament des Staates zum Senator. Die Debatten in den beiden Kammern des noch in Philadelphia tagenden Kongresses – der Umzug in die neu angelegte Hauptstadt Washington D. C. fand im Jahr 1800 statt – waren nicht Jacksons Metier, und so war er nur wenige Monate, vom 26. September 1797 bis zum 1. April 1798, Senator. Ein Vierteljahrhundert später, kurz vor seiner ersten Präsidentschaftskandidatur, vertrat er Tennessee noch einmal als Senator, diesmal für zweieinhalb Jahre.

Als auf Baumwolle spezialisierter Pflanzer wurde Jackson reich und konnte 1804 einen stattlichen Herrensitz, *The Hermitage*, am Rande von Nashville erwerben. Die Lebensbedingungen seiner Sklaven dürften sich kaum von denen auf anderen Plantagen der Südstaaten-Elite unterschieden haben. Jackson ließ – ähnlich übrigens wie Thomas Jefferson, dem dritten Präsidenten und Autor zahlreicher, die Grundrechte des (weißen) Menschen definierenden Dokumente, darunter die Unabhängigkeitserklärung der USA – seine Aufseher regelmäßig zur Peitsche greifen. In einer berühmten Anzeige, mit der Besitzer damals nach entlaufenen Sklaven fahndeten, versprach Jackson demjenigen, der seinen flüchtigen Sklaven ergreife, pro hundert gezählten Peitschenhieben zehn Dollar bis zu einem Maximum von 300 Hieben. Die Gesellschaft von Nashville und von Tennessee störte sich nicht daran. Als Gewalttäter, den von da an zahlreiche Angehörige der Elite schnitten, galt Jackson erst, nachdem er Charles Dickinson erschossen hatte.

Drei Jahre vor dieser Tat, im Herbst 1803, zog Jackson abermals die Pistole. Sein Gegner war dieses Mal der ehemalige Gouverneur von Tennessee, John Sevier. Beide Männer kandidierten für das Kommando über die Miliz von Tennessee, eine Position, die mit dem Rang eines Generalmajors und mit hohem gesellschaftlichen Ansehen verknüpft war. Diesmal war es nach Augenzeugenberichten kein sorgfältig geplantes Duell in freier Natur, sondern ein Schusswechsel auf einer belebten Straße in Nashville, bei dem ein Passant einen Streifschuss erlitt. Sevier soll Jackson mit einer Anspielung auf dessen Reise mit einer verheirateten Frau nach

Natchez in Rage gebracht haben. Jackson, ein Mann ohne nennenswerte militärische Erfahrung, wurde nach Intervention des amtierenden Gouverneurs (gegen den Sevier die bald darauf anstehende Wahl gewann) zum Befehlshaber der Miliz ernannt. Es war eine Aufgabe, für die Jackson – wie sich zeigen sollte – wie geboren war.

1812 brach Krieg aus, gegen verschiedene Indianerstämme und gegen Großbritannien. Jackson bot seine Dienste der Regierung in Washington an, die wenig Begeisterung für den Mann aus Tennessee zeigte, an dessen Händen das Blut eines *fellow gentleman* klebte. Statt ein bedeutendes Kommando zu erhalten, sollte Jackson lediglich seine Milizeinheit von rund 2000 Mann nach New Orleans führen, um die Verteidigung der wichtigen Hafenstadt gegen einen möglichen britischen Angriff zu verstärken. Als die Truppe im Jackson so wohlbekannten Natchez ankam, bestand kein Bedarf mehr an den Männern, Jackson wurde mitgeteilt, dass er wieder abziehen könne. Nicht ausreichend mit Lebensmitteln und Kleidung versorgt, waren zahlreiche Soldaten krank geworden; der Marsch schien zu einem Desaster zu werden. Jackson schwor seinen Männern, dass er sie alle nach Hause bringen werde. Sein Pferd überließ er einem Soldaten, der nicht mehr gehen konnte, und befahl seinen Offizieren, das Gleiche zu tun. Er organisierte Wagen, um den Transport der Schwerkranken zu bewerkstelligen, und kaufte Verpflegung aus eigener Tasche. Er hielt sein Versprechen und erwarb sich die Bewunderung und Loyalität seiner Männer, die ihn aufgrund seiner Zähigkeit und Härte von nun an *Old Hickory*[2] nannten.

Die Kriegserlebnisse hatten keinen mäßigenden Einfluss auf Jacksons Neigung, persönliche Verstimmung bis zum Äußersten zu treiben. Zusammen mit einem Freund geriet er in Streit mit den Brüdern Jesse und Thomas Hart Benton. Am helllichten Tag kam es in Nashville zu einer Schießerei, bei der Jackson als Einziger eine relativ schwere Verwundung davontrug. Jesse hatte ihm in den linken Arm geschossen; die Verletzung war so schwer, dass die herbeigerufenen Ärzte zur Amputation schreiten wollten. Er werde seinen Arm behalten, brüllte Jackson die Mediziner an, und der Heilungsverlauf sollte ihm recht geben. Mit dem linken Arm in einer Schlinge führte er seine Miliz in den Krieg gegen einen Teil des Volkes der Creek, die Red Sticks, die sich im Unterschied zu friedlicheren oder resignierten Stammesangehörigen gegen die Expansion der Weißen auflehnten. Es kam zu mehreren gewaltsamen Aufeinandertreffen mit den Ureinwohnern, unter denen die Schlacht von Horseshoe Bend im heutigen Alabama die entscheidende war. Die Creek hatten eine Art hölzerne Befestigung errichtet, hinter der sie sich verteidigten und der auch die beiden Kanonen in Jacksons Streitmacht wenig anhaben konnten. Jackson befahl daraufhin den Angriff mit dem Bajonett. Die Creek kämpften verzweifelt, doch sie erlagen der Übermacht der Amerikaner. Mehr als 800 Indianer lagen schließlich tot in dem erstürmten Lager, Jackson hatte weniger als 50 Mann verloren. Die Weißen schnitten den toten Indianern die Nasen und auch andere Körperteile ab.

Durch diese »Heldentat« war auch die Regierung in Washington auf Jackson aufmerksam geworden. Man machte ihn zum Brigadegeneral der U. S. Army. Im Friedensschluss mit den Indianern nahm Jackson den Ureinwohnern (mit Billigung der Regierung) den größten Teil ihres Landes weg. Bald darauf, Anfang November 1814, wandte sich Jackson dem nächsten Gegner zu. In der Stadt Pensacola und deren Festung war es zu einer bemerkenswerten Allianz von Gegnern der unverkennbar expansiven USA gekommen: Die spanischen Kolonialherren kooperierten mit ihrem historischen Erzfeind England, unterstützt durch Indianer und den Pflanzern im Süden entlaufene afroamerikanische Sklaven. Sie hatten Jacksons Angriffswut wenig entgegenzusetzen. Die Briten zogen ab, nachdem sie das Fort in die Luft gejagt hatten, die Spanier kapitulierten und die Bundesgenossen der Europäer versuchten zu fliehen, war doch bekannt, wie die Sieger mit aufsässigen und besiegten Gegnern anderer Hautfarbe umzugehen pflegten.

Nun wartete die größte militärische Herausforderung auf Andrew Jackson. Ihm oblag die Verteidigung von New Orleans, der strategisch und ökonomisch so bedeutenden Stadt nahe der Mündung des Mississippi. Die Briten standen vor einer Landung, und Jackson, der Ende November 1814 in New Orleans eintraf, organisierte umgehend dessen Verteidigung. Er stellte eine bunte Streitmacht auf, die aus seinen Soldaten, befreundeten Indianern, schwarzen Freiwilligen und auch einigen Piraten unter dem Kommando des legendären Jean Lafitte bestand. New Orleans war eine extrem bunte (»multikulturelle«) Stadt, und Jackson sorgte sich um die Haltung der zahlreichen Menschen spanischer und französischer Abstammung in diesem Konflikt. Die für ihn so charakteristische Loyalität gegenüber seinen Männern obsiegte diesmal über seine Vorurteile: Zum Erstaunen mancher Zeitgenossen (und gegen einigen Widerstand) zahlte er den dunkelhäutigen oder einer anderen Kultur als der amerikanischen entstammenden Angehörigen seiner Streitmacht genauso viel Sold wie den weißen Soldaten oder Milizen. Strikt war auch sein Verständnis von bürgerlichem Gehorsam: Er verhängte das Kriegsrecht und ließ später einen Richter, der die Habeas-corpus-Grundrechte (Haftprüfung vor Gericht) einforderte, ebenso wie eine Reihe von Kritikern ins Gefängnis stecken.

Die Briten blickten zweifellos mit einer gewissen Verachtung auf die Verteidiger von New Orleans. In dem seit mehr als zwei Jahre währenden *War of 1812* waren ihnen zu Land einige bedeutende Erfolge gelungen, nicht zuletzt die Einnahme der amerikanischen Hauptstadt Washington im August 1814, bei der das noch unfertige Capitol und der Amtssitz des Präsidenten niedergebrannt wurden. Einer beliebten Legende nach wurde das Gebäude nach Abzug der Briten mit weißer Farbe angestrichen, um die Brandspuren zu übertünchen, und sei so zu seinem heutigen Namen gekommen. Darüber hinaus war nach fast einem Vierteljahrhundert des Krieges gegen ein erst revolutionäres, dann napoleonisch-imperiales Frankreich Großbritannien als eindeutiger Sieger aus diesem epochalen Konflikt hervorgegangen. Napoleon hatte abgedankt, die Truppen der Briten und vor allem ihrer Alliierten Preußen, Österreich und Russland standen in Paris – dass Napoleon im folgenden Frühjahr noch einmal zurückkehren und für hundert Tage, bis zur Schlacht von Waterloo, die Macht in Frankreich an sich reißen würde, tat Britanniens Macht- und Selbstbewusstsein keinen Abbruch.

Und so kam es, dass der britische Kommandeur Sir Edward Pakenham, der über ein beeindruckendes Expeditionskorps von rund 10 000 Mann verfügte, seine Truppen am Morgen des 8. Januar 1815 in dichtem Nebel die Stellungen der Amerikaner bei New Orleans frontal angreifen ließ. Es war ein fataler Fehler, denn gute Schützen gab es in der heterogenen Streitmacht Jacksons reichlich. Die amerikanischen Salven und die in dicht gedrängt marschierende Kompanien hinein abgefeuerten Kanonen richteten ein Blutbad unter den Briten an. Die Schlacht war schnell vorüber. Andrew Jackson zählte lediglich 13 Gefallene unter seinen Männern, die Verluste der Briten (Gefallene, Verwundete, Gefangene) werden in der Literatur mit mehr als 2000 angegeben. Unter den geschätzt knapp 300 toten Briten befand sich auch Pakenham, dessen sterbliche Hülle später in einem Fass voller Rum konserviert zur Bestattung auf dem Familiensitz im heimatlichen Irland in die Alte Welt expediert wurde.

Mit dem Sieg in der Schlacht von New Orleans wurde Andrew Jackson zum neuen Nationalhelden der USA; die Ehrungen, deren er in den nächsten Monaten und Jahren teilhaftig wurde, waren kaum zu überblicken. Grandios wie seine strategische und organisatorische Leistung auch war, hatte die Schlacht von New Orleans einen Schönheitsfehler: Der Krieg war zu diesem Zeitpunkt bereits beendet. Unterhändler der britischen Regierung und der USA hatten an Heiligabend 1814 den Frieden von Gent in der flandrischen Stadt (im einige Jahre später gegründeten Belgien) geschlossen. Im Prinzip hatten sich beide Seiten auf den Status quo ante geeinigt. Die Kommunikationsmittel der Zeit, in welcher Nachrichten mit der Geschwindigkeit eines Seglers über den Atlantik reisten, erlaubten es den Kombattanten von New Orleans nicht, noch rechtzeitig über diese Entwicklung unterrichtet zu sein.

Andrew Jackson schien nun nichts mehr aufhalten zu können. Die nächsten Jahre sahen ihn sowohl als eine Art schwer bewaffneten Diplomaten, der mit Indianerstämmen Verträge abschloss, die für diese stets die Aufgabe von Land bedeutete, als auch als »Indianerkämpfer«. Sein Hauptgegner wurde das Volk der Seminolen, das sich über Jahre gegen das Eindringen der weißen Eroberer in seine angestammte Heimat in Florida verzweifelt und mit großem Geschick zur

Wehr setzte – wobei die »weißen« Gegner die Amerikaner und weniger die spanischen Kolonialherren waren. Der sogenannte Erste Seminolenkrieg ab 1816 wurde mit der zu erwartenden Grausamkeit geführt. Auf dem Indianergebiet hatten entlaufene Sklaven eine Siedlung angelegt, die als *negro fort* bezeichnet wurde, was natürlich für die Sklavenbesitzer in der Grenzregion, vor allem in Georgia, ein Albtraum war: ein Refugium in relativer Nähe und zumindest offiziell unter dem Schutz einer fremden Macht. Es war nicht Jackson, sondern ein anderer US-General, Edmund Pendleton Gaines, der das Fort dem Erdboden gleichmachen und rund 270 Afroamerikaner massakrieren ließ.

Die Hoheitsrechte eines anderen Landes über ein Territorium, auf das die USA gierige Blicke warfen, bedeuteten Andrew Jackson genauso wenig wie das Heimatrecht indigener Völker. Im März 1818 marschierte Jackson in Florida ein, ohne dass ein Kriegszustand mit Spanien bestand oder die Iberer die USA auf irgendeine Weise angegriffen oder ernsthaft provoziert hatten – Indianern und Farbigen eine Heimstatt zu geben, war Provokation genug. Ein Brief von Präsident James Monroe von 28. Dezember 1817 war so unscharf oder vielleicht bewusst doppeldeutig formuliert, dass Jackson sich vollends zu diesem Schritt befugt sah. In Washington nannte der Sprecher des Repräsentantenhauses, Henry Clay, die Handlungsweise Jacksons indes einen »Triumph des Prinzips der Insubordination, einen Triumph der militärischen über die zivile Gewalt, einen Triumph über die Verfassung des Landes« und verglich Jackson mit historischen Usurpatoren wie Cäsar, Cromwell und Bonaparte.[3] Jackson und Clay würden sich wenige Jahre später erneut in Feindschaft gegenüberstehen.

Bei seiner Invasion Floridas löste Jackson nicht nur eine

diplomatische Krise mit dem als internationale Macht geschwächten Spanien aus, sondern auch mit Großbritannien. Jackson fielen zwei britische Staatsbürger, Alexander George Arbuthnot und Robert C. Ambrister, in die Hände, denen vorgeworfen wurde, den Indianern – auf welche Art auch immer – geholfen zu haben. Nach einem kurzen Militärgerichtsverfahren wurden beide hingerichtet. Die britische Regierung protestierte, der Kongress ordnete eine Untersuchung an, doch Ersteres hatte keine Konsequenzen für die USA, Letzteres keine Folgen für Andrew Jackson. Die englische Sprache hat die so zutreffende Formel *might makes right.* Das Ergebnis des Jacksonschen Feldzuges von fast alttestamentarischer Erbarmungslosigkeit: Florida wurde 1821 amerikanisch und schließlich 1845 als 27. Staat in die Union aufgenommen. Der erste kurzzeitige Gouverneur des neuen Territoriums hieß Andrew Jackson.

Unschöne Zwischenfälle wie zwei exekutierte britische Staatsbürger konnten dem fast unvermeidlichen Wechsel Jacksons in die Politik nicht im Wege stehen. Als er 1823 vorübergehend als Senator nach Washington zurückkehrte, zeigte er sich von seiner charmanten, gewinnenden Seite und schloss unter anderem Freundschaft mit dem Senatskollegen aus Missouri, Thomas Hart Benton, mit dem er einige Jahre zuvor noch Kugeln ausgetauscht hatte. Zwischen Wut und Charme zu wechseln, war Teil der Strategie Jacksons im Umgang mit anderen, was ihm bei der Bildung politischer Allianzen und Netzwerke sehr zustatten kam. In den Worten eines Zeitzeugen: »Kein Mann weiß besser als Andrew Jackson, wann es Sinn macht, Leidenschaften an den Tag zu legen, und wann nicht.«[4]

Bei der Präsidentschaftswahl 1824 schien die Stunde Andrew Jacksons als Politiker gekommen. Der Nationalheld kandidierte für das Präsidentenamt. In der Geschichte amerikanischer Präsidentschaftswahlen markiert 1824 ein Unikum. Zum einen, weil es vier aussichtsreiche Kandidaten gab, die alle derselben Partei, den *Democratic-Republicans*, angehörten. Sie ist die Vorläuferin der heutigen Demokratischen Partei, die ihre modernen Wurzeln auf keinen anderen als Andrew Jackson zurückführt. Neben Andrew Jackson kandidierten Außenminister John Quincy Adams, Finanzminister William Crawford und der äußerst Jackson-kritische Sprecher des Repräsentantenhauses, Henry Clay.

Die zweite Besonderheit der Wahl von 1824 war, dass keiner der Kandidaten die erforderliche Mehrheit der Wahlmännerstimmen erhielt und, wie für solche Fälle von der Verfassung vorgesehen, das Repräsentantenhaus nun entscheiden musste. Andrew Jackson erhielt mit mehr als 41 Prozent die mit Abstand meisten Stimmen. Bemerkenswert war, dass er Zuspruch in allen Teilen der Nation erhielt und neben Staaten des Südens auch Mehrheiten unter anderem in Illinois, Pennsylvania und Maryland gewann. Auch im Wahlmännerkollegium lag er mit 99 Stimmen vorn – was aber weit von der erforderlichen Mehrheit von 131 Stimmen entfernt war. John Quincy Adams gewann seine Heimatregion, die Neuenglandstaaten, und New York und brachte es damit auf 84 Wahlmännerstimmen; Crawford hatte 41 und Clay 37 *electoral votes*. In einem solchen Fall muss das Repräsentantenhaus unter den drei bestplatzierten Kandidaten entscheiden, Clay war also aus dem Rennen. Crawford war eigentlich auch kein realistischer Kandidat mehr, da er einen schweren Schlaganfall erlitten hatte und kaum amtsfähig schien. Jackson sah den Ereignissen nunmehr mit Optimismus entgegen. Dies erwies sich als trügerisch: Clay nämlich, der in Jackson eine Gefahr für die Demokratie sah, wirkte sowohl vor als auch hinter den Kulissen, um eine Mehrheit der Stimmen der im Repräsentantenhaus vertretenen Staaten für Adams zusammenzubekommen. Bei dieser wichtigen Entscheidung wird pro Staat abgestimmt und nicht basierend auf dem Votum der einzelnen Abgeordneten. Am 9. Februar 1825 wählte das Repräsentantenhaus mit dem Votum von dreizehn Staaten John Quincy Adams zum sechsten Präsidenten der USA; für Andrew Jackson hatten sieben, für William Crawford vier Staaten votiert. Besondere Freude löste die Nachricht bei einem fast 90-jährigen Herrn auf seinem Familiensitz vor den Toren der Stadt Boston aus: John Adams. Der von 1797 bis 1801 amtierende zweite Präsident der USA war der erste, der auch seinen Sohn ins höchste Staatsamt aufsteigen sah; dies würde erst wieder im Jahr 2001 George H. W. Bush beschieden sein, als sein fast gleichnamiger Sohn nach einer ebenfalls sehr umstrittenen, von Unregelmäßigkeiten gezeichneten Wahl als 43. Präsident vereidigt wurde.

Niederlagen waren nichts, womit Andrew Jackson gut zurechtkam. Was ihn indes regelrecht zur Weißglut trieb, war die Kabinettsliste des neuen Präsidenten. Den einflussreichsten Posten in einem amerikanischen Kabinett, den des *Secretary of State*, des Außenministers, erhielt – Henry Clay. Dieser Politiker, der vor der Wahl warnte, dass das Töten von zweieinhalbtausend Engländern (was übertrieben war) nicht automatisch für das höchste Amt qualifiziere, war nun ebenso wie der neue Präsident der Erzfeind schlechthin für Jackson, ein Judas, wie Jackson ihn nannte, umgeben von anderen Judassen. Für die Entscheidung von 1825 prägten Jackson und seine Anhänger den Begriff *corrupt bargain* – es war indes Politik, nicht so viel korrupter als normal und nicht viel anders als das, was Jackson in Zukunft selbst betreiben würde.

Die alte Weisheit, wonach in einer Demokratie »nach der Wahl« auch »vor der (nächsten) Wahl« bedeutet, traf auch für die Zeit nach 1825 zu. Die Aversion gegen Adams und seine Anhänger saß tief bei Jackson, und bereits im Oktober 1825 nominierte ihn das Staatsparlament von Tennessee als Kandidaten für die nächste Präsidentschaftswahl – mehr als drei Jahre vor deren Termin. Von der Hermitage, auf die sich Jackson zurückgezogen hatte und auf der er das Leben eines reichen Pflanzers führte, spann Jackson die Fäden, knüpfte Verbindungen zu einflussreichen Politikern. Hierzu gehörten erklärte Adams-Gegner wie der Senator von New York, Martin Van Buren, und sogar Adams' Vizepräsident John C. Calhoun aus South Carolina.

Der eigentliche Wahlkampf begann am 8. Januar 1828, als Jackson eine Rede zum Jahrestag der Schlacht von New Orleans hielt, die als Geburtsstunde der modernen Demokratischen Partei gilt. Wie damals üblich, hielten sich die Kandidaten weitgehend zurück und überließen es ihren Unterstützern im öffentlichen Leben, den Wahlkampf zu führen, vor allem in der Presse. Der Wahlkampf von 1828 gilt als einer der schmutzigsten, wenn nicht gar als der schmutzigste in der Präsidentschaftsgeschichte. Die gegenseitigen, oft auf Handzetteln und Pamphleten oder auch in Leitartikeln vorgetragenen Anschuldigungen zielten weniger auf ideologische Unterschiede, sondern suchten den Gegner persönlich zu verunglimpfen. Politik gehörte in jenem Zeitalter vor dem Aufkommen einer Massenkultur und ihrer Kommunikationsmittel zu den wichtigsten Volksbelustigungen, und entsprechend rustikal wurde mitunter vorgegangen. Besondere Schauer ließen Insinuationen sexueller

Natur dem Publikum den Rücken herunterrieseln. Die Jackson-Anhänger beispielsweise warfen Adams vor, während seiner Zeit als amerikanischer Botschafter in Russland dem Zaren Prostituierte beschafft zu haben. Jackson indes bot mehr Angriffsfläche als der persönlich eher spröde, beinahe langweilige Gelehrte aus Massachusetts. Die Kriegstaten des Generals wurden nun plötzlich kritischer gesehen, vor allem seine Behandlung der Indianer stand im Zentrum der Kritik sowie seine vermeintliche Vorliebe für Hinrichtungen, der mehrere seiner Soldaten wegen Verfehlungen ebenso zum Opfer gefallen waren wie die unglückseligen Briten Arbuthnot und Ambrister.

Nichts jedoch war so wirkungsvoll wie Attacken gegen Jacksons Ehe und vor allem gegen Rachel: Sie trafen Jackson ins Mark. In den zeitgenössischen Medien wurde minutiös enthüllt, wie diese Ehe zustande gekommen war, und die Bezeichnungen, mit denen Rachel bedacht wurde, waren alles andere als wohlwollend und reichten von »Bigamistin« bis »Hure«. Die Wahl, die damals über einen Zeitraum von fast fünf Wochen abgehalten wurde, gewann Andrew Jackson deutlich. Er bekam 56 Prozent der Wählerstimmen und hatte im Wahlmännerkollegium eine deutliche Mehrheit von 178 gegenüber 84 Stimmen für John Quincy Adams.

Doch auf den Triumph folgte umgehend die für Jackson größtmögliche Tragödie. Seiner Frau waren die Angriffe sehr nahe gegangen, und nachdem sie immer wieder Schmerzen im Brustraum beklagte, verstarb sie am 22. Dezember 1828 auf der Hermitage an den Folgen eines Herzinfarktes. Jackson war außer sich vor Trauer, vor allem aber vor Wut. Er machte vor allem Adams und Clay sowie deren Anhänger für Rachels Tod verantwortlich, nannte sie Mörder und schwor, auch wenn Gott ihnen vergeben möge – er werde es nie tun.

Bei Jacksons Amtseinführung am 4. März 1829 wiederholte sich Geschichte: Der scheidende Präsident hatte das Weiße Haus in der Nacht zuvor verlassen, um nicht an den Inaugurationsfeierlichkeiten teilnehmen zu müssen. Es war beinahe Familientradition: Auch John Quincy Adams' Vater John Adams war auf den Tag genau 28 Jahre zuvor noch vor Morgengrauen aus Washington abgereist, da er sich mit seinem Nachfolger Thomas Jefferson ebenso nachhaltig entzweit hatte wie sein Sohn mit Jackson. Eine gewisse Koordination zwischen einer abgelösten und einer künftigen Administration wäre, wie heute üblich, damals vonnöten gewesen. Ohne Absprache indes waren keine Sicherheitsmaßnahmen am Weißen Haus getroffen worden, und als Jackson in seinen künftigen Amtssitz einzog, wurde er von einer vielhundertköpfigen Menge besonders bodenständiger Anhänger begleitet, in der Diktion der meisten Zeitgenossen: *rabble*, Abschaum. Sie stürmten das Weiße Haus, vertilgten alles Ess- und vor allem Trinkbare und richteten beträchtlichen Schaden an der Einrichtung an. Jackson selber wurde von einigen Helfern in Sicherheit gebracht, als die Menge ihn in freudigem Überschwang zu erdrücken drohte. Nicht wenige Beobachter sahen in dieser Heimsuchung ein Markenzeichen der Demokratie Jacksonscher Prägung, eine neue Ära, in welcher »das Volk« endgültig die Macht übernommen hatte und dessen Idol den pseudo-aristokratischen Typus des Präsidenten, den mehr noch als die beiden Adams die Virginier Washington, Jefferson, Madison und Monroe verkörpert hatten, ablöste.

Angesichts der Vita Jacksons, die gekennzeichnet ist von Charisma, Willensstärke, Führungskraft und auch Brutalität, ist es von besonderer Ironie, dass eine der ersten Krisen seiner Präsidentschaft, die ihn in beträchtlichem Maße Zeit,

Energie und Nerven kostete, die Konfrontation mit weiblichen Eifersüchteleien und vorherrschenden Moralvorstellungen war. Die englischsprachige Historiografie hat mit Blick auf ein beliebtes Requisit weiblicher Unterbekleidung den Begriff *petticoat affair* für diese Heimsuchung des Präsidenten geprägt.

Zu den wichtigsten Posten in seinem Kabinett gehörte nach dem inzwischen zu einem unverzichtbaren Berater gewordenen Martin Van Buren als Außenminister jener des Kriegsministers. Dass die Inhaber dieses Amtes in den acht Jahren der Präsidentschaft Jacksons dem damals üblichen Begriff *Secretary of War* (nach dem Zweiten Weltkrieg in *Secretary of Defense* umgetauft) praktisch nicht gerecht werden mussten und das Land äußeren Frieden genoss, gehört zu den freundlicheren Seiten in der Biografie des Andrew Jackson. Mit dem Ministerposten betraute er einen seiner ältesten und treuesten Freunde, John Henry Eaton. Der Jurist hatte in Jacksons Nähe in Nashville gearbeitet und ein Mündel Jacksons, Myra Lewis, geheiratet, die indes bald verstorben war. Im Krieg von 1812 diente Eaton als Major in Jacksons Stab, und nach dem Ende des Konflikts vollendete Eaton eine hagiografische Biografie Jacksons, nachdem der ursprüngliche Autor plötzlich verstorben war. 1818 wählte ihn das Parlament von Tennessee zum Senator (die Direktwahl des Senats durch die zur Stimmabgabe berechtigte Bevölkerung lag noch in der Zukunft); den Sitz nahm er ein, obwohl er noch nicht das von der Verfassung vorgeschriebene Mindestalter von 30 Jahren erreicht hatte. Den Senatssitz gab er im März 1829 auf, um im Kabinett seines Freundes Jackson als Kriegsminister zu dienen.

Noch eine andere Neuerung brachte das noch junge Jahr 1829 im Leben des Major Eaton. Am Neujahrstag heiratete er die neun Jahre jüngere Margaret O'Neal, genannt Peggy. Sie war Witwe und dies erst seit kurzem; ihr Mann hatte der U. S. Navy angehört und war auf einer Dienstfahrt im Mittelmeer umgekommen. Die Geschichten, die über seinen Tod bald kursierten, reichten vom Überbordfallen in betrunkenem Zustand bis zum Suizid, indem er sich wegen der Untreue seiner Ehefrau selbst die Kehle durchschnitt. Denn diese war Gerüchten zufolge mit Eaton mehr als nur gut befreundet. Als die Eheschließung mit dem künftigen Minister publik wurde, interessierte sich die Washingtoner Gesellschaft auch für Peggys Vorleben. Sie war die Tochter eines Gastwirtes und, so erfuhr man bald, habe es wiederholt mit Gästen des Hauses getrieben, sei möglicherweise gar eine Prostituierte. Dass sie selbst viele Jahre später in ihrer Autobiografie betonte, sie habe »nie einen Liebhaber gehabt, der nicht ein Gentleman und nicht in einer guten Position in der Gesellschaft war«[5], mag andeuten, dass die Gerüchte über sie nicht so ganz falsch gewesen sein mögen.

Peggy Eaton, die wohl eine große erotische Ausstrahlung besaß, hatte quasi von Stunde Null an Feinde. Es waren jene Damen, die in der Washingtoner Gesellschaft den Ton angaben, nämlich die Frauen der Kabinettsmitglieder – ein Zirkel, der normalerweise von der *First Lady* angeführt wird, die es im Falle Jacksons indes aufgrund von Rachels unzeitigem Tod nicht gab. So wurde die Frau des Vizepräsidenten, Floride Calhoun, zum Herzen der Opposition gegen Eaton und seine Gemahlin. Der übliche Ritus der gegenseitigen Besuche wurde durchbrochen, Mrs. Calhoun und die Ministergattinnen mochten Peggy Eaton nicht in ihren Salons empfangen.

Der Krieg der Damen gegen Peggy Eaton schlug hohe Wellen und bedrückte nicht nur den Präsidenten, sondern lähmte mitunter seine Regierung. Jackson stand treu zu seinem Freund Eaton und dessen Frau; allmählich gerieten nicht nur die Kabinettsgattinnen, sondern auch die meist in dieser Angelegenheit schweigsamen Minister in den Bannstrahl des Präsidenten, der hier indes an die Grenzen seiner Macht zu stoßen schien. Sogar internationale Verwicklungen drohten, als sich der niederländische Botschafter und seine Frau bei einem Empfang zu offensichtlich auf die Seite der Eaton-Gegner schlugen. In einem Anfall von Wut, Fassungslosigkeit und Resignation donnerte er seiner Kabinettsrunde seine Einschätzung der Mrs. Eaton entgegen: »Sie ist keusch wie eine Jungfrau!«[6] Vielleicht zeigte Jackson dabei auch einen kaum bei ihm bekannten Anflug von Ironie.

Unzweifelhaft erinnerte sich Jackson an die Hetzkampagne gegen Rachel und empfand tiefe Sympathie für Peggy Eaton, die in seinen Augen das Ziel von Vorurteil, Neid und Bigotterie war. Er zahlte indes einen hohen persönlichen Preis dafür. Emily, die Frau Andrew Donelsons und seine Nichte, die im Weißen Haus weitgehend die Position einer First Lady übernommen hatte und die Rolle der Gastgeberin mit Charme und Geschick spielte, mochte Peggy Eaton von Anfang an nicht und schloss sich dem Boykott an. Sie und Andrew hatten dem Präsidenten eine neue Familie gegeben. Vor allem die in kurzer Abfolge eintreffenden Kinder des Paares brachten in dem raubeinigen Präsidenten der Öffentlichkeit weniger bekannte Charakterzüge zutage; er zeigte sich als liebevoller und zärtlicher Ersatz-Großvater. Es kam zum Bruch mit Emily, die sich bald nach Tennessee zurückzog, während ihr Mann weiter als Jacksons Sekretär im Weißen Haus arbeitete. Emily litt an Tuberkulose und starb im Alter von 29 Jahren – sie war damit die First Lady (im erweiterten Sinne) mit der kürzesten Lebensdauer. Die Entfremdung zeigte in den Worten von Jacksons modernem Biografen Jon Meacham das Wesen des Präsidenten: »Er lebte für die Macht. Nahm man sie ihm weg oder drohte damit, fiel die Maske, und es trat ein verletzlicher, oft gewalttätiger Mann hervor, zerrissen zwischen Zärtlichkeit und Zorn.«[7]

Die Petticoat-Affäre endete mit einem massiven Kabinettumbau 1831; ein solches Revirement, bei dem fast alle Minister ausgetauscht wurden (nur der Postminister William T. Barry blieb im Amt), hatte es in der Geschichte der USA noch nicht gegeben. John Eaton wurde später Gouverneur von Florida und amerikanischer Botschafter in Spanien. Nach seinem Tod heiratete die dann 59-jährige Peggy erneut: einen um gut 35 Jahre jüngeren Tanzlehrer aus Italien, der sie indes bald zugunsten ihrer 19-jährigen Enkeltochter verließ.

Der große Gewinner der dem Präsidenten seine Nerven raubenden Affäre war sein Außenminister. Martin Van Buren befand sich in der – in diesem Fall – glücklichen Position, Witwer zu sein und somit über keine Gattin zu verfügen, die eine Position pro oder contra Peggy Eaton hätte beziehen müssen. So solidarisierte er sich mit Eaton, war höflich bis geradezu herzlich gegenüber dessen Frau, erwarb sich damit die Gunst des Präsidenten und stach seinen Rivalen Calhoun aus. In diesem Punkt hatte in den Augen des Zeitzeugen und früheren Biografen Jacksons, James Parton, die Petticoat-Affäre entscheidende Konsequenzen für die Geschicke der USA. Nicht Calhoun, der notorisch nach der Präsidentschaft schielende Sklavereibefürworter aus South Carolina, sondern Van Buren würde Jacksons Nachfolger werden. »Die politische Geschichte der Vereinigten Staaten in den letzten 30 Jahren wurde von dem Moment an bestimmt, an dem die weiche Hand Van Burens den Türklopfer bei Mrs. Eaton berührte.«[8]

Mit Calhoun entzweite sich Jackson aus einem für die USA wesentlich schwerwiegenderen Grund als seiner Gattin Aversion gegen Peggy Eaton. Der gewiefte Politiker aus South Carolina vertrat das in diesem Staat ganz besonders hoch gehaltene Recht eines jeden Bundesstaates, Gesetze und Beschlüsse der Zentralregierung in Washington auf seinem Gebiet aufzuheben – zu nullifizieren. In der ab etwa 1830 schwelenden Nullifikationskrise ging es um Zollgesetze, die zugunsten der Industrie des Nordens verabschiedet worden waren und von der agrarischen Elite in South Carolina (und anderenorts im Süden) als Benachteiligung betrachtet wurden. Es ging indes nicht nur um Zölle: Die maßgeblichen Politiker von South Carolina betonten in diesem Zusammenhang ihr Recht – das vermeintliche Recht jedes Bundesstaates – notfalls aus der Union austreten zu können: das Recht auf Sezession.

Jackson war kein Freund von Zöllen und Industrie, von Banken (sein Kampf gegen die zweite Bank of the United States füllt in herkömmlichen Biografien viele Seiten), Bürokratien und Finanzorganisationen. Er sah in diesen in Verbindung mit der klassischen, ihm als Quereinsteiger wenig gewogenen Politikelite ein Machtkonglomerat, den *congressional-financial-bureaucratic complex*, eine finstere, den Interessen des einfachen Volkes entgegenstehende, beinahe konspirative Allianz, ganz ähnlich wie Eisenhower den *military-industrial complex* im Januar 1961, wenige Tage vor seinem Abschied von der Macht, charakterisierte. Auch hatte Jackson durchaus ein positives Grundverständnis von den *states rights*. Die Einheit der Nation infrage zu stellen bedeutete für ihn indes das Ende der Fahnenstange, hier sah der sich schnell ereifernde Mann rot. Es war ein Showdown der Trinksprüche, der am Beginn der Krise stand, als bei einem

Dinner zu Ehren des vier Jahre zuvor verstorbenen Thomas Jefferson im April 1830 Jackson das Glas erhob und unter hörbarem Aufstöhnen einiger im Raum versammelter Politiker aus dem tiefen Süden sein Credo abgab: »Our Union – it must be preserved!« Vizepräsident Calhouns Toast war der Jackson vor die Füße geworfene Fehdehandschuh: »The Union – next to our liberty the most dear!«[9]

Die Krise um die Nullifikation trieb ihrem Höhepunkt entgegen, als Jackson im Herbst 1832 zur Wiederwahl antrat. Nicht wenige Beobachter hatten dem von gesundheitlichen Problemen heimgesuchten Präsidenten, der zeitlebens eher untergewichtig war und unter wiederkehrenden Attacken von Kopfschmerzen, Kreislaufproblemen und anderen Beschwerden litt, die Kraft – und die Lebenserwartung – für eine zweite Amtszeit nicht zugetraut. Doch er fühlte sich fit genug für weitere vier Jahre und wollte das Land angesichts der von South Carolina ausgelösten Krise nicht im Stich lassen. Dass für Calhoun kein Platz mehr auf dem Ticket der Demokratischen Partei war, verstand sich von selbst. Kandidat für das Amt des Vizepräsidenten wurde Martin Van Buren, der nach seinem Abschied vom Amt des Außenministers Botschafter der USA in Großbritannien gewesen war. Jackson und Van Buren gegenüber stand Jacksons alter Gegner Henry Clay aus Tennessees Nachbarstaat Kentucky, der für die National Republican Party (nicht zu verwechseln mit der zwei Jahrzehnte später gegründeten heutigen Republikanischen Partei) antrat, sowie die Anti-Masonic Party und, der großen Kontroverse der Zeit entsprechend, die Nullifier Party, die nur in South Carolina auf dem Stimmzettel stand. Calhoun hatte auf eine Kandidatur verzichtet, auf diesem Ticket stand John Floyd, der Gouverneur von Virginia.

Jackson, der bei der breiten Bevölkerung nach wie vor

sehr beliebt war, gewann die Wahl deutlich. Er bekam 54 Prozent der Wählerstimmen und siegte in 16 Bundesstaaten, was ihm 219 der insgesamt 286 Wahlmännerstimmen einbrachte. Nur ein einziger Staat des Südens wählte ihn nicht: South Carolina. In den fast 190 Jahren seit der Wiederwahl Jacksons hat es nur zwei demokratische Präsidenten gegeben, die in zwei Wahlgängen eine absolute Mehrheit der Wählerstimmen bekamen: Franklin D. Roosevelt und Barack Obama.

Jackson ging, gestärkt durch das Votum, das Problem der Nullifikation mit seiner kaum je erlahmenden Entschlusskraft an. Kaum ein Präsident zuvor hatte eine solche Machtfülle besessen oder sich angeeignet: Ein einfacher administrativer Akt macht dies in der Rückschau deutlich. Bis 1832 war es üblich, dass amerikanische Diplomaten ihre Berichte adressierten »To the President and Congress of the United States«. Dies änderte Jacksons neuer Außenminister Edward Livingston mit seiner Anweisung, die Adresse wie folgt zu kürzen: »To the President of the United States«. Jacksons Handlungen als Präsident markieren eine Verschiebung im Gleichgewicht der *checks and balances*, die bis heute nachwirkt.

South Carolina bekam es zu spüren. Jackson machte deutlich, dass er die Nullifizierung als Hochverrat ansah, zum Einsatz militärischer Mittel bereit war und die maßgeblichen Nullifizierer hängen lassen würde. Kein Staat, so betonte er in einer Proklamation an die Bürger South Carolinas, habe das Recht auf Sezession. Trotz Jacksons harter Haltung wurde die Krise beigelegt, nachdem ausgerechnet seine beiden Rivalen Calhoun und Clay einen Kompromiss ausgehandelt hatten. Die Zölle blieben erhalten, wurden indes deutlich gesenkt, so dass South Carolina und die Nullifizierer ihr Gesicht wahren konnten – was in einer Gesellschaft wie der im tiefen Süden mit ihrem übergroßen Ehrbegriff ein ganz wesentlicher Punkt war. Jackson wird hoch angerechnet, dass er die Einheit der Nation bewahrte. Fast 30 Jahre später war es South Carolina, das eine Sezession einleitete und sie auch blutig umsetzte: Der Staat trat nach der Wahl des Sklavereigegners Abraham Lincoln am 20. Dezember 1860 aus der Union aus. Im Hafen von Charleston floss das erste Blut des Amerikanischen Bürgerkrieges, der hier mit der Beschießung des von Unionstruppen gehaltenen Fort Sumter am 12. April 1861 begann.

Die Behandlung der Indianerfrage durch den Präsidenten und seine Administration trübt heute hingegen nachhaltig das Bild Jacksons. Dem jahrelangen militärischen Kampf des Generals Jackson gegen die Ureinwohner folgte deren Vertreibung durch den Präsidenten Jackson. Nachdem sich sein Vorgänger Adams noch dem Drängen von Staaten des Südens wie Georgia weitgehend widersetzt hatte, das von Indianern bewohnte Land besiedeln zu können, wurden zahlreiche indigene Völker unter Jackson aus ihren angestammten Gebieten oder aus jenen, in die sie eine oder zwei Generationen zuvor von den Weißen gedrängt worden waren, vertrieben. In seine Amtszeit fallen nicht weniger als siebzig Verträge zwischen den USA und den Indianern, oft unter Druck und Gewaltandrohung oder -anwendung zustande gekommen, die dazu führten, dass diese Völker in den Westen, jenseits des Mississippi umsiedeln mussten.

Die Befugnis zur »Relokation«, zur Durchsetzung der Umsiedlung, hatte der Kongress Jackson mit dem *Indian Removal Act* von 1830 gegeben. Vielleicht glaubte Jackson zumindest in Maßen selbst daran, dass diese Völker in den bis lang kaum von Weißen besiedelten Gebieten des Westens eine bessere Zukunft hätten. Vielleicht ist seine Botschaft an das Volk der Creek nicht Lüge, sondern auch ein Stück weit Wunschdenken und Selbstbetrug, als er den Angehörigen dieses Volkes versprach, dort würden »ihre weißen Brüder sie nicht belästigen, sie haben keinen Anspruch auf dieses Land, und ihr könnt dort leben und alle Eure Kinder, solange das Gras wächst und der Fluss strömt, in Frieden und Wohlstand. Es wird Euch für immer gehören«.[10] In Wahrheit wurden sie auch aus ihren späteren Siedlungsgebieten verjagt, wurden betrogen und massakriert.

Vertrieben wurden auch indigene Völker, die von den Weißen mit einer Mischung aus Respekt und Herablassung als »zivilisiert« bezeichnet wurden, die über Schulen und Kirchen verfügten wie die Cherokee. Es nützte ihnen angesichts der Landhungers ihrer »weißen Brüder« nichts. Der *Trail of Tears*, der Pfad der Tränen, die gewaltsamen Deportationen unter Beteiligung der amerikanischen Armee, bei denen Tausende Ureinwohner starben, gehört zu der dunkelsten Seite der amerikanischen Geschichte. Sie wird für immer mit dem Namen Andrew Jackson verbunden sein.

Vielleicht ist es symbolträchtig, dass es dieser streitbare Mann war, der in die Präsidentengeschichte der USA als derjenige einging, auf den erstmals ein Attentat verübt wurde die Liste der gelungenen oder gescheiterten Anschläge auf Präsidenten ist bekanntlich lang. Nicht auf das Leben Jacksons abgesehen hatte es der wegen Veruntreuung auf Anordnung Jacksons aus der Marine entlassene Robert B. Randolph, der sich am 6. Mai 1833 wutentbrannt an Bord eines Dampfers, mit dem der Präsident zur Einweihung eines Denkmals nach Fredericksburg fuhr, auf Jackson stürzte und ihn schlug, wovon Jackson eine blutende Kopfwunde davontrug. Der Angreifer wurde schnell überwältigt. Eine

Leibwache lehnte Jackson ab; nach seinem Empfinden musste ein gewählter Volksvertreter in der Lage sein, sich zu wehren und Angreifer gegebenenfalls niederzuschießen.

Dieser Grundeinstellung folgte Jackson, als er am 30. Januar 1835 das Capitol verließ, wo er der Trauerfeier für einen verstorbenen Kongressabgeordneten beigewohnt hatte. Plötzlich stellte sich ihm ein gut gekleideter junger Mann in den Weg. Der aus England stammende Anstreicher Richard Lawrence richtete eine Pistole auf Jackson und drückte ab. Der Knall war so laut, so bemerkte der im Umgang mit Schusswaffen im Umfeld von Jackson einschlägig erfahrene Senator Thomas Hart Benton, dass alle Anwesenden glaubten, ein Schuss sei abgefeuert worden. Zu Jacksons Glück war es nur das Zündkäppchen, das auf den Schlag des Pistolenhahns explodierte, das Pulver indes nicht entzündete. Jackson reagierte schnell und begann mit seinem Gehstock auf Lawrence einzuschlagen. Dieser zog eine zweite Pistole, drückte ab: eine erneute Fehlzündung. Der Attentäter, so beschrieb es ein Zeuge, schien in sich zusammenzusinken, und so konnte ihn ein Marineoffizier niederringen und festnehmen. Wahrscheinlich war es ein Segen für ihn, da der in Rage geratene Jackson weiter auf ihn einprügeln wollte. Die Pistolen wurden später untersucht und für funktionstüchtig befunden; die Chance einer wiederholten Fehlzündung wurde von Experten auf 1:125 000 veranschlagt. Andrew Jackson hatte einen Schutzengel. Richard Lawrence gab beim Verhör an, er sei der 1485 in der Schlacht bei Bosworth umgekommene englische König Richard III. und Jackson sein Buchhalter. Es war wohl das abwegigste Motiv für einen Mordanschlag auf einen amerikanischen Präsidenten, bis John Hinckley am 30. März 1981 auf Ronald Reagan schoss, um die Aufmerksamkeit der Schauspielerin Jodie Foster zu erregen.[11] Lawrence verbrachte die ihm verbleibenden 26 Lebensjahre in Irrenanstalten (wie man diese Institutionen damals noch nannte), zum Schluss im ersten staatlichen psychiatrischen Krankenhaus der USA, dem angesehenen St. Elizabeths Hospital in Washington.

In der Tradition seiner wiedergewählten Vorgänger verzichtete Andrew Jackson auf eine erneute Kandidatur und sah mit Genugtuung, dass sein Vizepräsident und Vertrauter Martin Van Buren im Herbst 1836 zu seinem Nachfolger gewählt wurde. Van Buren war der erste wirklich »amerikanische« Präsident: 1782 war er nach der Unabhängigkeitserklärung geboren; alle seine Vorgänger hatten als britische Untertanen ihren Lebensweg angetreten. Eine weitere Besonderheit des neuen Mannes: Als einziger Präsident in der Geschichte der USA war Englisch für ihn die erste Fremdsprache; aufgewachsen war er in einer von Emigranten aus den Niederlanden gegründeten Siedlung namens Kinderhook in Upstate New York mit der niederländischen Sprache. Dass ein Fremdsprachler Präsident werden kann, erscheint fast zweihundert Jahre später kaum möglich.

Jackson schied hoch geehrt aus dem Amt. Unter ihm waren die USA schuldenfrei geworden; außenpolitische Fragen wie gegenseitige Zahlungsverpflichtungen mit Frankreich aus der Zeit der napoleonischen Kriege und Grenzfragen mit Großbritannien wurden auf diplomatischen Wegen beigelegt. Er erlebte noch, dass das vorübergehend eine unabhängige Republik bildende Texas in die Union aufgenommen wurde, was bei ihm ambivalente Gefühle auslöste: Einerseits erfreute ihn jede territoriale Vergrößerung, andererseits erahnte er die mit der Aufnahme eines weiteren und sehr großen Sklaven haltenden Staates einhergehenden innenpolitischen Probleme. Mit seinem Lebenswerk im Großen und Ganzen zufrieden, legte er sich auf The Hermitage am 8. Juni 1845 zur ewigen Ruhe. Dass zu seinen letzten überlieferten Aussagen die Bemerkung gehört, er hätte Calhoun doch besser als abschreckendes Beispiel für alle potenziellen Verräter hängen lassen sollen, bezeugt, dass sich Andrew Jackson bis zuletzt treu blieb. In seinem Grab auf seinem Landsitz ist er nun wieder mit Rachel vereint.

Das Urteil über seine Person erlebte über die Jahrzehnte *ups and downs* – in unserer Epoche in sehr kurzer Abfolge. Die Obama-Administration fasste den Entschluss, sein Porträt von der 20-Dollar-Banknote verschwinden zu lassen, was dann aber zu einer Verbannung auf die Rückseite abgemildert wurde. Dem politisch korrekten Zeitgeist gebührend, soll er einer Afroamerikanerin, der Ex-Sklavin und Abolitionistin Harriet Tubman, Platz machen. Ob es wirklich dazu kommt, bleibt abzuwarten. Denn an der Wahlurne entschieden die Amerikaner 2016 indirekt auch über die (Neu-)Bewertung ihres siebten Präsidenten. Der 45. Präsident ließ nämlich das Porträt des möglicherweise einzigen von ihm wirklich wertgeschätzten Vorgängers im *Oval Office* an eine so prominente Stelle hängen, dass den Amerikanern auf Aufnahmen in den TV-Nachrichten oder den Tageszeitungen aus der Machtzentrale der Exekutive während der Amtszeit von Donald Trump die verhärmte Physiognomie des Andrew Jackson entgegenblickte.

FRANKLIN PIERCE

Der tragische Charmeur

14. Präsident der USA von 1853 bis 1857

»Franklin Pierce war höchstwahrscheinlich der bestaussehende Mann, der je Präsident der Vereinigten Staaten war. Er war sicherlich eine der liebenswürdigsten und angenehmsten Persönlichkeiten in diesem Amt.« Mit diesen freundlichen Worten beginnt eine moderne Biografie des vierzehnten amerikanischen Präsidenten.[1] In einem großen Standardwerk über die amerikanische Präsidentschaft klingt es weniger nett: »Pierce war ein unbedeutender Charmeur, dessen Anspruch auf präsidiale Größe auf den nicht sehr charmanten Initiativen anderer beruhte. Der leutselige Politiker aus New Hampshire, der in eine historische Zwangslage geriet, war von Geburt und Herkunft dazu bestimmt, ein fröhlicher Provinzler zu sein.«[2]

Die Formulierung »präsidiale Größe« weist auf eine bei amerikanischen Historikern wie geschichtsinteressierter Allgemeinheit beliebte Einrichtung hin: die *presidential rankings*. Die Urform dieser Rangliste wurde 1948 von dem großen Historiker Arthur M. Schlesinger eingeführt: eine Tabelle, in der die bis zu diesem Zeitpunkt amtierenden Präsidenten aufgrund ihrer Leistung im Amt aufgelistet waren. Schlesinger stützte sich dabei auf das Urteil von 75 Fachkollegen. Seither haben zahlreiche dieser Rankings für mehr oder weniger Aufsehen gesorgt. Manche sind von Historikern zusammengestellt worden, andere basieren auf Befragungen der Öffentlichkeit. Manche bestehen aus einer reinen Tabellierung, von Platz 1 – dem vermeintlich besten oder größten Präsidenten – bis Platz 45 (dass derzeit der 46. Präsident amtiert, es aber nur 45 Präsidenten gab bzw. gibt, ist ein Paradoxon, das in einem anderen Kapitel über den »doppelten« Präsidenten erklärt wird). Andere verteilen Attribute historischer Größe, in aller Regel Bewertungen wie *great, near great, average, below average, failure*. Die Ranglisten wiesen im Laufe der Zeit sich ändernde Einschätzungen auf wie zum Beispiel die freundlichere Bewertung von Harry Truman mit zunehmendem zeitlichen Abstand von seiner Amtszeit am Ende des Zweiten Weltkrieges und dem Beginn des Kalten Krieges sowie von seinem Nachfolger Dwight D. Eisenhower. Die Wertschätzung der Öffentlichkeit unterscheidet sich bei einigen Personen von jener der Historiker: So sind zum Beispiel Ronald Reagan und John F. Kennedy beim Allgemeinpublikum beliebter und angesehener als bei den Akademikern. Weitgehende Übereinstimmung besteht indes zum einen bei der Spitzengruppe: Abraham Lincoln, George Washington, Theodore Roosevelt und dessen entfernter Cousin Franklin D. Roosevelt sind dort fast immer mit leicht wechselnden Platzierungen vertreten. Aber auch das Tabellenende zeigt eine gewisse Konstanz. Während Normalbürger dazu kaum befragt werden, weil diese Schlusslichter in der Öffentlichkeit weitgehend vergessen sind, sind sich Historiker durchweg einig. Es sind immer die gleichen Namen, die hier auftauchen, und Franklin Pierce gehört typischerweise zu den drei bis fünf am schlechtesten eingestuften Präsidenten. Unter den in diesem Buch vorgestellten Persönlichkeiten ist er der auf den *presidential rankings* am tiefsten stehende Präsident.[3] Sein historisches Versagen besteht wie bei seinem Botschafter in Großbritannien und Nachfolger, James Buchanan, vor allem darin, die Ausbreitung der Sklaverei und das Beharren der Sklavenhalterelite in den Südstaaten nicht eingedämmt und den Bürgerkrieg nicht vermieden zu haben. Hätte er allerdings Ersteres getan, wäre Letzteres – der blutigste Konflikt der US-amerikanischen Geschichte – wohl früher, zu seiner und nicht zu Abraham Lincolns Amtszeit eingetreten. Als auffälligster Makel des Franklin Pierce gelten heute die Sympathien für diesen Süden, die ausgerechnet der (geografisch) »nördlichste« aller Präsidenten hegte.

Kein anderer Staatschef der USA stammte nämlich aus einer so nördlichen Region wie der am 23. November 1804 in Hillsborough County in New Hampshire geborene Franklin Pierce. Sein Vater Benjamin Pierce hatte zwei in den Ohren der Zeitgenossen klangvolle Beinamen, nämlich *General* und *Revolutionary War Hero*. Den hohen Dienstgrad erwarb er sich zwar im Jahr nach Franklins Geburt »nur« als

Befehlshaber der Miliz von New Hampshire, doch im Amerikanischen Unabhängigkeitskrieg von 1775 bis 1783, den er im Rang eines Leutnants abschloss, war er in einer historischen Stunde dabei gewesen. Benjamin Pierce gehörte zu jenem Kern der Armee um George Washington, deren Lage im harten Winterlager von Valley Forge 1777/78 auf dem prekärsten Stand des gesamten Kriegsverlauf war, bevor es bald darauf mit dem Kriegseintritt Frankreichs auf Seiten der ehemaligen 13 Kolonien gegen das Mutterland England bergauf ging. Schon in der Frühphase der USA war militärischer Ruhm ein Sprungbrett für eine politische Karriere. Benjamin Pierce saß ab 1789 in einer Kammer des Staatsparlaments von New Hampshire, dem *House of Representatives*, und wurde 1827 zum Gouverneur des Staates gewählt; das Amt hatte er zunächst für ein Jahr und dann erneut von 1829 bis 1830 inne.

Zu diesem Zeitpunkt war auch Franklin längst dem Reiz der Politik erlegen. Noch als 15-Jähriger hatte er im Herbst 1820 das Studium am Bowdoin College in Maine aufgenommen und dort schnell zahlreiche Freunde gefunden, zu denen der später berühmte Schriftsteller Nathaniel Hawthorne gehörte. Franklin war von angenehmer Wesensart; ihm sei es stets darum gegangen, schreibt ein Biograf mit verhaltenem Lob, seinen Mitmenschen zu gefallen.[4] Es gab kaum eine gesellige Runde, in der er sich nicht wohlfühlte und in der die Anwesenden nicht seinen Frohsinn und seine Kameradschaft zu schätzen wussten. Fast immer war indes dabei etwas im Spiel, was zum Dämon im Leben des Franklin Pierce werden sollte: der Alkohol. Dem College folgte die Weiterbildung zum Anwalt – noch vor der Militärlaufbahn die wichtigste Grundlage einer Karriere in der amerikanischen Politik – als Gehilfe bei einem Juristen sowie als Student an einer *law school* in Northampton im benachbarten Massachusetts (ein Bürgermeister dieser Stadt wird uns noch in einem späteren Kapitel auf seinem Weg ins Weiße Haus begegnen). Pierce wurde ein erfolgreicher und damit auch sehr wohlhabender Anwalt. Seine Erfolge vor Gericht beruhten weniger auf seiner Kenntnis von Paragrafen und Präzedenzfällen – er war alles andere als ein eifriger Leser –, sondern mehr auf seinem ungeheuren Charme im Umgang mit Richtern wie Geschworenen und seinem phänomenalen Gedächtnis. Einen Geschworenen beispielsweise nach Jahren sofort wiederzuerkennen und mit vollem Namen anzusprechen, erwies sich wiederholt als ein unschätzbarer Vorteil. Zur angenehmen Physis des groß gewachsenen Mannes mit dem lockigen dunklen Haar gesellte sich eine tiefe und kräftige Stimme, die ihm in jenem Zeitalter lange vor Erfindung von Mikrofon und Verstärker bei politischen Kundgebungen sehr zu Nutze kam – Franklin Pierce konnten auch die in den hinteren Reihen eines Versammlungsortes Stehenden gut wahrnehmen.

Franklin wurde im Wahlkampf von 1828 politisch aktiv, in dem es zu einer erbitterten Neuauflage des Duells von 1824 kam: zwischen dem damals zum sechsten amerikanischen Präsidenten gewählten John Quincy Adams und Andrew Jackson. Wie sein Vater war auch Franklin Pierce ein enthusiastischer *Jacksonian Democrat.* Der Erfolg der Demokraten gab auch dem jungen Pierce Auftrieb, und im folgenden Jahr wurde er zum ersten Mal in das *House of Representatives* von New Hampshire gewählt. Schnell erwarb er sich mit seinem verbindlichen Auftreten Ansehen und eine breite Beliebtheit unter den Parteigängern der Demokraten. Als er mit siebenundzwanzig Jahren zum *Speaker of the House* wurde, war deutlich erkennbar, dass Franklin

Pierce der aufsteigende Stern der Partei in dem nördlichen Bundesstaat war. Der kleine Staat wurde bald zu eng für seine Ambitionen, und schon 1832 wurde er ins Repräsentantenhaus in Washington gewählt. Bevor er dort seinen Sitz einnahm, kam es zu einer ihn prägenden Begegnung: Sein Idol, Präsident Andrew Jackson, und dessen zukünftiger Vizepräsident Martin Van Buren besuchten New Hampshire auf einer Rundreise durch Neuengland; Pierce war zutiefst beeindruckt von den Politikern, die einem überzeugendem Wahlsieg und einer zweiten Amtszeit Jacksons entgegengingen. Die Treue zur Demokratischen Partei Jacksonschen Zuschnitts und die Bewahrung der Einheit dieser Partei waren von nun an das politische Leitmotiv des Franklin Pierce. Er sollte auch dabei scheitern. Die Dominanz der Demokraten wurde um die Mitte des 19. Jahrhunderts so erdrückend, dass widerstrebende weltanschauliche und regionale Interessen sich nicht länger unter dem Dach einer Partei vereinigen ließen. Die Folge sollte schließlich eine Zersplitterung der Demokraten sein, die in der Wahl von 1860 einem mit nur einer Minderheit der abgegebenen Stimmen gewählten Vertreter einer völlig neuen politischen Gruppierung den Weg ins Weiße Haus bahnen sollte – mit dramatischen Folgen. Präsident wurde der Provinzanwalt Abraham Lincoln aus Illinois, der der wenige Jahre zuvor gegründeten Republikanischen Partei angehörte.

Lange Zeit war der politische Gegner der Demokraten in der politischen Karriere des Franklin Pierce eine längst verschwundene und in Vergessenheit geratene Partei, die nach ihrem englischen Vorbild die *Whigs* hießen. Im Prinzip als Opposition gegenüber Jackson und seiner Politik entstanden, schickten die Whigs während ihrer kurzen Blütezeit drei Vertreter ihrer Strömung ins Weiße Haus – keinem dieser Präsidenten war eine volle Amtszeit vergönnt: William Henry Harrison starb 1841 nach nur einem Monat im Amt, Zachary Taylor brachte es 1849/50 auf etwas mehr als ein Jahr, bevor der Ex-General ebenfalls vorzeitig verschied, und sein Vize Millard Fillmore vollendete die Amtszeit von 1850 bis 1853. Der Vizepräsident und Nachfolger des sehr kurzzeitig amtierenden William Henry Harrison, der aus Virginia stammende John Tyler, galt zunächst nominell als Whig, wurde aber noch 1841 aus der Partei ausgeschlossen. Tyler war der erste Vizepräsident, der aufgrund des Ablebens eines Präsidenten ins Amt kam. Es ist ein reibungsloser Verfassungsmechanismus, der bislang neun Mal greifen musste: Vier Präsidenten verstarben im Amt, vier wurden ermordet und einer trat zurück.

Franklin Pierce hatte lange damit gehadert, Junggeselle zu sein, wozu möglicherweise seine Neigung zur Flasche beitrug. Die erste Hälfte des 19. Jahrhunderts erlebte eine Blüte der Temperenzbewegung, die im Alkohol Teufelswerk sah, und vor allem Frauen sahen in der Trunksucht eine Art irdischer Verdammnis. Zu diesen gehörte auch Jane Appleton, die offenbar über mehrere Jahre zögerte, bevor sie Franklin am 19. November 1834 das Ja-Wort gab. Das Paar verkörperte die alte Weisheit von den sich anziehenden Gegensätzen. Franklin war gut aussehend, charmant und – wie es im Englischen so treffend heißt – *outgoing*. Jane hingegen war optisch eher unauffällig, scheu und verschlossen – vor allem aber kränkelnd. Sie verabscheute Alkohol und Tabak und sehr bald auch die Politik. Es ist ein bemerkenswertes Phänomen unter den First Ladies der USA, dass viele von ihnen eine tief sitzende Aversion gegen das Metier ihrer Gatten hatten, darunter vor allem Pat Nixon und Jacqueline Kennedy, deren Teilnahme an einer Reise, die den Beginn einer

Art Vorwahlkampf signalisierte, eine vielbeachtete Ausnahme war – sie fuhr im November 1963 nach Texas.

Statt einer Hochzeitsreise begaben sich die frisch verheirateten Jane und Franklin Pierce nach Washington, wo Franklin seine Tätigkeit im Kongress aufnahm. Wie viele Politikerpaare wohnten sie mehr oder weniger behelfsmäßig in einem *boarding house*, einer Mischung aus Appartement-Komplex und Hotel. Jane nahm wenig Kontakt zu anderen auf und führte ein zurückgezogenes Leben. Ob sie ein körperliches Leiden hatte oder eher dem Zeitgeist nachlebte, der Frauen eine grundsätzlich »schwächliche« Konstitution sowie allerlei heute als diskriminierend empfundene Eigenschaften wie »scheu«, »melancholisch« und oft gar »invalide« zusprach, ist unklar.[5] Sie drängte Franklin wiederholt, die Politik an den Nagel zu hängen und nach New Hampshire zurückzukehren. 1842 gab er ihrem Wunsch nach, nachdem er ins Oberhaus des amerikanischen Kongresses, den Senat, aufgestiegen war. In seinem Entschluss wurde er durch zwei Tragödien bestärkt, die Janes angeschlagene Befindlichkeit zusätzlich erschütterten: Der erste Sohn des Paares starb wenige Tage nach seiner Geburt; der zweite Sohn, Frank Robert, wurde nur vier Jahre alt und erlag einer der damals grassierenden Typhusepidemien. Das Schicksal indes hielt etwas noch Grausameres für das Ehepaar Pierce bereit.

Sie ließen sich in Concord, der Hauptstadt New Hampshires, nieder. Franklin arbeitete wieder als Anwalt und war eine Art Führungspersönlichkeit der Demokratischen Partei in seinem Heimatstaat. Als eine Gefahr für deren Einheit empfand er die Agitation der vor allem im Norden der USA aktiven Abolitionisten – jener Strömung, die sich für die Abschaffung der Sklaverei einsetzte. Weil dies für die tonangebende Schicht der Staaten des Südens eine Bedrohung ihrer wirtschaftlichen Grundlage und ihrer Machtposition darstellte, nahmen diese und vor allem ihre Vertreter im Kongress eine aggressive Abwehrhaltung gegen jedwede Initiative oder Strömung ein, die als Bedrohung dieser menschenverachtenden, für die Pflanzereliten indes profitablen Institution wahrgenommen wurde. Das vielleicht größte Konfliktpotenzial offenbarte der Blick nach Westen. An der Frage, wie die jenseits des Mississippi zunehmend erschlossenen und besiedelten Territorien organisiert sein sollten, wenn sie den Rang von Bundesstaaten einnahmen, erhitzten sich die Gemüter: Würden die neuen Staaten *free* oder *slave* sein? Die tonangebenden Politiker des Südens waren sich bewusst, dass mit jedem neuen Bundesstaat, in dem es keine Sklaverei gab, ihre Machtbasis und ihr Einfluss im Kongress bröckeln und letztlich die Abschaffung der Sklaverei gefördert würde. Pierce war kein Befürworter der Sklaverei, aber sein Konzept von der Erhaltung der Einheit sowohl seiner Partei als auch der Nation basierte auf einer Gefälligkeitspolitik gegenüber den Interessen der Südstaaten und einer geradezu physischen Abneigung gegen die Abolitionisten (die ausgerechnet in seiner Heimatregion Neuengland ihre wesentliche Basis hatten). Diese Haltung prägte später seine Präsidentschaft – und das Urteil der Historiker.

Vor der Präsidentschaft bot sich ihm eine Chance, die in den USA einer politischen Laufbahn höchst förderlich sein kann – wenn sie denn erfolgreich verläuft: die Teilnahme an einem militärischen Konflikt. Ob Pierce sich im 1846 ausgebrochenen Krieg gegen Mexiko mit Ruhm bedeckte, war schon unter den Zeitgenossen nicht ganz unumstritten. Jedenfalls war er seit seiner Jugend bestrebt, seinem Vater in dieser Hinsicht nachzueifern, und dies umso mehr, als zwei ältere Brüder sich im Krieg von 1812 ausgezeichnet hatten. Seine exzellenten politischen Verbindungen bis hinauf zum 1844 ins Präsidentenamt gewählten Parteifreund James K. Polk trugen ihm den Rang eines Brigadegenerals und den Befehl über ein Infanterieregiment ein, »eine Pflicht jenseits seiner Talente«.[6]

Pierce und seine Einheit sollten an der Eroberung der Hafenstadt Veracruz teilnehmen, kamen indes zu spät in Mexiko an. Seinem Oberbefehlshaber General Zachary Taylor, genannt *Old Rough and Ready*, war die Eroberung bereits gelungen. So führte Pierce dem gen Mexiko-Stadt marschierenden Taylor Verstärkungen zu; das Organisationstalent und die Führungsqualitäten des Mannes aus New Hampshire waren beachtlich. Wenn es aber zu Kampfhandlungen kam, stand ihm die Glücksgöttin nicht zur Seite. Bei einem Gefecht schlug eine Granate unweit des hoch zu Ross sitzenden Pierce ein; das Pferd scheute und warf seinen Reiter ab, der sich eine schwere Knieverletzung zuzog. Böswillige Gerüchte behaupteten, Pierce sei vor Angst ohnmächtig geworden und aus dem Sattel gefallen. Bald darauf führte er zu Fuß und humpelnd seine Truppe ins Gefecht, stolperte indessen und verschlimmerte seine Verletzung. Die Schlacht von Chapultepec versäumte er, da er mit einer für Mexiko typischen Diarrhoe in einem Zelt lag. Nach Friedensschluss verbrachte er noch einige Zeit im Land und vertrieb sich die Langeweile in alkoholgeschwängerter Geselligkeit mit anderen Offizieren.

Immerhin konnte sich Franklin Pierce nun wie sein Vater »General« nennen, als seine große Stunde schlug. Im Jahr 1852 stand die Sklavenfrage deutlicher als je zuvor im Zentrum des Präsidentschaftswahlkampfs. Mit dem siegreichen Ende des Krieges gegen Mexiko hatten die USA enorme territoriale Zugewinne gemacht. Zu der bereits annektierten ehemaligen mexikanischen Provinz Texas gesellte sich nun das Gebiet westlich davon einschließlich Kaliforniens, das schon ein Jahr nach Ende des Krieges amerikanischer Bundesstaat wurde. Wieder erhitzten sich die Gemüter an der Frage, inwieweit sich die Sklaverei ausdehnen könnte. Das Ergebnis war ein komplexes Vertragswerk, an dessen Zustandekommen vor allem Stephen Douglas aus Illinois, der künftige Rivale Abraham Lincolns in den Senatswahlen von 1858 und der Präsidentschaftswahl von 1860, beteiligt war. Der »Kompromiss von 1850« befriedigte nur oberflächlich beide Seiten; der Süden konnte mit einigem Recht besonders zufrieden sein. Kalifornien war als »freier« Staat in die Union aufgenommen; im New-Mexico-Territorium, aus dem später die Bundesstaaten New Mexico und Arizona entstanden, sollte die Bevölkerung selbst entscheiden – dass man indes durch Förderung der Auswanderung von sklavenhaltenden Siedlern die Demografie einer Region gezielt beeinflussen konnte, zeigte sich im Laufe der 1850er Jahre in Kansas, wo sich Sklavenhalter niederließen und es zu den Unruhen von *Bleeding Kansas*, einem Präludium des Bürgerkrieges, kam. In der Hauptstadt Washington wurde der Sklavenhandel, nicht aber die Sklaverei selbst verboten, was die Eliten aus »Dixie« leicht verschmerzen konnten. Eine andere Bestimmung des Kompromisses von 1850, die zur Festnahme von in den Norden geflohenen Sklaven durch U.S. Marshalls (*Fugitive Slave Law*) verpflichtete, beruhigte die Sklavenhalter ungemein. Für Franklin Pierce war der Kompromiss von 1850 ein fester Anker seines politischen Handelns, im Dezember desselben Jahres hielt er eine viel beachtete Rede unter dem Titel »The Union! Eternal Union!« Doch die Einheit der Union war mit diesem und nachfolgenden Kompromissen nur noch für ein konfliktreiches Jahrzehnt erkauft.

Im Vorfeld der Wahl von 1852 lancierte Pierce kryptische Andeutungen über seine Absichten in der Presse, die nur auf den ersten Blick wie die Ablehnung einer möglichen Kandidatur klangen. In seiner Korrespondenz hob er seine Unterstützung für den Kompromiss von 1850 und auch für das im Norden umstrittenen *Fugitive Slave Law* hervor. Der Parteitag der Demokraten begann am 1. Juni 1852 im Baltimore. Im ersten Wahlgang waren alle Kandidaten weit von der notwendigen Zwei-Drittel-Mehrheit entfernt – Franklin Pierce erhielt keine einzige Stimme. Dies blieb auch in den nächsten 34 Wahlgängen so. In der nächsten Runde wurden 15 Stimmen aus Virginia für Pierce abgegeben; zum ersten Mal tauchte er damit als Kandidat auf. In den nächsten Abstimmungen arbeitete sich Pierce auf Platz drei vor. Die zunehmend erschöpften Delegierten statteten ihn schließlich im 49. Wahlgang mit einer überwältigenden Mehrheit von 202 Stimmen aus; die verbliebenen fünf anderen Stimmen teilten sich drei andere, einst in der Delegiertengunst weit vorne liegende Politiker. Franklin Pierce war damit das Musterbeispiel eines *dark horse candidate*, eines Außenseiters, der zunächst überhaupt nicht als ernst zu nehmender Kandidat wahrgenommen wurde, auf den sich ein Wahlparteitag schließlich mehr oder weniger notgedrungen einigt. Dieses im 19. und über weite Teile des 20. Jahrhunderts häufige Schauspiel einer *convention* mit dramatischen, unerwarteten Entwicklungen ist in der Gegenwart mit ihrem monatelangen Reigen von Vorwahlen und der hollywoodesken Show seiner bis ins Detail geplanten Wahlparteitage kaum noch denkbar.

Franklin Pierce wurde die Nachricht seiner Nominierung

von einem Reiter überbracht, als er gerade mit seiner Frau eine Kutschfahrt durch Boston machte. Während er sich überrascht gab, soll Jane noch in der Kalesche ohnmächtig geworden sein. Einen Wahlkampf modernen Stils musste ein Kandidat damals nicht führen. Pierce konnte von Concord aus der Entwicklung wohlgemut entgegensehen. Die berühmteste Wahlkampfschrift schrieb sein Studienfreund, der Schriftsteller Nathaniel Hawthorne, der eine Biografie des Kandidaten unter dem Titel *The Life of Franklin Pierce* verfasste. Hawthorne stellte bereits in der Einleitung klar, dass politisches Schrifttum und erst recht Wahlpropaganda weit unter seiner Würde waren: »Der Autor dieser Memoiren, der so wenig von einem Politiker in sich hat, dass er sich keiner Partei zugehörig fühlen kann, hätte nicht freiwillig dieses Werk der Öffentlichkeit vorgelegt … Diese Gattung des Schrifttums ist zu weit von seiner normalen Betätigung – und, so muss er hinzufügen, von seinem Geschmack – entfernt, um auf befriedigende Weise getan zu werden. Und zusätzliche Zeit und Übung würde er für einen solchen Zweck nicht aufbringen wollen.«[7]

Die Whigs waren weitaus zerstrittener als die Demokraten und nominierten den neben Zachary Taylor zweiten bedeutenden Armeeführer aus dem Krieg gegen Mexiko, General Winfield Scott. Der stark übergewichtige und mit 66 Jahren recht reife Herr galt als Gegner der Sklaverei und würde erwartungsgemäß im Süden kaum Zuspruch bekommen. So wurde die Wahl vom 2. November 1852 zu einem Erdrutschsieg für Pierce und die Demokraten. Wie so oft bei amerikanischen Präsidentschaftswahlen, war das Resultat im Wahlmännergremium – und nur dieses entscheidet, wie Hillary Clinton 2016 schmerzlich erfahren musste – eindeutiger als das der abgegebenen Stimmen. Pierce gewann

27 Bundesstaaten und 254 *electoral votes*, General Scott hingegen konnte nur vier Staaten für sich gewinnen und bekam magere 42 Wahlmännerstimmen. Immerhin war Pierce's Vorsprung bei den abgegebenen Wählerstimmen mit 50,8 Prozent gegenüber den 43,9 Prozent für Scott noch recht deutlich. Mit 48 Jahren war Franklin Pierce der bis zu diesem Zeitpunkt jüngste amerikanische Präsident.

Als er im März 1853 in Washington den Amtseid ablegte, war der stets freundliche Mann indes von einem grausigen Schicksalsschlag gezeichnet. Am 6. Januar hatten Franklin, Jane und der einzige dem Paar verbliebene Sohn Benjamin, genannt Benny, einen nur aus einem Personenwagen, einem Gepäckwagen und der Lokomotive bestehenden Zug bestiegen, der sie von einer Beerdigung in Boston zurück nach Concord bringen sollte. Etwa ein Kilometer vom Bahnhof der kleinen Stadt Andover in Massachusetts entfernt brach bei einer Geschwindigkeit von rund 60 Stundenkilometern eine Achse des Waggons, in dem sich die Passagiere aufhielten. Der Waggon am Zugende stürzte eine Böschung hinunter. Benny wurde vor den Augen der nur einige Prellungen erleidenden Eltern der hintere Teil des Schädels zertrümmert. Der Junge war sofort tot. Er war der einzige Passagier, der bei dem Unglück ums Leben kam. Für die ohnehin introvertierte Jane war es die Strafe Gottes für Franklins politische Ambitionen und ein Grund zu fast vollständiger Selbstisolation – es dauerte fast zwei Jahre, bis zum Neujahrsempfang im Weißen Haus im Januar 1855, bevor sie öffentlich als First Lady in Erscheinung trat.

Der Tod Bennys erschütterte auch seinen Vater zutiefst. Als ein Mann, der stets gerne – mit nur kurzer Abstinenzzeit zu Beginn seiner Ehe – dem Alkohol zugesprochen hatte, dürfte er nach diesem Verlust verstärkt Trost in der Flasche gesucht haben. Wie sehr der Alkoholkonsum seine Präsidentschaft über die nächsten vier Jahre beeinflusste, bleibt Spekulation. Wahrscheinlich hat er sich im Griff gehabt; es gibt keine verlässlichen Zeugenaussagen, die von einem angetrunkenen Präsidenten Pierce berichten. Kein Zweifel kann jedoch daran bestehen, dass Pierce seine Leichtigkeit, seinen Charme verloren hatte, die so lange sein wesentliches Charaktermerkmal waren.

Pierce ging ungeachtet dieser schweren persönlichen Last mit einiger Energie in sein neues Amt. Sein Kabinett war nach regionalen Kriterien zwischen Nord und Süd ausgewogen. Dass mit Jefferson Davis der künftige Präsident der Konföderierten Staaten im Bürgerkrieg sein Kriegsminister wurde, sagt einiges über die Neigung von Pierce zugunsten des Südens aus. Es war bemerkenswerterweise das einzige Kabinett während des 19. Jahrhunderts, das über eine vierjährige Amtszeit intakt blieb und somit keinen Rücktritt eines Ministers erlebte. Weniger stabil war indes das zweite Amt im Staate. Der von Pierce ausgesuchte Mitkandidat und nach dem Wahlsieg neue Vizepräsident Rufus King – auch er aus dem *deep south*, aus Alabama – verstarb bereits nach sechs Wochen, am 18. April 1853. Damals gab es keine Möglichkeit der Nachnominierung, so dass die USA während fast der gesamten Amtszeit von Franklin Pierce ohne einen Vizepräsidenten waren. Seit Einführung eines 1967 in Kraft getretenen Verfassungszusatzes kann in einem solchen Fall der Präsident einen neuen Vizepräsidenten ernennen, der dann von beiden Häusern des Kongresses bestätigt werden muss.

Außenpolitisch hatte die Administration von Präsident Pierce zunächst einen Erfolg zu verzeichnen. Es gelang dem von Pierce und seinem Außenminister William L. Marcy als

Diplomat nach Mexiko geschickten Eisenbahnmogul James Gadsen, das Territorium der USA im sogenannten Gadsen Purchase von 1853 auf friedliche Weise um rund 45 000 Quadratmeilen zu vergrößern. Zum Kaufpreis von 10 Millionen Dollar erwarben die USA einen Landstreifen, der heute die südlichen Abschnitte der Bundesstaaten Arizona und New Mexico bildet. Weniger friedlich, dies zeichnete sich damals schon ab, würde es bei der von einflussreichen expansionistischen Kräften in den USA angestrebten Einverleibung von Kuba zugehen. Auch hier schwebte Pierce ein Kauf vor, doch die von ihm mit der Materie beauftragten Diplomaten bevorzugten in einem Dokument, das unbeabsichtigt an die Öffentlichkeit kam, eine offenere Sprache. In dem berühmten oder vielmehr berüchtigten Ostende-Manifest betonten sie, dass die USA nach göttlichem wie menschlichem Gesetz im Falle einer Ablehnung des Kaufangebots durch die Kolonialmacht Spanien völlig berechtigt seien, ihr die größte karibische Insel zu »entwinden« (»... *wrestling it from Spain*«). Die Gier nach Kuba würde fast ein halbes Jahrhundert später, im Spanisch-Amerikanischen Krieg von 1898, befriedigt werden. Zu dieser Manifestation einer aggressiven und von überhöhtem Sendungsbewusstsein erfüllten amerikanischen Außenpolitik passte der von Pierce als Botschafter nach Madrid entsandte Pierre Soulé. Der aus Louisiana stammende Hitzkopf, ein weiterer Vertreter südstaatlicher Interessen in der Pierce-Administration, erhoffte sich wie viele seiner Landsleute in »Dixie« vom Erwerb eines Territoriums, auf dem Sklaverei seit Jahrhunderten Usus war, jenen Machtzuwachs, der ihnen bei der Expansion gen Westen zunehmend verwehrt schien. Der gebürtige Franzose war ein grober Fehlgriff als Diplomat. Er war der Prototyp eines Gesandten der Groß- und späteren Weltmacht USA, der sich massiv in die Angelegenheiten seines Gastlandes einmischte. Soulé rief zum Sturz der spanischen Regierung auf und musste daraufhin das Land fluchtartig verlassen.

Ein wenig besser konnte die Regierung Pierce die Beziehungen zu Großbritannien gestalten. Streitigkeiten über Fischereirechte im Grenzgebiet zur britischen Kolonie Kanada wurden in einem Abkommen beigelegt. Den Briten dürfte indes klar gewesen sein, dass das damals aufkommende amerikanische Konzept vom *manifest destiny*, von der vermeintlich schicksalhaften Bestimmung der USA, den Kontinent mit ihrer so eigenen Art der Zivilisation zu überziehen, auch den Erwerb von Kanada einschloss. Man blieb gegenüber dem Nachbarn im Süden wachsam – eine Wachsamkeit, der man heute die Existenz einer großen liberalen Demokratie, die in manchem eher an Europa als an die USA erinnert, auf dem nordamerikanischen Kontinent verdankt. Respektiert wurden die USA indes zweifelsohne von der unbestrittenen Weltmacht Großbritannien, dem einstigen Mutterland. Als 1854 der Krimkrieg ausbrach, in dem Briten und Franzosen gemeinsam mit der Türkei gegen das zaristische Russland kämpften, versuchten drei britischen Konsuln in den USA, junge Amerikaner als Rekruten anzuwerben, was ein Bruch jedweder Neutralitätsgesetze war. Die Regierung Pierce wies die drei Diplomaten aus, und der Präsident verfasste eine Botschaft an die britische Regierung, die sachlich so überzeugend war, dass man in London auf die in solchen Fällen üblichen Gegenmaßnahmen verzichtete.

Der Blick der USA und ihrer führenden Wirtschafts- und Handelsrepräsentanten ging in den 1850er Jahren indes nicht nur in der Karibik über die Küsten des eigenen Landes hinaus. Längst war das Interesse am Pazifik erwacht. Noch in der Amtszeit von Franklin Pierce erzwang Commodore Matthew Perry mit seinem Geschwader die Öffnung des in einer Art Selbstisolation verharrenden Japan.

Weit weniger glücklich waren Franklin Pierce und seine Administration bei der Bewältigung des drückendsten innenpolitischen Problems: der Gefahr der Ausdehnung der Sklaverei in die neuen Territorien im Westen. Der von Pierce befürwortete Kansas-Nebraska Act von 1854 war der nächste Versuch eines Kompromisses in einer Frage, bei der es keinen Kompromiss geben konnte – wofür der am Beginn seines politischen Aufstieges stehende Abraham Lincoln die schöne Formulierung vom Haus fand, das in sich gespalten sei und daher keinen Bestand haben könne. In dem Gesetz wird es den örtlichen Mehrheiten in den künftigen Bundesstaaten Kansas und Nebraska freigestellt zu entscheiden, ob die jeweilige Region *free* oder *slave* sein würde. Die Annahme durch beide Kammern des Kongresses spiegelt die Spaltung der Nation wider: Fast zwei Drittel der Senatoren und Repräsentanten aus dem Norden stimmten gegen den vom Süden favorisierten Gesetzentwurf. Auch die Partei von Franklin Pierce, die Demokraten, sahen einer tiefgreifenden Spaltung entgegen.

Für Ruhe sorgte der Kansas-Nebraska Act nicht. Ganz im Gegenteil: In Kansas tobte die Gewalt und erreichte 1856, im Jahr der nächsten Präsidentenwahl, einen Höhepunkt. Pierce schickte Truppen, doch selbst diese konnten das Blutvergießen in *bleeding Kansas* nicht stoppen. Inzwischen waren nicht nur die regionalen Gegensätze bei den Demokraten deutlich zutage getreten; die Parteienlandschaft der USA änderte sich nachdrücklich. Zwei neue politische Kräfte betraten die Bühne. Die *Know Nothings*, die sich offiziell American Party nannten, waren eine neue Gruppierung, deren Feindbild vor allem Immigranten (sowie Katholiken) waren – eine Sammlungsbewegung politischer Intoleranz, deren Gedankengut auch mehr als 150 Jahre später in der amerikanischen Politik alles andere als ausgestorben ist. Ihre Beinamen erhielten sie aufgrund der Neigung ihrer Mitglieder in der Anfangsphase der Bewegung, von nichts wissen zu wollen. Für die Wahl von 1856 nominierten sie den Vorgänger von Franklin Pierce, den Ex-Präsidenten Millard Fillmore, als Präsidentschaftskandidaten. Die andere neue Partei waren die Republikaner, die 1856 mit dem Entdecker und Offizier John C. Frémont erstmals eines Präsidentschaftskandidaten aufstellten.

Franklin Pierce wurde das in der amerikanischen Präsidentengeschichte ungewöhnliche Schicksal zuteil, als ein vom Volk gewählter Präsident von seiner Partei nicht erneut nominiert zu werden.[8] Zunächst hatte er noch die zweitmeisten Stimmen auf dem Parteitag in Cincinnati, nach seinem Botschafter in London, James Buchanan. Im 17. Wahlgang entschieden sich die Delegierten dann für Buchanan: Da er vier Jahre lang außer Landes verbracht hatte, war er nicht in die Streitigkeiten über Kansas und über die Sklavenfrage involviert gewesen. Buchanan wurde im November 1856 zwar nur von knapp 46 Prozent der Stimmberechtigten gewählt, doch fiel sein Erfolg im Wahlmännerkollegium recht deutlich aus, da sich seine beiden Konkurrenten gegenseitig die Stimmen wegnahmen. So wurde Buchanan mit 174 Wahlmännerstimmen bei 114 für Frémont und 8 für Fillmore zum 15. amerikanischen Präsidenten gewählt.

In den letzten Wochen seiner Präsidentschaft gab Pierce seinem Land und vor allem dessen Hauptstadt ein bleibendes Vermächtnis. Er begründete eine Tradition, die alljährlich die Washingtonians und Zehntausende Besucher der Metropole am Potomac in den stimmungsvollsten Wochen des Jahres erfreut. Pierce ließ im Dezember 1856 vor dem Weißen Haus einen dekorierten Weihnachtsbaum aufstellen. Es war der erste *White House christmas tree.* Heute sind der Antransport eines großen Baumes und sein Schmuck ein Medienereignis; die feierliche Einweihung des Baumes in den ersten Dezembertagen ist eine der angenehmsten und am wenigsten kontroversen Pflichten eines amerikanischen Präsidenten. Der Urheber dieser schönen Tradition, Franklin Pierce, ist weitgehend in Vergessenheit geraten.[9]

Als ehemaliger Präsident verhielt sich Pierce im 1861 beginnenden Bürgerkrieg zunächst zurückhaltend, was vor allem im Lager der nun regierenden Republikanischen Partei als Zeichen seiner Sympathien für den inzwischen von der Union abgefallenen Süden gewertet wurde. Anteilnahme zeigte er, als Präsident Lincoln und seine Frau Mary 1862 ihren kleinen Sohn Willie durch eine Infektionskrankheit verloren; Pierce schrieb eine sehr persönliche, einfühlsame Beileidsbekundung an das Paar. Mit der Aufhebung bürgerlicher Freiheitsrechte (Habeas corpus) durch Lincoln war Pierce nicht einverstanden. Am 4. Juli 1863 hielt er eine viel beachtete Rede, in der er sich mit diesen Schritten höchst kritisch auseinandersetzte. Es war indes kein günstiger Zeitpunkt für Angriffe auf die Regierung Lincoln: Binnen Stunden waren Berichte über die großen Siege der Union über die Konföderierten bei Gettysburg und bei Vicksburg eingetroffen.

Pierce war in seinen letzten Jahren, vielleicht in stärkerem Maße als zuvor, dem Alkohol verfallen, wozu Janes Tod durch Tuberkulose im Dezember 1863 beigetragen haben dürfte. Nathaniel Hawthorne blieb ein guter Freund bis zuletzt. Franklin Pierce starb am 8. Oktober 1869. Er ist der einzige amerikanische Präsident (soweit bekannt), der an Leberzirrhose verschied.

Sein Biograf Peter Wallner zog einen treffenden Vergleich zu einem Präsidenten, der auf den Ranglisten der Historiker und mehr noch der Allgemeinbevölkerung eine Pierce entgegengesetzte Position einnimmt und im oberen Tabellendrittel landet: »Ronald Reagan hat man den Teflon-Präsidenten genannt, weil nichts von dem, was unter seiner Administration [an Negativem] geschah, an ihm hängen blieb. Pierce war das genaue Gegenteil. Nennen wir ihn den Haftstreifen-Präsidenten. Alles, was während seiner Regierungszeit geschah, blieb an ihm kleben.«[10] Reagans Vizepräsident und Nachfolger war der 2018 verstorbene George H. W. Bush. Dessen Erwähnung hier mag uns daran erinnern, dass Franklin nicht das letzte Mitglied der Familie Pierce war, das im Weißen Haus wohnte. Die First Lady des 41. Präsidenten, Barbara Bush, hieß mit Mädchennamen Pierce. Sie und Franklin hatten im 17. Jahrhundert mit Thomas Pierce (Ur-Urgroßvater von Franklins Vater Benjamin) einen gemeinsamen Vorfahren.

ULYSSES S. GRANT

Der spät Erfolgreiche

18. Präsident der USA von 1869 bis 1877

Der Mörder kannte das Theatergebäude bis ins kleinste Detail: den Hintereingang, die vom Zuschauerraum nicht einsehbare schmale Treppe hinauf zu den Logen, das kleine Vorzimmer vor einer solchen Loge im ersten Stock und vor allem die Gasse hinter dem Bühnenhaus, in der man ein Pferd anleinen und schnell von der 11. Straße im Zentrum der Stadt Washington flüchten konnte. John Wilkes Booth war also mit den Gegebenheiten in und um Ford's Theater bestens vertraut, denn er hatte wiederholt hier auf der Bühne gestanden. Er war Schauspieler und entstammte einer Familie großer Mimen: Sein aus England eingewanderter Vater Junius Brutus Booth – ein Mittelname voller Symbolik, einen der Mörder Cäsars ehrend – war ein bekannter Shakespeare-Darsteller, und sein Bruder Edwin gilt als einer der größten amerikanischen Schauspieler des 19. Jahrhunderts, unübertroffen in seiner Glanzrolle als Hamlet. Auch John Wilkes Booth kannte die Welle der Erregung zur Genüge, die einen Schauspieler erfasst, wenn ihn am Ende der Vorstellung der Beifall des Publikums umbrandet, wenn die Erschöpfung vertrieben wird vom Rausch des Adrenalins, das der donnernde Applaus, die Da-capo-Rufe und die roten Rosen freisetzen, die aus dem Publikum einem attraktiven, wenn auch leicht diabolisch wirkenden Mann wie ihm, dem Frauenliebling, zugeworfen werden. Doch all der Jubel, all die Verehrung, an der er sich bislang berauscht hatte, würden nichts sein im Vergleich zu der Bewunderung, wenn nicht gar Vergötterung, die ihm nach seinem größten Auftritt an diesem Karfreitagabend, dem 14. April 1865, zuteilwürden – Bewunderung durch seine »Landsleute«, die Menschen im gerade besiegten Süden, und schließlich von der ganzen Welt.

Und so steckte John Wilkes Booth die kleine Pistole Marke Derringer und einen Dolch in seine Jackentasche und machte sich auf zu seinem Rendezvous mit dem Ruhm. Es war kurz nach zehn Uhr abends, als er vorsichtig die Tür zur Ehrenloge öffnete und sich von hinten der großen, in einem Schaukelstuhl sitzenden Gestalt näherte, die sich gerade auf die Balustrade stützte und gebannt das Geschehen auf der Bühne verfolgte. Booth kannte das Lustspiel und wusste genau, an welcher Stelle das Publikum in Gelächter ausbrechen würde. In diesem Moment schritt er zur Tat und schoss mit der kleinen Waffe dem Mann im Schaukelstuhl aus kurzer

Distanz eine Kugel in den Hinterkopf. Abraham Lincoln, der Präsident der USA, sank in sich zusammen. Ihm standen rund neun Stunden eines Todeskampfes bevor; das Bewusstsein erlangte er nicht wieder.

Booth, ein fanatischer Südstaatler, glaubte mit dem Mordanschlag die gescheiterten CSA, die Confederate States of America, rächen zu können. Nur fünf Tage zuvor war der Amerikanische Bürgerkrieg und mit ihm die Existenz der Konföderation zu Ende gegangen, als der Befehlshaber der Army of Northern Virginia, der wichtigsten Streitmacht des Südens, General Robert E. Lee, bei Appomattox in Virginia vor dem Oberbefehlshaber der Unionsarmee, General Ulysses S. Grant, kapitulierte. Als Booth den Abzug betätigte, tat er es in der Annahme, dass fast die gesamte Führungsschicht der Union an diesem Abend ausgeschaltet werden würde. Booth war der Kopf einer mörderischen Verschwörung. Fast zeitgleich mit dem Anschlag in Ford's Theater drang ein hünenhafter Mann namens Lewis Powell ins Haus von Außenminister William Seward ein und verletzte den nach einem Kutschenunfall bettlägerigen Staatsmann schwer. Auch Vizepräsident Andrew Johnson sollte sterben, doch der auf ihn angesetzte Verschwörer, der deutschstämmige George Atzerodt, behielt nicht die Nerven. Statt Johnson in seinem *boarding house* (einer Art Langzeithotel) aufzulauern, ging Atzerodt in eine Kneipe und betrank sich. Es nützte ihm nichts, zusammen mit drei anderen Verschwörern wurde er wenige Wochen später gehenkt.

Wenn etwas das Triumphgefühl des John Wilkes Booth an jenem traumatischen Abend minderte, war es, dass mit Abraham Lincoln und seiner Frau Mary ein für Booth recht bedeutungsloses Paar, die Senatorentochter Clara Harris und ihr Verlobter Major Henry Rathbone, in der Loge saßen.

Denn Booth hatte gehofft, an der Seite Lincolns General Grant, den Kriegshelden der Nordstaaten anzutreffen: Die Zeitungen hatten verkündet, dass der vielumjubelte Grant mit Lincoln die Vorstellung besuchen würde. Dann wäre möglicherweise auch der General der Rachsucht des John Wilkes Booth zum Opfer gefallen (statt seiner verletzte Booth den jungen Major mit seinem Dolch). Wohl aus persönlichen Gründen hatte Grant seinem Präsidenten kurzfristig abgesagt: Grants Frau Julia verstand sich – wie so viele andere – nicht mit Lincolns streitsüchtiger Frau Mary.

Grant hatte seine Reise in sein Feriendomizil in New Jersey unterbrochen und saß in Philadelphia bei einem späten Dinner, als er durch ein Telegramm von dem Anschlag auf Lincoln und von dessen kritischem Zustand erfuhr. Noch in der Nacht kehrte der General in einem Sonderzug nach Washington zurück, wo er sofort unter starker Bewachung stand. Nicht ganz untypisch für Grant, trank er Augenzeugen zufolge auf der Fahrt Champagner. Seine Angewohnheit, sich in Momenten persönlicher Krisen mit Alkohol zu betäuben, hatte seinem Ansehen als Militärbefehlshaber wiederholt geschadet. In jenen Tagen, da die Nation unter Schock stand, war der unprätentiöse, trotz dieser seiner bekannten kleinen Schwäche weithin geachtete General geradezu ein Garant für die Stabilität der staatlichen Ordnung in einem Land, das seine tiefe Spaltung bei Weitem noch nicht überwunden hatte. Selbstverständlich waren längst Spekulationen im Umlauf, die in Grant den nächsten Präsidenten der USA sahen, nach einer Übergangszeit unter dem schwachen Vizepräsidenten und nunmehrigen Nachfolger Lincolns, Andrew Johnson, der am Vormittag des Ostersamstag als 17. Präsident der USA vereidigt wurde. Der Aufstieg des Ulysses S. Grant schien unaufhaltsam und war eine Variante des amerikanischen Traums: nicht jene von dem zum Millionär mutierenden Tellerwäscher, sondern die Saga eines Mannes, der in fast jedem Zivilberuf gescheitert war und der dennoch den Weg ins Weiße Haus erfolgreich beschritt.

Geboren wurde er am 27. April 1822 als Hiram Ulysses Grant in dem kleinen Ort Point Pleasant in Ohio. Als der 17-Jährige seine Laufbahn an der Militärakademie West Point begann, gab man ihm in den Aufnahmeunterlagen versehentlich den Namen Ulysses S. Grant – und da Bürokratien selten Fehler eingestehen oder gar korrigieren, blieb der Name für den Rest seines Lebens bestehen. Das »S« stand für nichts, auch wenn später die Annahme weite Verbreitung fand, es rühre vom Mädchennamen Simpson seiner Mutter her. Doch die Kombination der Buchstaben sollte sich in seiner Karriere als symbolträchtig erweisen. Denn »U. S.« wurde als *unconditional surrender* interpretiert, die bedingungslose Kapitulation, die er nach der Belagerung von Fort Donelson im Februar 1862 von seinem konföderierten Gegenüber forderte und auch erhielt; es war der erste größere militärische Sieg der Union im Bürgerkrieg. Und natürlich machte sich »U. S.« auch gut, wenn man ins höchste Staatsamt der *United States* gewählt werden wollte.

In West Point brillierte der schmächtige junge Mann vor allem als Reiter, er schien der geborene Kavallerieoffizier zu sein. Bemerkenswerterweise war er nicht sonderlich vom Militär angetan und wollte nach seiner Dienstzeit Lehrer werden. Er las gern Bücher und malte – Freizeitaktivitäten, die wenig zu einem klassischen Vertreter der Welt des Drills, des Befehlens und des unbedingten Gehorsams zu passen schienen. Er war ein ruhiger, in sich gekehrter Mensch, was vor allem seinem Vater Jesse Grant auffiel, der es als Selfmademan zu einigem Wohlstand gebracht hatte – Jesse war

Gerber und Besitzer eines Lederwarengeschäftes – und sich gerne mit seiner Leidenschaft für Politik exponierte. Jesse Grant beschrieb in hohem Alter seinen Sohn mit den Worten: »Wie seine Mutter lacht er selten, vergießt keine Träne, regt sich nicht auf – obgleich stets von angenehmem Wesen – und sagt nie ein unanständiges Wort. Er macht keine Scherze, sagt, was er denkt, und denkt, was er sagt; er drückt sich in so wenig Worten wie möglich aus und hat in seinem ganzen Leben nie einen persönlichen Streit mit einem anderen Menschen gehabt.«[1]

Die Militärbürokratie zeigte sich nicht nur bei Grants Namen von einer einzigartigen Sturheit, sondern auch bei der Versetzung nach dem Examen in West Point: Der hervorragende Reiter musste zur Infanterie und zwar in einen Standort unweit von St. Louis. Immerhin spielte der Ort für Grant eine schicksalhafte Rolle. Sein West-Point-Kamerad Fred Dent stammte von einer Farm, die nur wenige Kilometer außerhalb der Stadt lag und den schönen Namen *White Haven* trug. Hier traf Grant die Schwester seines Freundes, Julia Dent, die vier Jahre jünger war als er selbst. Die beiden fanden Gefallen aneinander, und so ritt Grant in seiner Freizeit mehrmals die Woche nach White Haven. Der scheinbar so trockene, schweigsame junge Leutnant zeigte bei Julia eine bemerkenswerte Feinfühligkeit. Als Julias Kanarienvogel starb, bastelte er einen kleinen Sarg und bestellte acht Offizierskameraden ein, um dem kleinen Tier das letzte Geleit zu geben. Die beiden verlobten sich 1844, zunächst heimlich. Über der jungen Beziehung hing das Damoklesschwert zeitgenössischer Weltanschauung: Die Dents waren Sklavenhalter, und Grant lehnte die Sklaverei ab; sein Vater Jesse war sogar Abolitionist. Jesse Grant wurde nie mit der Familie Dent warm und nahm auch nicht an der Hochzeit seines

Sohnes teil, die vier Jahre später stattfand. Julias Vater, Colonel Frederick Dent, hatte inständig gehofft, dass eine bald anstehende Versetzung Grants dazu führen würde, dass Julia sich den jungen Mann aus dem Kopf schlug. Als überzeugter Konföderierter haderte Dent mit dem Schicksal, dass im späteren Bürgerkrieg ausgerechnet sein Schwiegersohn die Armeen des Feindes befehligte.

Ulysses S. Grant wurde in der Tat bald versetzt, zunächst nach Louisiana, dann nach Texas. Bevor es mit seiner Einheit nach Texas ging, hatte er drei Wochen Urlaub, in denen er nach St. Louis reiste und bei Colonel Dent um Julias Hand anhielt. Die merkwürdige Antwort des potenziellen Schwiegervaters, er würde sofort seine Zustimmung geben, wenn er sich für seine andere Tochter, Nelly, entscheide, beantwortete Grant mit der für ihn charakteristischen Entschlossenheit: Nelly in allen Ehren, aber er wolle Julia. Die Hochzeit fand schließlich im August 1848 statt. Julia und Ulysses führten eine Musterehe, aus der praktisch keine Krisen bekannt sind. Sie hielt zu ihrem Mann, wann immer Vorwürfe gegen ihn laut wurden – meist wegen seines Alkoholkonsums –, und er ließ keinen Zweifel daran aufkommen, dass Julia seine Idealfrau war. Dass Julia mit einem »Makel« behaftet war, störte Grant nicht einmal ansatzweise: Sie litt an einem Strabismus, einer Schielstellung der Augen – diese Besonderheit führte dazu, dass fast alle Porträts der First Lady Profilaufnahmen sind, auf denen das Schielen nicht zu erkennen ist. Das Glück war dem Paar noch in einer anderen Hinsicht hold: Sie hatten vier Kinder, die allesamt das Erwachsenenalter erreichten, was damals alles andere als eine Selbstverständlichkeit war.

Bevor es zu diesem Familienglück kam, erlebte Grant den Krieg – seinen ersten Krieg, der bei ihm einen tiefen Widerwillen gegen das, wie man es damals nannte, Kriegshandwerk zurückließ. Der Mann, auf dessen Befehle hin später viele Tausend junge Männer in den Tod oder in ein Leben mit Verstümmelung marschierten, war erschüttert und entsetzt über das Blutvergießen. Kaum einer seiner Kritiker hat sich je gefragt, ob dieses Dilemma, Krieg zu hassen und ihn doch führen zu müssen, nicht dafür verantwortlich war, dass er Trost und Vergessen im Alkohol suchte.

Nicht nur gegenüber dem Krieg generell, sondern ganz speziell gegen seinen ersten bewaffneten Konflikt war Grant kritisch eingestellt. Während er im Bürgerkrieg noch eine Art bitterer Notwendigkeit zur Überwindung der Sklaverei und zur Bewahrung der Einheit der Nation sah, empfand er den Krieg der USA gegen Mexiko, der 1846 ausbrach, als ungerecht, als Aggression eines starken Landes gegen seinen schwachen Nachbarn. Die Spannungen mit Mexiko hatten sich nach der Aufnahme von Texas in die Union verstärkt, den Kriegsgrund lieferte ein angeblich auf US-Territorium stattgefundener Angriff mexikanischer Truppen auf eine amerikanische Einheit. Einer der ganz wenigen Politiker in Washington, die diese offizielle Version infrage stellten, war der junge und nur eine Legislaturperiode im Repräsentantenhaus sitzende Politiker aus Illinois, Abraham Lincoln.

Grant diente in der Einheit von General Zachary Taylor, der nur zwei Jahre später zum Präsidenten gewählt werden sollte, aber nach nur wenig mehr als einem Jahr im Amt verstarb. Grants erste Schlacht war jene bei Palo Alto[2] am 8. Mai 1846. Seine Tapferkeit, sein Gleichmut unter feindlichem Feuer waren bemerkenswert. Eine mexikanische Kanonenkugel verfehlte ihn nur knapp; ein Captain Page aus seinem Regiment hatte nicht so viel Glück, wie Grants fast klinisch klingender Bericht bezeugt: »Der Unterkiefer ist bis zur Luftröhre weg, und seine Zunge hängt in seiner Kehle. Er wird nie wieder sprechen oder essen können.«[3]

Grant war zunächst Quartiermeister in seinem Regiment, bevor er endlich die Gelegenheit bekam, seine Fertigkeiten als Reiter, unter anderem in der Schlacht von Monterey im September 1846, unter Beweis zu stellen. Danach wurde er zur Streitmacht von General Winfield Scott versetzt, die bei Veracruz an Land ging und dann, der historischen Route des spanischen Eroberers Hernando Cortez von 1519 folgend, nach Mexico City marschierte. Mit der Einnahme der Hauptstadt im September 1847 war der Krieg für die USA gewonnen, deren Territorium sich mit reicher Beute um den heutigen Südwesten, inklusive des Goldlandes Kalifornien (der Fund des Edelmetalls 1848 löste den berühmten Goldrausch aus), beträchtlich vergrößerte. Auf dem Feldzug dürften Grant die imponierenden taktischen Fähigkeiten eines anderen jungen Offiziers aufgefallen sein, des aus einer der ersten Familien Virginias stammenden Robert E. Lee.

Grant hatte beim Friedensschluss den Rang eines Captain inne und war zweimal in offiziellen Meldungen für seine Tapferkeit erwähnt worden. Die vor ihm liegenden Jahre in einer Friedensarmee bedeuteten für ihn einen Absturz. Er wurde häufig versetzt und versah seinen Dienst an weit abgelegenen Standorten wie dem Norden Kaliforniens, dabei immer wieder über viele Monate von Julia und seinen Kindern getrennt. Er war frustriert, gelangweilt und deprimiert. Es war jene Zeit seines Lebens, in der sein Whiskykonsum ein bedrohliches Ausmaß annahm. Ein Kamerad, mit dem er ein Zimmer teilte, erinnerte sich: »Jede Nacht, nachdem ich mich hingelegt hatte, hörte ich ihn ein- oder zweimal, manchmal öfter, die Tür öffnen und leise durch den Raum gehen, um mich nicht zu wecken. Dann hörte ich das Klimpern des Glases und ein Gluckern, dann kam er leise zurück.«[4] Im entlegenen Fort Humboldt brachte ihn seine Alkoholabhängigkeit zunehmend in Schwierigkeiten. Als ihm ein Disziplinarverfahren drohte, reichte Grant im April 1854 seinen Abschied aus der Armee ein, offenbar vor allem aus Angst davor, dass Julia von seiner angeschlagenen Reputation erfuhr. In seinen Memoiren begründete er seinen Austritt aus der Armee allerdings damit, dass er die Trennung von Julia und den Kindern nicht länger ertragen habe und sein Gehalt zu niedrig gewesen sei, um seine Familie zu ernähren.

Geldsorgen begleiteten ihn in den nächsten sieben Jahren, den dunkelsten seines Lebens. Er versuchte sich in verschiedenen Berufen, ohne in irgendeinem erfolgreich zu sein oder die Existenzgrundlage seiner Familie sichern zu können. Er beackerte eine Farm unweit von St. Louis, der er in einem Anflug von resignativer Ironie den Namen *Hardscrabble* (mühselig, ertragsarm, ärmlich) gab. Die persönliche Sklavin seiner Frau – über die die Gattin des Mannes, der auf dem Schlachtfeld das Ende der Sklaverei in den USA mit durchsetzte, verfügte – wunderte sich über Grant, der härter schuftete als die meisten Weißen: »Ich habe viele Farmer gesehen, aber keinen, der härter gearbeitet hat als Mr. Grant.«[5]

Schließlich musste er die Farm verkaufen und stieg bei einem Partner ins Immobiliengeschäft ein, damals wie heute eine boomende Branche in den USA. Doch die Börsenpanik von 1857 erschwerte auch den Haus- und Grundstückserwerb. So endete auch dieser Ausflug Grants in die Geschäftswelt. Seine angeheiratete Verwandtschaft blickte nun mit zunehmender Verachtung auf ihn herab, wie sich die Frau seines vorübergehenden Geschäftspartners erinnerte: »Er war ein Mann aus dem Norden, der in eine Sklaven haltende

Südstaaten-Familie eingeheiratet hatte. Colonel Dent zeigte seine Verachtung ganz offen. Die gesamte Familie sagte ›arme Julia‹, wenn sie von Mrs. Grant sprachen.«[6] Auch Vater Jesses Achtung vor seinem Sohn schwand, als dieser nach weiteren vergeblichen Versuchen, im Berufsleben Fuß zu fassen, zusammen mit seinen beiden älteren Brüdern eine Anstellung im Lederwarengeschäft der Familie in Galena in Illinois fand. Zumindest hatte er nun in der hübschen kleinen Stadt am Mississippi ein eigenes, wenn auch sehr bescheidenes Heim, fern von der Beobachtung und dem Spott der Familie Dent.

Der Ausbruch des Bürgerkrieges im April 1861 war die Rettung für Ulysses S. Grant. Es war ein Glücksfall, dass er den Politiker Elihu Washburne, der die Region um Galena im Kongress vertrat, kannte. Dank dessen Beziehungen wurde Grant zum Oberst eines neu gebildeten Freiwilligenregiments aus Illinois ernannt. Der Abgeordnete wurde ein Vertrauter Grants, der ihn förderte und ihn gegen Angriffe in Schutz nahm – vor allem bei den wiederholt aufkommenden Gerüchten über Grants mutmaßlichen Alkoholismus. Nach seiner Wahl zum Präsidenten 1868 machte er Washburne zum Außenminister, der das Amt jedoch nach wenigen Tagen aus gesundheitlichen Gründen wieder aufgeben musste. Noch eine andere Persönlichkeit kreuzte bei Ausbruch des Bürgerkrieges Grants Weg: der ebenfalls aus Galena stammende John Rawlins, der ein Freiwilligenregiment aufstellte und schnell zu einem engen Freund wurde. Bei Grants Aufstieg in der Militärhierarchie bis zum Oberkommandierenden der Unionsarmee war Rawlins als Mitglied des Generalstabs sein engster Vertrauter. Er sorgte dafür, dass Alkohol im Umkreis Grants vermieden wurde, und versuchte Grant so gut es ging vom Trinken abzuhalten –

wenn nötig auch mit nachdrücklichen Worten. Loyal wie er war, berief Grant auch diesen Schutzengel in sein Kabinett: als Kriegsminister. Und ähnlich wie Washburne blieb Rawlins nur eine kurze Zeitspanne am Kabinettstisch seines Freundes vergönnt, er starb noch in Grants erstem Amtsjahr 1869 an Tuberkulose.

Ob Grant tatsächlich alkoholkrank war, ist umstritten. Wahrscheinlicher ist, dass er Alkohol schlecht vertrug und dieser bereits bei relativ geringer Dosierung seine Wirkung zeigte. Wie nicht anders zu erwarten, griffen Grants Gegner, Neider und bei militärischen Beförderungen Übergangene dieses Thema im Wahlkampf und nach seinem Amtsantritt nur zu gerne auf, um ihm zu schaden. Zu diesen missgünstigen Zeitgenossen gehörten unter anderem der Unionsgeneral Benjamin Butler und der von Grant wegen eines Nervenzusammenbruchs bei der Belagerung von Petersburg in der Endphase des Krieges seines Postens enthobene General William Smith. Dieser verfasste einen Bericht, an dessen Wahrheitsgehalt man zweifeln mag, der aber – sollte es sich doch so zugetragen haben – verdeutlicht, wie entschlossen die Schwäche Grants von Rivalen kolportiert und benutzt wurde: »Gegen Ende Juni oder Anfang Juli [1864] kamen die Generale Grant und Butler in mein Hauptquartier, und kurz nach der Ankunft sagte General Grant zu General Butler: ›Der Whisky eben hat mir gutgetan‹ und fragte mich dann direkt nach einem Drink. Mein Diener öffnete eine Flasche für ihn, und er trank davon, bis die Flasche verkorkt und weggestellt wurde. Ich wusste zu dieser Zeit, dass Grant das Versprechen abgelegt hatte, für ein halbes Jahr nichts Berauschendes zu trinken, hatte aber das Gefühl, seinen Wunsch in Gegenwart General Butlers nicht ablehnen zu können. Nach ungefähr einer Stunde fragte der General erneut nach einem Drink, den er auch einnahm. Bald darauf merkte man seiner Stimme an, dass der Alkohol einen Effekt auf ihn hatte, und nach kurzer Zeit verließ er uns. Ich ging, um ihm auf sein Pferd zu helfen, und als ich zu meinem Zelt zurückkam, sagte ich zu seinem Stabsoffizier, der das beobachtet hatte: ›General Grant ist betrunken gegangen. General Butler hat es gesehen und er wird niemals auf den Gebrauch dieser Waffe, die ihm in die Hände gefallen ist, verzichten‹.«[7]

Das Ausmaß der Alkoholabhängigkeit Grants – wenn es eine solche gab – lässt sich aus der Distanz nicht angemessen einschätzen. Bemerkenswert ist indes, dass Grant abseits von kurzen Krisen einen klaren Kopf hatte und dass es kaum Hinweise darauf gibt, dass der Alkohol während der Jahre von Grants Präsidentschaft ein ernstes Problem war. Präsident Abraham Lincoln wird das Bonmot zugeschrieben, er wüsste gern Grants bevorzugte Whisky-Marke, um sie all seinen Generalen zukommen zu lassen. Denn der schnell zum Brigadegeneral aufgestiegene Grant bescherte dem Präsidenten und der Union etwas in den ersten beiden Jahren des Bürgerkrieges recht Seltenes: Siege.

Belmont, Fort Henry und Fort Donelson waren die ersten Stationen von Grants Siegeszug und begründeten seinen zunehmenden Ruhm. Es war zwar ein Nebenkriegsschauplatz am Tennessee River, aber die Nachrichten, die von dort kamen, wurden in Washington, New York und Boston umso mehr geschätzt, als auf dem Hauptkriegsschauplatz in Virginia die Armee des Nordens nur Rückschläge erleiden musste – von der Niederlage bei Bull Run wenige Wochen nach Kriegsausbruch im Juli 1861 bis zum sinnlosen und verlustreichen Sturmlauf auf Robert E. Lees befestigte Stellungen vor Fredericksburg. Selbst als endlich ein Erfolg zu verbuchen war, in der großen Schlacht bei Antietam im September 1862, verzweifelte Lincoln: Sein Oberkommandierender, General George B. McClellan, verfolgte den angeschlagenen Gegner nicht; Lee konnte sich neu formieren und bald wieder zu alter Stärke gelangen.

Grant indessen war von ungebrochenem Siegeswillen und *unconditional surrender* wurde zu seinem Markenzeichen, von der Presse des Nordens begeistert aufgegriffen. Doch die militärischen Erfolge hatten ihren Preis, einen sehr hohen Preis, wie sich bei der Schlacht von Shiloh im April 1862 zeigte. Grant sah sich mit einer ganz neuen Art der Kriegführung konfrontiert, und in der Tat gilt der Amerikanische Bürgerkrieg als der erste »moderne Konflikt«. Es war ein Krieg der Massenmobilisierung, in dem Armeen über das Land zogen, die an Mannschaftsstärke das Heer Washingtons aus dem Unabhängigkeitskrieg um mehr als das Zwanzigfache übertrafen. Die Industrie arbeitete auf Hochtouren, um Kriegsmaterial zu produzieren, wobei der auch demografisch weit überlegene Norden eindeutig im Vorteil gegenüber dem agrarisch geprägten Süden war. Die große Errungenschaft des 19. Jahrhunderts, die Eisenbahn, wurde genutzt, um ganze Divisionen in kurzer Zeit über große Distanzen zu verlegen. Neue Waffen erlebten ihre Generalprobe wie der Vorläufer des Maschinengewehrs, das Panzerschiff und das U-Boot.

Bei Shiloh zeigte dieser moderne Krieg sein menschenverschlingendes Gesicht. Mehr als 100 000 Männer in blauer (die Union) und grauer (die Konföderierten) Uniform standen sich gegenüber, und die Verlustzahlen entsetzten die Zeitgenossen, bevor im Laufe des Konfliktes fast eine Gewöhnung an den Blutzoll eintrat. Als *casualties*, als Verluste (Tote, Verwundete, Vermisste), galten mehr als 13 000 Soldaten des Nordens und mehr als 10 000 Soldaten des Südens. Erstmals machte die Bezeichnung *butcher* (Schlächter) für Ulysses Grant die Runde in ihm wenig geneigten Kreisen. Grant sah möglicherweise deutlicher als andere Heerführer – und als zahlreiche Politiker und Journalisten –, dass der Bruderkampf ein Abnutzungskrieg war und erst mit der völligen Erschöpfung eines der beiden Kontrahenten enden würde. Er setzte alles dafür ein, vor allem das Leben seiner Männer, damit dieser Besiegte die Konföderierten sein würden.

Nach Shiloh verlor Grant für kurze Zeit sein Kommando, wurde aber bald mit dem Befehl über jene Armee betraut, die entlang des Mississippi gen Süden marschieren sollte. Inzwischen besaß er in Präsident Lincoln eine Stütze und einen Förderer an oberster Stelle. Grant, der 1860 gar nicht zur Wahl gegangen war, unterstützte offen Lincolns Politik. Nach Bekanntwerden der Emanzipationsproklamation gehörte Grant zu den ersten Unionskommandeuren, die ehemalige Sklaven in die Armee aufnahmen und auch besoldeten. Schwarze Männer in blauer Uniform waren ein absolutes Schreckgespenst für die Sklavenhalterelite des Südens; und Afroamerikaner in der Unionsarmee wurden häufig massakriert, wenn sie sich wie bei Fort Pillow im April 1864 ergeben hatten.

Der Vicksburg-Feldzug war wahrscheinlich die wichtigste militärische Operation Grants im Bürgerkrieg. Die kleine Stadt Vicksburg – heute mit ihrem historischen Stadtkern und dem zum Nationalpark gewordenen Schlachtfeld eine Touristenattraktion – liegt auf einer Klippe oberhalb des Mississippi in dem Bundesstaat, der den Namen des *Ol' Man River* trägt. Anfang 1863 war Vicksburg die letzte Bastion der Konföderierten am Fluss; seine Einnahme würde die Trennung der Südstaaten in zwei Teile bedeuten. Die westlichen Gebiete wie Texas oder Arkansas hätten dann keine Verbindung mehr zum Kern von »Dixie«. Den südlichen Teil des Mississippi mit der Hafenstadt New Orleans, hatten Unionstruppen im Vorjahr nach einer Landung von See her eingenommen.

Die *Vicksburg campaign* zog sich über ein halbes Jahr hin und war ein komplexes strategisches Unternehmen, bei dem neben 75 000 Soldaten auf Unionsseite auch eine massive militärische Maschinerie zum Einsatz kam: gepanzerte Kanonenboote, die unter den Geschützen der Festung vorbeidampften und deren Feuer erwiderten, Landungsboote, mit denen Truppenteile über Seitenarme des Flusses gebracht und südlich von Vicksburg angelandet wurden, um die Stadt einzuschließen. Selbst ein künstlicher Wasserweg, dem man den Namen *Grant's Canal* gab, wurde gegraben, damit Schiffe um Vicksburg herumgeleitet werden konnten. Der Vormarsch der Unionstruppen war äußerst mühselig und verlustreich, und die Anzahl der Gefechte auf dem Weg zum Ziel können selbst *history buffs*, auf den Bürgerkrieg spezialisierte Hobbyhistoriker, kaum überblicken. Mitte Mai 1863 hatte sich die Unionsarmee der Stadt Vicksburg auf Sichtweite genähert. Es begann eine Belagerung mit wiederholten, aber letztlich scheiternden Sturmangriffen. In der Festung wurden die Lebensmittel knapp; die Hunde und Katzen landeten im Backofen. Die Zivilisten hatten sich Höhlen in die Hügellandschaft gegraben und dort so gut es ging häuslich eingerichtet – eine Vorform des späteren Zivilschutzes, denn allein aus den Kanonenbooten der Union wurden mehr als 20 000 Granaten auf die Stadt abgefeuert. Bemerkenswert – und darin unterscheidet sich der Amerikanische Bürgerkrieg von den wirklich »modernen« Kriegen – sind die geringen Verluste unter der Zivilbevölkerung. In Vicksburg starben wahrscheinlich nur etwa zehn Bürgerinnen und Bürger durch Gewalteinwirkung. In der Schlacht bei Gettysburg kam sogar nur eine einzige Zivilistin ums Leben, die 20-jährige Mary Wade.

Am 3. Juli 1863 war es endlich vorüber, die Konföderierten waren zur Kapitulation bereit. Fast 30 000 Soldaten des Südens ergaben sich; nachdem sie einen Eid abgelegt hatten, nicht wieder gegen die USA die Waffen zu erheben, durften die meisten nach Hause gehen. Dieser Tag war einer der schicksalhaftesten in der amerikanischen Geschichte: Gleichzeitig mit der Nachricht aus Vicksburg traf in Washington die Kunde vom Sieg der Union bei Gettysburg ein. Der Süden war an zwei Fronten geschlagen, doch der Krieg ging noch fast zwei Jahre weiter.

Grant war nun ein Nationalheld; man verglich ihn gar mit Napoleon. Lincoln war erleichtert, waren ihm doch genügend Kritik an Grant und abwertende Gerüchte zu Ohren gekommen: »Niemand kann erahnen, wie viel Ärger ich damit gehabt habe, ihn bis zu diesem Punkt zu unterstützen. Die Abneigung einiger unserer besten Republikaner war so bitter, dass ich kaum noch standhalten konnte.«[8] Der Ruhm stieg Grant nicht zu Kopf. Er blieb unprätentiös, wortkarg und bescheiden; seine Uniform war schlicht. Als er mit seinem Sohn Fred nach Washington kam, wollte er im berühmten Willard Hotel einchecken. Keiner der Anwesenden in der Lobby erkannte den schmächtigen, schlecht rasierten Mann, und der Hotelangestellte an der Rezeption empfing sie mit in Luxushotels nicht seltener Herablassung gegenüber Gästen, die nicht nach Geld riechen, und gab ihnen zu verstehen, man habe nur eine Dachmansarde frei. Dem Mann in der ramponierten Uniform war es egal. Er griff zum Gästebuch und trug sich ein: *U.S. Grant and son, Galena, Ill.* Sofort wechselte der Rezeptionist zu überschwänglicher Höflichkeit, und plötzlich stand den Reisenden die Suite zur Verfügung, in der Lincoln vor seiner Amtseinführung gewohnt hatte.

Angesichts der Bodenständigkeit Grants machten auch die Versuche, ihn davon zu überzeugen, 1864 doch für die Präsidentschaft zu kandidieren, keinen Eindruck auf ihn. Selbst Lincoln schien eine Zeitlang nicht auszuschließen, dass Grant kandidieren oder zur Kandidatur bewegt werden könnte. Doch Grant war nicht interessiert.

Auf ihn wartete viel Arbeit, blutige Arbeit. Im März 1864 wurde ihm das Kommando über alle Armeen der Union übertragen, und so verbrachte er das letzte Jahr des Bürgerkrieges an der wichtigsten Front, unweit der konföderierten Hauptstadt Richmond. Um diese und vor allem um den Eisenbahnknotenpunkt Petersburg schloss sich ein weiträumiger Belagerungsring unter Grants Kommando. Unter den zahlreichen Schlachten dieses Feldzuges war jene bei Cold Harbor vom 31. Mai bis 12. Juni 1864 die für Grants Reputation abträglichste. Die Union verlor rund 7000, die Konföderierten weniger als 2000 Mann. Einige der Entscheidungen Grants waren schwer nachvollziehbar, und in der Presse wurde er erneut als *butcher* diffamiert. Grant hat seine Handlungsweise bei Cold Harbor und den Blutzoll, den die Männer unter seinem Kommando erbrachten, in seinen Memoiren ausdrücklich bedauert. Es war ein schwacher Trost, dass es der letzte Sieg seines Rivalen Robert E. Lee war.

Mit der ihm eigenen Geduld und Hartnäckigkeit setzte Grant der schwächer werdenden Konföderation zu. Anfang April 1865 war klar, dass deren Ende bevorstand. Richmond fiel; die Stadt gleicht auf zeitgenössischen Fotos einer Ruinenlandschaft und erscheint wie eine Vision der totalen Zerstörung kommender Kriege und des Schicksals Dresdens, Tokios und Coventrys. Bei seinem Besuch der eroberten Hauptstadt des Südens wurde Präsident Lincoln von den befreiten Sklaven begeistert begrüßt. Grant indes setzte dem mit den Resten seiner Armee fliehenden Gegner Lee nach. Am Morgen des 9. April 1865 wurde bei Appomattox Court House der Kapitulationsvertrag unterzeichnet. Lee kapitulierte mit seiner Armee unter den großzügigen Bedingungen, die Grant ihm gewährte. Grant setzte ein Zeichen der Versöhnung, als er seinen Soldaten zurief, die Gegner von gestern seien jetzt wieder Landsleute.

Ganz so unkompliziert verlief die Wiedervereinigung der entzweiten Landesteile nicht. Grant war viel zu optimistisch, als er nach einer Reise durch den besiegten Süden fest daran glaubte, dass sich die Menschen dort mit der neuen Situation arrangieren würden. Vor allem die Befreiung der Sklaven und die ihnen nun gewährten Rechte als Staatsbürger akzeptierten viele im Süden nicht, und das über mehr als einhundert Jahre.

Die desaströse Präsidentschaft des Lincoln-Nachfolgers Andrew Johnson brachte Grant schnell und diesmal nachhaltig in die Position des Hoffnungsträgers. Er blieb zunächst Oberkommandierender der U.S. Army und war wie gewohnt ohne einen wirklich festen Wohnsitz. In Galena hatten ihm Verehrer ein Haus gekauft, auch anderenorts stellte man dem Helden diensteifrig Wohnraum, Sonderzüge mit Luxuswaggons und andere Vergünstigungen zur Verfügung. Für den Mann, der über viele Jahre nahe am Existenzminimum gelebt hatte, war der soziale Aufstieg verlockend; für die aus einer betuchten Familie stammende Julia war es der wohlverdiente Lohn für einen Mann, an den sie immer geglaubt hatte.

Als 1868 die Präsidentschaftswahl anstand, geschah etwas Ungewöhnliches. Auf dem Wahlparteitag der Republikaner in Chicago gab es nicht – wie auf derartigen *conventions* Usus – eine Abfolge von Abstimmungen. Stattdessen nominierten die Delegierten Ulysses S. Grant einstimmig zu ihrem Kandidaten – ein in der neueren Parteigeschichte der USA äußerst seltener Vertrauensbeweis. Grant nahm die Nachricht mit der für ihn typischen Mischung aus Fatalismus und Pflichtgefühl auf, wie er später schrieb: »Ich wollte die Präsidentschaft nicht und habe mir nie verziehen, dafür das Kommando über die Armee aufgegeben zu haben, aber es war nichts zu machen.«[9]

Grant gewann mit knapp 53 Prozent der Wählerstimmen und 214 Wahlmännerstimmen gegenüber 80 für seinen demokratischen Rivalen Horatio Seymour. Da auch die Afroamerikaner zum ersten Mal wählen durften, gewann er auch die meisten Staaten des Südens. Dass in einigen dieser Staaten der Ku Klux Klan mit Gewalt und Mord die ehemaligen Sklaven an ihrem Bürgerrecht zu hindern versuchte, war ein bitterer Vorgeschmack auf die Zukunft.

Die Präsidentschaft des Ulysses S. Grant ist eng mit dem Begriff »Skandal« verbunden. Über seinen Schwager versuchten die Spekulanten James Fisk und Jay Gould den Präsidenten in ihr Vorhaben, den Goldmarkt aufzukaufen, hineinzuziehen. Das Unternehmen scheiterte am berüchtigten *Black Friday* vom September 1869. Ein Untersuchungsausschuss des Kongresses ging der Spekulation nach, konnte Grant aber nichts nachweisen – außer Naivität und Loyalität gegenüber Leuten, die diese nicht verdienten, darunter einige Personen aus Grants Umfeld und seinem Kabinett. Unter anderem wurden sein Finanzminister William Richardson, sein Justizminister George Williams und sein Kriegsminister William Belknap der Korruption überführt und mussten zurücktreten. Die Bestechlichkeit in diesem sogenannten *Gilded Age*, einer Epoche der Expansion und des scheinbar unbegrenzten Wachstums, in dem schwindelerregende Vermögen erworben, aber manchmal ebenso schnell wieder verloren wurden, erreichte sogar das zweithöchste Amt: Grants Vizepräsident Schuyler Colfax wurde bei der Wahl von 1872 nicht noch einmal aufgestellt. Alle Skandale hatten indes eines gemeinsam: Grant war persönlich nicht involviert; er bewahrte seine Integrität, zeigte aber erkennbare Schwächen in der Personalführung – zu lange hielt er Zeitgenossen die Treue, die dies nicht verdienten.

Die Öffentlichkeit hatte ein Gespür dafür, dass Grant ungeachtet der negativen Schlagzeilen über seine Administration und die politische Klasse persönlich integer war. Bei der Präsidentschaftswahl von 1872 war er erneut aussichtsreicher Kandidat der Republikaner – allerdings einer gespaltenen Republikanischen Partei. Von Grant enttäuschte Republikaner wandten sich ab und gründeten die Liberal Republican Party. Ein wichtiger Streitpunkt war die *reconstruction*, der Umgang mit dem besiegten und teilweise noch militärisch besetzten Süden. Grant ging mitunter entschlossen gegen den Ku Klux Klan und andere rassistische Bewegungen vor und versuchte, die neuen Bürgerrechte der Afroamerikaner zu sichern. Doch diese Thematik war nicht allen politischen und publizistischen Kräften wichtig; sowohl im Norden als auch im Süden setzte eine gewisse Sehnsucht nach Normalität ein. Da vor allem ehemalige Heerführer der Konföderation eifrig an der *lost-cause*-Legende strickten, an der Mär von einer eigentlich guten und von ehrenhaften Männern verteidigten Sache, geriet die Durchsetzung der neuen Ordnung gegenüber den alten Eliten mit der Zeit ins Stocken. Die Demokraten vereinigten sich mit den Liberal Republicans, und gemeinsam stellte man den streitbaren Zeitungsverleger Horace Greeley als Spitzenkandidaten auf. Dieser hatte eine geschliffene, pointierte Feder, war aber kein Wahlkämpfer und wirkte wie ein manchmal über seine eigenen Füße stolpernder zerstreuter Professor. Für den nach wie vor hoch angesehenen Nationalhelden Grant war er kein ernstzunehmender Gegner. Grant erhielt 56 Prozent der Wählerstimmen und eine große Mehrheit der Wahlmännerstimmen. Sein Rivale Greeley wurde zur tragischen Figur: Nachdem seine Frau während des Wahlkampfes gestorben war, setzte ihm der Spott über seine Person, darunter die stechenden Karikaturen des Thomas Nast, schwer zu. Er starb Ende November 1872 – hätte er die Wahl gewonnen, wäre er wohl der erste und bis heute einzige Gewinner einer Präsidentschaftswahl gewesen, der noch vor der Amtseinführung abberufen wurde.

Grant lernte nach seinem überzeugenden Wahlsieg das kennen, was man später den *second term blues* nannte. Die »Panik von 1873« bescherte dem Land eine massive Wirtschaftskrise, die Bäume schienen nicht länger in den Himmel zu wachsen. Ihre Folgen überschatteten Grants zweite Amtszeit. Grant verzichtete auf eine erneute Kandidatur und stellte sich damit in die von Gründervater George Washington ins Leben gerufene Tradition. Er tat es mit Bedauern – Grant war gern Präsident, und Julia war gern First Lady. Nach fünfzehn aufregenden Jahren in der Armee und im Weißen Haus stand Grant plötzlich ohne Aufgabe da. Er war bei seinem Ausscheiden aus dem Präsidentenamt erst 54 Jahre alt. Die Rastlosigkeit versuchten Grant und Julia mit einer

Weltreise der Superlative zu bekämpfen. Am 16. Mai 1877 bestiegen die beiden einen Dampfer und fuhren zunächst gen Europa.

Die Reise hatte eine unverkennbare politische Komponente, auch wenn Grant sowohl als Militär als auch als Staatsmann sich im Ruhe- oder vielleicht auch nur im Wartestand befand. Wo immer er eintraf, Grant konnte sicher sein, dass ihn die Staats- und Regierungschefs mit höchsten Ehren willkommen hießen. Die Reise machte auch dem die Gazetten lesenden Publikum daheim eines deutlich: Die USA wurden inzwischen als Großmacht, vielleicht gar als Weltmacht angesehen, und ihrem berühmtesten Bürger begegneten die Mächtigen der Alten Welt mit Respekt und ausgesuchter Hochachtung. Die Grants wurden von Queen Victoria, dem Papst und später auf dem asiatischen Teil ihrer Reise unter anderem vom japanischen Kaiser empfangen. Den anregendsten Austausch hatte Grant seiner Erinnerung nach indes in Berlin, wo ihn der deutsche Reichskanzler Otto von Bismarck empfing. Grant blieb auch in Berlin sich selbst treu: Er fuhr mit der Pferdebahn unbegleitet durch die Stadt und mischte sich unter die Bevölkerung; zum Amtssitz Bismarcks ging er von seinem Hotel aus zu Fuß, während das Personal in der Reichskanzlei die Ankunft einer luxuriösen Kutsche erwartete. Bismarck, ein Mann von massiver Körpergestalt, zeigte sich von seiner charmantesten Seite und begrüßte Grant mit den Worten, er wirke, wohl dank seiner militärischen Laufbahn, noch immer sehr jugendlich (was etwas übertrieben war, Grant hatte als Folge der zahlreichen Staatsbankette um einiges zugenommen), während er selbst sich alt fühle. Als die Sprache auf die zahlreichen Opfer des Bürgerkrieges kam, bemerkte Bismarck: »Sie mussten die Union retten, so wie wir Deutschland retten mussten.« Und, so fügte Grant an, die Sklaverei musste beseitigt werden.[10]

Nach zweieinhalb Jahren kehrte das Paar in die Vereinigten Staaten zurück. Von der Ankunft in San Francisco bis zum endgültigen Ziel in Philadelphia glich die Fahrt der Grants einem Triumphzug. Die Menschenmengen, die ihnen zujubelten, stellten alles in den Schatten, was die Nation bislang gesehen hatte. Allein in Philadelphia warteten rund 350 000 Menschen auf ihren Helden. Ulysses S. Grant war populär wie eh und je – nein, er war sogar noch beliebter als zuvor.

Und so überraschte es nicht, dass Politstrategen eine erneute Präsidentschaft Grants planten. Grant verhielt sich sibyllinisch und entmutigte sie nicht; mit der Zeit erschien ihm die nie dagewesene dritte Amtszeit immer attraktiver, würde sie ihm doch die Gelegenheit geben, Fehler der Vergangenheit zu korrigieren. Auf dem Parteitag der Republikaner im Juni 1880 wurde Grant als Kandidat aufgestellt. Im ersten Wahlgang bekam er die meisten Stimmen: 304 – doch zur Nominierung bedurfte es 379 Stimmen. 35 Wahlgänge später stand Grant bei 306 Stimmen; seine Gewährsleute hatten praktisch keinen Stimmungsumschwung unter den Delegierten bewirken können. Mit 399 Stimmen wurde James Garfield aus Ohio nominiert.

Weitere Rückschläge folgten. Grant investierte fast sein gesamtes Geld in ein Unternehmen, das ihm ein Investor aufschwatzte, der mit Grants Sohn eine Partnerschaft eingegangen war. Es war Betrug, und der in Geldangelegenheiten völlig unbegabte Grant wurde wieder in jenen Zustand zurückgeworfen, dem er glaubte entkommen zu sein: Unsicherheit und potenziellem Bankrott. Auch seine Gesundheit ließ ihn im Stich. Auf gefrorenem Straßenpflaster stürzte er und brach sich vermutlich die Hüfte. Das Todesurteil über ihn sprach nicht der Alkohol, sondern sein anderes Laster. Grant rauchte bis zu 20 Zigarren täglich. Eines Tages verspürte er einen stechenden Schmerz, als er einen Pfirsich aß. Ein hinzugezogener Arzt erkannte sofort eine Krebserkrankung im Mundraum (wahrscheinlich auf dem Gaumen); es war ein Leiden, von dem man erst später erkannte, dass es eine Folge des Rauchens ist, und gegen das die Medizin der Epoche keine Therapie hatte.

Um seine Familie nicht einem unsicheren Schicksal auszusetzen, begann Grant seine Memoiren zu schreiben. Ein Buchverlag hatte ihm einen Vertrag mit einem miserablen Honorar angeboten, doch ein Freund, der Schriftsteller Samuel Langhorne Clemens, besser bekannt als Mark Twain, sorgte dafür, dass Grant bei einem anderen Verlagshaus deutlich bessere Konditionen bekam. Grant schrieb nun in einem Wettlauf mit der Zeit. Nur wenige Tage vor seinem Tod, der ihn am 23. Juli 1885 ereilte, vollendete er das Werk. Die *Personal Memoirs of Ulysses S. Grant* waren ein Meisterwerk; sie gelten als eine der besten Autobiografien (wenn nicht als *die* beste) eines amerikanischen Präsidenten, verkauften sich in enormen Auflagen und sicherten Julia und den Kindern ein Leben ohne finanzielle Sorgen. Der alte General hatte seine letzte Schlacht gewonnen.

RUTHERFORD BIRCHARD HAYES

Der Glückspilz

19. Präsident der USA von 1877 bis 1881

Unter den amerikanischen Präsidenten gibt es einen, an den man sich weniger wegen seiner Amtszeit erinnert, in der wenig Weltbewegendes geschah, als wegen der Umstände seiner Wahl. Zwar war auch die Präsidentschaftswahl des Jahres 2000 mit Unregelmäßigkeiten in Florida keine Sternstunde der Demokratie und vor allem der Zähltechnologie. Nach wochenlangem Streit über die Bewertung von Wahlzetteln, bei denen noch kleine Papierschnipsel, *hanging chads*, an den Stellen hingen, an denen der Wähler per Ausstanzung sein Votum sichtbar machen wollte, und nach Austausch immer hitziger werdender Argumente darüber, ob in ganz Florida noch einmal nachgezählt werden müsse, entschied der Oberste Gerichtshof. Er untersagte mit der knappen Mehrheit der eher konservativen Juristen des Supreme Court eine erneute Zählung und machte mit fünf zu vier Stimmen den Gouverneur von Texas, George W. Bush, zum Präsidenten. In dessen Amtszeit fielen der Krieg in Afghanistan und der Krieg im Irak, der nicht zuletzt auf der Basis eklatanter Lügen gegenüber der eigenen Bevölkerung und gegenüber den Vereinten Nationen, vor allem über vermeintliche Massenvernichtungswaffen des irakischen Tyrannen Saddam Hussein, geführt wurde.

Man kann einwenden, dass die Beförderung des Rutherford Birchard Hayes ins Weiße Haus weitaus weniger problematische Konsequenzen hatte und vor allem weniger Menschen das Leben kostete als jene Wahl zu Beginn des 21. Jahrhunderts – der Mann war persönlich integer, und die USA genossen während seiner Amtszeit äußeren Frieden. Doch die Umstände seiner Wahl – wenn dies für seinen Weg zur Macht überhaupt der richtige Ausdruck ist – waren weitaus grotesker. Nicht nur wurde in drei Bundesstaaten statt in einem um das richtige Ergebnis gerungen (Florida war auch damals darunter), sondern das Endresultat orientierte sich strikt an parteipolitischen Machtverhältnissen und wurde auf einem von der amerikanischen Verfassung nicht vorgesehenem Weg bestimmt. Das Ansehen des Amtes wurde nachhaltig beschädigt, und der Glaube an das Gute in der Politik (und im Menschen) dürfte selbst bei Zeitgenossen mit überdurchschnittlich sonnigem Gemüt einen herben Schlag erlitten haben.

Und dies alles geschah in einem Jahr, in dem die USA sich selbst zu feiern gedachten wie nie zuvor – ein Amerika, das über immense Kraft und Selbstvertrauen verfügte und in dem die Erinnerung an Bruderzwist und Bürgerkrieg allmählich blasser wurde. Stattdessen wurde dieses ganz spezielle Jahr für Amerika zum Debakel seiner demokratischen Institutionen.

1876 – für die Amerikaner hatte diese Zahlenfolge magischen Glanz. Denn *eighteenhundred and seventy-six* war kein Jahr wie jedes andere. Es sollte ein Jahr des Jubels, der nationalen Beglückung sein, ein Jahr, in dem Amerika Rückblick halten wollte auf eine stürmische Geschichte, die nichts anderes war als eine *success story*, wie sie die Welt kaum jemals gesehen hatte. Hundert Jahre zuvor, am 4. Juli 1776 hatten sich in Philadelphia 13 Kolonien für unabhängig vom Mutterland England erklärt. Jetzt war fast der ganze Kontinent erschlossen und das Land auf dem Weg zu einer wirtschaftlichen, bald auch politischen Großmacht. Doch die Zeitgenossen konnten nicht ahnen, dass »1876« aus einem ganz anderen Grund in die Geschichte eingehen sollte.

Hauptschauplatz der Einhundertjahrfeier der Vereinigten Staaten war jene Stadt, in der die Unabhängigkeitserklärung und später die Verfassung, die *Constitution*, unterschrieben worden waren: Philadelphia. Eine *Centennial Exhibition*, eine Ausstellung zur Vollendung des ersten Jahrhunderts, wurde die große, sich über sechs Monate erstreckende Geburtstagsparty. Sie war ein Publikumsmagnet ohne historische Parallele und wurde zum Motor der ersten Welle von Massentourismus in der amerikanischen Geschichte. Bis sich ihre Tore im November 1876 schlossen, dem Monat einer unvergessenen Präsidentschaftswahl, war die Ausstellung von 8 804 631 Menschen besucht worden – etwa ein Fünftel der amerikanischen Bevölkerung hatte sich auf den Weg nach Philadelphia gemacht. Zu bestaunen waren dort historische Artefakte wie das künstliche, ihm indes nie Erleichterung verschaffende Gebiss George Washingtons und jene Presse, mit der Benjamin Franklin seine Karriere als Drucker und Publizist begonnen hatte. Vor allem aber gab es Exponate, die den Weg in die Zukunft aufzeigten: Lokomotiven von ungeahnter Kraft, künstliche Beleuchtung (mit Gas) in seltener Pracht und Maschinen von imposantem Ausmaß, von denen die beeindruckendste die gigantische Corliss Engine war, die eine ganze Fabrikhalle einnahm. Um das Ausstellungsgelände herum war ein ganzer Stadtteil voller Annehmlichkeiten für die aus allen Teilen des Landes anreisenden Besucher entstanden, mit Gasthäusern und Popcorn-Ständen, mit *ice cream parlors* und Biergärten, in denen Zigarrenmädchen mit einem Bauchladen ihre Produkte aus Kuba und Virginia dem vom endlosen Wandeln über das Gelände erschöpften Gentleman anboten.

Ein erstes Ereignis in diesem denkwürdigen Jahr, das die Nation schockierte, ereignete sich mitten in den Jubelfeiern. Am 25. Juni, einem Sonntag, führte der seit seinen Erfolgen als jüngster Unionsgeneral im Bürgerkrieg zu einem Medienliebling avancierte George Armstrong Custer (in Friedenszeiten auf den Rang eines Lieutenant Colonel zurückgestuft) die 7. US-Kavallerie im fernen Montana im Tal eines Flusses, der seither Bestandteil amerikanischer Western-Folklore ist – der Little Bighorn River – in den Kampf gegen mehrere Tausend Indianer aus unterschiedlichen Stämmen, die sich zu einer Widerstandstruppe verbündet hatten. Diese hatten sich den Übergriffen durch weiße Goldgräber auf ihr Stammland, die Black Hills in South Dakota, immer wieder entgegengestemmt, was unweigerlich die Armee als Zwangsvollstrecker der inoffiziellen Politik der Vertreibung und Kasernierung der Ureinwohner in sogenannten Reservaten – typischerweise das unfruchtbarste und wertloseste Land, das sich finden ließ – auf den Plan rief. An diesem Sonntagmorgen ging die Taktik der Streitkräfte einmal nicht auf; das Geschehen im welligen Tal wurde zu einem Mythos, dessen sich Hollywood wiederholt angenommen hat. Custer hatte die Stärke des Gegners bei Weitem unterschätzt – die *plains indians*, die Völker der Prärie, hatten sich endlich einmal auf gemeinsame Aktionen einigen können, anstatt sich, wie meist, in ihren Rivalitäten von den Weißen instrumentalisieren zu lassen. Der ehrgeizige Offizier führte seine 263 Soldaten in den Untergang, keiner von ihnen kam zurück. Die Tatsache, dass Custer vorgeprescht war und nicht auf andere in der Region operierende Armeegruppen gewartet hatte, löste fast umgehend Vermutungen aus, dass der für seine Ruhmsucht bekannte Offizier Großes plante. Konnte es sein, dass Custer, der mit der Grant-Administration heftig aneinandergeraten war, einen schnellen und grandiosen militärischen Sieg anstrebte, um von einer jubelnden Partei, vielleicht den Demokraten, dankbar auf den Schild gehoben und zum Präsidentschaftskandidaten gekürt zu werden?

Sowohl die Demokraten als auch die Republikaner nominierten Männer, die in ihrem Mangel an Charisma und Begeisterungsfähigkeit das ultimative Gegenteil des George Armstrong Custer waren. Im Frühjahr 1876, als sich Präsident Grant nach Philadelphia aufmachte, um die *Centennial Exhibition* zu eröffnen, gab es auf Seiten der Republikaner einen klaren Favoriten für seine Nachfolge. Der Kongressabgeordnete James G. Blaine war in einer Epoche grauer, scheinbar austauschbarer Politikerfiguren eine leuchtende Erscheinung, als Liebhaber der Oper erkennbar kultiviert, von hohem persönlichen Charme, beeindruckendem rhetorischen Geschick und einem geradezu phänomenalen Gedächtnis. Doch auch ein solch begnadeter Politiker schien in jenen Jahren nicht von blütenweißem Charakter zu sein. Die Presse berichtete, er sei in dubiose Spekulationen mit Eisenbahnaktien verwickelt und habe von Tom Scott, dem Präsidenten der Union Pacific Railroad, ein »Darlehen« von 64 000 Dollar angenommen. Blaine setzten diese Anschuldigungen erkennbar zu, und nur drei Tage vor Beginn der republikanischen *convention*, des Wahlparteitags, der nach allen Erwartungen eine Stätte seines Triumphes sein würde, brach Blaine bei einem Spaziergang durch Washington zusammen. Von seinem Krankenbett aus murmelte er gegenüber Besuchern nur etwas von einem »politischen Mordanschlag«. Ein Parteifreund, der sich über Blaines gesundheitlichen Rückschlag besonders besorgt zeigte, war der Gouverneur von Ohio, Rutherford Birchard Hayes. In Parteikreisen hielt sich hartnäckig das Gerücht, Blaine hätte ihn nach seiner Wahl zum Vizepräsidentschaftskandidaten vorgesehen. »Mit dem tiefsten Gefühl der Trauer«, so schrieb Hayes dem darniederliegenden Blaine, »habe ich die Berichte von Ihrer Krankheit gelesen. Meine Augen sind fast blind vor Tränen, während ich schreibe. Alle anständigen Männer unter Ihren Landsleuten werden für Ihre schnellstmögliche und vollständige Heilung beten. Dies bedrückt mich wie mich der Tod Lincolns bedrückt hat. Gott schütze Sie und stelle Sie wieder vollständig her.«[1]

Es wird Hayes ungemein beruhigt haben, dass Blaine nicht die Absicht hatte, dem Beispiel Lincolns zu folgen, und nicht gen Himmel, wohl aber nach Ohio zu fahren gedachte. Denn in Cincinnati würde die *convention* der Republikaner stattfinden, auf der Blaine hoffte, sich schnell und deutlich gegen die drei anderen Bewerber, Benjamin Bristow, Roscoe Conkling – den wir im nächsten Kapitel etwas näher kennenlernen – und Oliver Morton durchzusetzen. Cincinnati liegt in Ohio, und damit kam dem Gouverneur als Gastgeber eine besondere Rolle und auch ein besonderer Einfluss zu. Und vielleicht würde auch das schon sprichwörtliche *Hayes luck* im Nominierungsprozess eine Rolle spielen – denn Rutherford Hayes hatte eine ungewöhnliche, auf ein Übermaß von Glück zurückgeführte Angewohnheit: Er gewann Wahlen fast immer denkbar knapp. Damit sollte er 1876 der geradezu ideale Kandidat sein.

In Cincinnati hatte der am 4. Oktober 1822 auf einer Farm in Ohio geborene Hayes sein erstes politisches Amt angetreten und war auch dabei schon vom Glück begünstigt gewesen. Er wurde 1858 zum *City Solicitor*, einer Art oberstem Steuerbeamten, gewählt – seinen Vorgänger hatte eine Lokomotive überfahren, wodurch der Posten vakant geworden war. Die Entscheidung des Stadtrates fiel mit einer Stimme Mehrheit erst im dreizehnten Wahlgang, eine erste Manifestation des *Hayes luck*. Hayes war ein erfolgreicher Anwalt, und zu seinen Klienten zählten jene Unternehmen, die in dieser Epoche geradezu traumhafte Raten wirtschaftlichen Wachstums verzeichneten und die zu Symbolen der Moderne wurden: Eisenbahngesellschaften. Politisch stand er auf Seiten der neugegründeten Republikanischen Partei. Ein moderner Biograf, Ari Hoogenbom, sieht sein »Glück« weniger als etwas Zufälliges, Schicksalhaftes als vielmehr ein Ergebnis der wenig kontroversen Persönlichkeit des Mannes, der im Laufe seines Lebens fast alle wichtigen Ämter erreichte, ob im Kongress, im Amtssitz des Gouverneurs von Ohio oder im Weißen Haus: »Im Laufe der Zeit wurde ›Hayes luck‹ ein Grundbegriff für politische Kommentatoren in Ohio, doch dieses Glück war nicht blind oder beliebig.

Hayes schien nie nach einem Amt zu streben, aber er erhöhte instinktiv und auch gezielt seine Verfügbarkeit, er schuf Bedingungen für das Eintreten dieses Glücks. Durch die Ablehnung extremer Positionen war er für ein breites Spektrum von Wählern akzeptabel. Auf ehrliche Art anständig und freundlich, gab er sich Mühe, seine Freundschaften zu pflegen und seine Rivalen nicht zu verletzen. Sein Ruf für Fairness und Integrität machte Hayes für viele akzeptabel, die nicht mit ihm übereinstimmten.«[2]

Mit Ausbruch des Bürgerkrieges meldete sich Hayes zu einem Freiwilligenregiment aus Ohio und bekam den Rang eines Majors. Drei Tage vor der Schlacht von Antietam in Maryland im September 1862 zerschmetterte eine konföderierte Kugel seinen linken Oberarm. Jetzt hatte er besonders viel Glück: Die sonst weithin übliche Komplikation des Wundbrandes und damit die Amputation, das Allheilmittel der Feldchirurgen, blieben ihm erspart. Er zog bald wieder ins Feld und erlebte eine kaum glaubliche Steigerung von *Hayes luck*: Bei Cedar Creek 1864 traf ihn eine Kugel am Kopf, das Geschoss hatte indes seine Gefährlichkeit verloren und »seine Kraft (vermute ich) gelassen, als es durch jemand anderen hindurchzog«.[3]

Hayes verließ die Unionsarmee als hochgeehrter Kriegsheld im Rang eines Brigadegenerals, den Krieg bezeichnete er gegenüber seiner Frau Lucy ungeachtet der vielen Gräuel, die er miterlebt hatte, als »die besten Jahre unseres Lebens«. Noch während seiner Zeit in Uniform war er zum ersten Mal ins Repräsentantenhaus gewählt worden. 1867 wurde er für die erste von insgesamt drei Amtszeiten zum Gouverneur von Ohio gewählt, sein Vorsprung betrug nur 2983 Stimmen bei fast einer halben Million abgegebener Voten. Zwei Jahre später wurde er wiedergewählt – diesmal betrug sein

Vorsprung 7501 Stimmen, was angesichts der Größe Ohios abermals recht knapp war. Nach zwei Amtsperioden zog er sich vorübergehend ins Privatleben zurück, dann überredeten ihn Freunde, 1875 erneut für das Amt des Gouverneurs zu kandidieren. Zum dritten Mal gewann Hayes mit hauchdünnem Vorsprung, der Abstand zu seinem demokratischen Kontrahenten betrug gerade mal 5544 Stimmen oder rund ein Prozent. Seine Parteifreunde in Ohio ermunterten ihn nun offen, für die Präsidentschaft zu kandidieren. Und der Gouverneur widersprach – ungeachtet des tränenerfüllten Briefes an Blaine – kaum noch.

Die republikanische *convention*, die am 14. Juni 1876 in Cincinnati zusammentrat, war ein Geschäft für die Buchmacher – die Wahl war spannend, da es keinen eindeutigen Favoriten gab. Als erfahrener Gouverneur eines potenziell wahlentscheidenden Staates musste man mit Hayes rechnen. Ein aus heutiger Sicht früher Höhepunkt des Parteitages, der gleichwohl von den meisten Teilnehmern und den Medien herablassend belächelt wurde, war die Rede der Frauenrechtlerin Sarah J. Spencer. Sie richtete ihre Worte an eine Versammlung von Delegierten, unter denen sich nicht eine einzige Frau befand: »1872 hat die Republikanische Partei erklärt, dass sie vier Millionen Menschen emanzipiert [Farbige] habe und das universelle Wahlrecht eingeführt sei. Wo sind die zehnfachen Millionen weiblicher Bürger dieser Republik? Wann werden Sie diese so nobel klingende Deklaration wirklich wahr werden lassen? Wir fordern eine Initiative, die das mächtige Symbol, den Wahlzettel, in die Hand von Millionen von Bürgern gibt – den Frauen und Töchtern dieser schönen Republik.« Erst 1920 konnten Frauen in allen Bundesstaaten ihren Präsidenten wählen. Die Entscheidungen trafen auf dem Parteitag wie immer die

Männer. Zunächst führte Blaine, doch im siebten Wahlgang war das Glück wieder einmal mit Hayes: Er bekam fünf Stimmen mehr als nötig.

Zu Begeisterungsstürmen riss auch der demokratische Kandidat die treuesten Anhänger dieser Partei kaum hin. Auch Samuel Jones Tilden kam aus dem ländlichen Amerika, aus der Gemeinde New Lebanon im Staat New York. Tilden hatte nie geheiratet, was Ambitionen auf die Präsidentschaft nicht unbedingt förderlich war und ist: Die amerikanische Öffentlichkeit ist es gewohnt, mit einem Präsidenten auch eine *First Lady* und möglichst auch eine *First Family* zu bekommen, die ein großes mediales Interesse auslöst. Politisch nachteiliger war ein anderes Detail in Tildens Biografie: Er hatte nicht im Bürgerkrieg gedient. Tilden war damals sowohl zu alt gewesen als auch gesundheitlich angeschlagen. Somit konnte Hayes mit seinen Verwundungen und seiner erwiesenen Tapferkeit auf deutlich mehr Sympathien bei den Unionsveteranen bauen.

Keiner der beiden Spitzenkandidaten begab sich persönlich auf eine Reise durch das Land, um Wahlkampf zu führen. Diese moderne Sitte wurde erst 1896 von dem demokratischen Kandidaten William Jennings Bryan eingeführt. Die Zeitung *New York Herald* diagnostizierte am 19. August »einen flachen und zahmen Wahlkampf«[4]. Etwas mehr Stimmung kam im September auf, als Vorwürfe gegen Tilden in der *New York Times* laut wurden, er habe es 1863 bei der Abgabe der Steuererklärung nicht so genau genommen und sein zu versteuerndes Einkommen mit der Summe von 7118 Dollar angegeben, wo er sich doch an Einnahmen in Höhe von 108 000 Dollar erfreuen konnte. Tilden verwahrte sich gegen die Anschuldigungen, die nicht nur aus der Tatsache der mutmaßlichen Steuerhinterziehung Sprengkraft bezogen, sondern auch aus dem Makel, dass Tilden auf dem Höhepunkt des Bürgerkrieges ein nach damaligem Verständnis beträchtliches Vermögen verdiente, während Hunderttausende für einen Sold von wenigen Dollar ihr Leben auf den Schlachtfeldern ließen. Allein, Rutherford Hayes mochte diese Vorwürfe nicht aufgreifen. Kleinlaut schrieb der Republikaner in Columbus, Ohio, in sein Tagebuch: »Als ein Ausgleich für das, was man über Gouverneur Tildens Einkommenssteuer-Erklärung gesagt hat, ist meine nun untersucht worden. Es sieht so aus, dass ich 1868 und 1869 gar keine abgegeben habe.«[5]

Der Besuch der Jahrhundertausstellung in Philadelphia war für beide Kandidaten die seltene Gelegenheit eines öffentlichen Auftritts. Tilden kam am 21. September, Hayes fünf Wochen später. Bei einem Empfang zu seinen Ehren wurde dem Republikaner, der nach Einschätzung eines Zeugen wie ein altmodischer Landarzt aussah, der Eintritt in den Pavillon verweigert – Hayes war so unbekannt, dass die Sicherheitskräfte in ihm nicht den Ehrengast des Abends erkannten. Wie bei dem grundsätzlich freundlichen Mann beinahe zu erwarten, nahm er es mit Gelassenheit.

Am 7. November 1876, einem herbstlich-kühlen, in Hayes' Heimatstaat Ohio stürmischen Tag, gingen achteinhalb Millionen Amerikaner zu einer Wahl, die in der Tat eine Jahrhundertwahl werden sollte. Hayes, der es für ein Gebot der Fairness hielt, sich nicht selbst zu wählen – angesichts seiner persönlichen Erfahrung mit knappen Wahlausgängen eine besonders noble Haltung – blieb bei seiner Familie daheim in Columbus. Tilden ging schon frühmorgens in New York zur Wahl und verbrachte dann einige Stunden im Hauptquartier der Demokraten. Am Abend gab er einen Empfang in seinem luxuriösen Haus am Gramercy Park; die meisten

Besucher gratulierten ihm bereits, denn nach den Prognosen der letzten Wochen waren die ersten Resultate, die der Telegraf aus allen Teilen des Landes nach New York trug, äußerst ermutigend. In Columbus hingegen machten pessimistische Vorhersagen die Runde, die das bestätigten, was Hayes wenige Tage zuvor seinem Tagebuch anvertraut hatte: »Der Ausgang wird eng und ist im Zweifel mit der Chance, wie ich es sehe, gegen uns.« Kurz nach Mitternacht zog sich Hayes mit seiner Frau Lucy zurück, »bald fielen wir in einen erfrischenden Schlaf, und die ganze Angelegenheit schien vorüber«.[6]

Tilden kam schließlich auf 4 300 590 Stimmen, Hayes auf 4 036 298 – also 51 Prozent für Tilden gegenüber 47,9 Prozent für Hayes. TILDEN IS ELECTED, lautete am anderen Morgen die Schlagzeile der *New York Sun*. Das sah auch die den Republikanern nahestehende *Chicago Tribune* so, wenngleich mit anderer Betonung: »Verloren. Das Land wird demokratischer Habsucht und Plünderei anheimfallen.« Der *New York Herald* war vorsichtiger und traf damit die Lage besser: »Das Ergebnis – was ist es? Etwas, das kein Mensch verstehen kann. Unmöglich unseren nächsten Präsidenten zu benennen. Die Ergebnisse zu mager.«[7]

Bei den im amerikanischen System entscheidenden Wahlmännern lag Tilden ebenfalls vorn. Er konnte sicher auf 184 Elektoren vertrauen, Hayes auf nur auf 166. Allerdings, um Präsident zu werden, waren 185 Wahlmännerstimmen nötig. Unsicher waren wegen des knappen Wahlausgangs die Staaten South Carolina, Florida und Louisiana. Zufall oder nicht, in diesen drei Staaten regierten als Folge der Besetzung durch Unionstruppen nach dem Bürgerkrieg die letzten republikanischen Gouverneure des Südens. Und welch schicksalhafte Arithmetik: Louisiana verfügte über acht Wahlmännerstimmen, South Carolina über sieben, Florida über vier. Acht plus sieben plus vier ist gleich neunzehn. Und neunzehn addiert zu den 166 Hayes-Wahlmännerstimmen ergibt: 185 – exakt die Stimmenzahl, die notwendig war, um Präsident zu werden.

Einer der Ersten, dem diese mathematisch-politische Herausforderung auffiel, war eine der schillerndsten Gestalten der amerikanischen Polit-Szene, der ehemalige Unions-General Daniel E. Sickles. Einst der Demokratischen Partei angehörig und von Präsident Buchanan protegiert, hatte Sickles als 39-jähriger Kongressabgeordneter Schlagzeilen gemacht, als er 1859 Philip Barton Key, Anwalt in Washington, Sohn des Dichters der Nationalhymne, Francis Scott Key, und Liebhaber von Sickles' junger Frau wenige Schritte vom Weißen Haus entfernt erschoss. In einem Sensationsprozess wollten die Geschworenen bei Sickles im Augenblick der Tat einen Zustand vorübergehenden Wahnsinns erkennen und sprachen ihn frei. Bald darauf war er ein richtiger Held. Sickles, im Bürgerkrieg zum Republikaner und zum General geworden, führte eine Attacke bei Gettysburg, die ihn ein Bein kostete, dafür aber die Dankbarkeit seines Vorgesetzten U.S. Grant einbrachte. Als dieser ins Weiße Haus eingezogen war, ernannte er den einbeinigen Ex-General zum amerikanischen Botschafter in Spanien. Auch dort ging Sickles zur ungestümen Attacke über und wurde Liebhaber der abgesetzten Königin Isabella II.

In die USA zurückgekehrt, trieben Sickles am Wahlabend die ersten ungünstigen Resultate um. Er ging zur späten Stunde ins Hauptquartier der Republikaner, das nur wenige Schritte von seinem Domizil an der Fifth Avenue entfernt lag. Dort war die Stimmung auf dem Tiefpunkt, Parteichef Zachariah Chandler hatte sich bereits mit einer Flasche

Whisky als Trostspenderin zurückgezogen. Sickles begann zu rechnen: »Nach sorgfältiger Überlegung kam ich zu dem Ergebnis, dass die Wahl sehr eng und zweifelhaft war, aber keineswegs hoffnungslos. Nach meinen Zahlen gab es die Möglichkeit, dass Hayes mit mindestens einer Stimme Mehrheit im *Electoral College* gewählt war.«[8] Sickles sandte sofort Telegramme an die republikanischen Parteifreunde in den drei Staaten, auf keinen Fall die Wahl verloren zu geben, sondern vielmehr dafür zu sorgen, dass die Stimmen »korrekt« gezählt wurden. Hayes war zunächst nicht zu überzeugen, dass in den drei Südstaaten eine Änderung der Verhältnisse möglich war. Seine Parteifreunde brachten ihn in den nächsten Tagen dazu, zurückhaltender zu sein und vor allem eine *concession speech*, ein öffentliches Zugeständnis der Niederlage, zu vermeiden.

Die drei umstrittenen Staaten sahen in den nächsten Wochen und Monaten einen ständigen Strom von Besuchern aus beiden Parteilagern, die vor Ort Druck auszuüben, das Ergebnis in die eine oder andere Richtung zu beeinflussen versuchten. Wiederholt kam es zu Wechseln in der Zusammensetzung der einzelnen *electoral boards*, mitausgelöst durch lokale Wahlen, die oft nicht weniger umstritten waren. In Florida, einem Staat mit rund 180 000 Einwohnern, die meist im Norden wohnten (Miami existierte 1876 noch gar nicht als eigenständige Stadt), sprach eine von Demokraten beherrschte Wahlkommission Tilden zunächst eine Mehrheit von 45 Stimmen, dann eine Mehrheit von 90 Stimmen zu. Die Republikaner ließen in einigen *counties* (Landkreisen), wo es zu Unregelmäßigkeiten gekommen sein sollte, nachzählen. Unter Bewachung von Unionssoldaten ließ der Gouverneur in Floridas Hauptstadt Tallahassee ein neues Ergebnis verkünden: Hayes habe im Staat eine Mehrheit von 924 Stimmen – ungefähr so groß war auch die Mehrheit von George Bush gegen Al Gore in Florida, das dann allerdings demografisch schon der drittgrößte Staat der USA war. Ähnliche Diskrepanzen in Abhängigkeit von dem mit der Zählung beauftragten lokalen Gremium gab es auch in den anderen beiden Staaten.

Am 6. Dezember, als das Wahlmännerkollegium in Washington zusammentreten sollte, gab es aus vier Staaten jeweils zwei unterschiedliche zertifizierte Wahlergebnisse (in Oregon war es zu Differenzen über die Wählbarkeit eines demokratischen Elektors gekommen, auch dieser hätte das Zünglein an der Waage zugunsten Tildens sein können). Inzwischen war es auch bei Hayes zu einem Meinungswandel gekommen; er erklärte, man habe moralisch und legal die Präsidentschaft gewonnen. Die Demokraten forderten, dem zu folgen, was die Verfassung vorschreibt: Wenn kein Kandidat eine (erkennbare) Mehrheit hat, muss – wie bei Andrew Jacksons erstem Griff nach der Präsidentschaft im Jahr 1824 – das Repräsentantenhaus entscheiden. In diesem besaßen die Demokraten die Mehrheit, was nun zu der Wahl Tildens geführt hätte. Dem Senat obliegt in einer solchen Situation die Wahl des Vizepräsidenten. Da im Senat die Republikaner in der Mehrheit waren, wäre es dort sicher zur Wahl von Hayes Vizepräsidentschaftskandidaten William A. Wheeler gekommen – und damit zu der ungewöhnlichen Kombination eines Präsidenten und eines Vizepräsidenten aus unterschiedlichen politischen Lagern.

Doch man einigte sich schließlich auf eine andere Lösung. Eine Kommission wurde geschaffen, bestehend aus sieben Demokraten, sieben Republikanern und einem Unabhängigen. Je fünf der Teilnehmer gehörten dem Repräsentantenhaus bzw. dem Senat an. Vier kamen aus dem *Supreme*

Court, zwei der Richter standen den Republikanern, die beiden anderen den Demokraten nahe. Den undankbaren Part des 15. Mannes sollte der Oberste Bundesrichter David Davis spielen, der einzige Richter des *Supreme Court*, der als wirklich neutral galt. Doch ob Zufall – und an Zufälle glaubten Anfang 1877 nur noch die wenigsten Amerikaner – oder nicht: Ausgerechnet in dieser Phase wählte ihn das Staatsparlament von Illinois zum Senator. Die jetzt noch zur Verfügung stehenden Obersten Bundesrichter waren allesamt von Republikanischen Präsidenten ernannt.

Den Platz von Davis nahm nun der aus New Jersey stammende Richter Joseph B. Bradley ein, dem der Ruf vorausging, kein strammer Parteisoldat der Republikaner zu sein und Sympathien für Tilden zu hegen. Es war Wunschdenken auf Seiten der Demokraten. Die *New York Sun* ahnte, was kommen würde: »Die fast absolute Entscheidungsgewalt über die Frage der Präsidentschaft liegt bei Richter Joseph B. Bradley aus Newark, einem Parteigänger, der seine Partei noch nie enttäuscht hat. Hayes wird eingesetzt, der Betrug, mit dem dieses Ergebnis zustande kam, wird mit dem Quasi-Mantel des Supreme Court bedeckt.«[9]

Es ist viel darüber spekuliert worden, mit welcher Geisteshaltung dieser entscheidende 15. Mann in die Tagung der *Electoral Commission* ging, welchen Einflüssen er unterlag. Den Demokraten nahestehende Besucher in Bradleys Haus wollen am Vorabend der entscheidenden Sitzung eine für Tilden günstige Meinung des Richters aus einer Konversation herausgehört haben; danach, in tiefer Nacht bis in die Morgenstunden, sollen Kutschen vor Bradleys Haus geparkt haben, die hochrangigen Industriekapitänen und Eisenbahnbaronen gehörten. Möglicherweise sind »Anreize« gemacht worden, in sechsstelliger oder noch größerer Dollarhöhe.

Selbstverständlich stritt Bradley jedwede Einflussnahme von außen ab, in der fraglichen Nacht habe er friedlich geschlafen.

Die Entscheidung fiel mehr als zwei Monate nach der Wahl. Am 7. Februar trat die Wahlkommission zusammen. Um 14 Uhr 13 erhob sich Bradley von seinem Stuhl und sprach in die atemlose Stille in der Old Senate Chamber. Er referierte die unterschiedlichen juristischen Sichtweisen, und für etwa zehn Minuten konnten sich die sieben Demokraten in diesem Gremium der Illusion hingeben, dass eine Entscheidung in ihrem Sinne fallen würde. Dann zitierte Bradley Präzedenzen und Nebenklauseln und machte in der pointierten Sprache des Rechtsexperten, der sich selbst jedweder Verantwortung entzieht, klar, in welche Richtung er tendierte. Es kam zur Abstimmung: acht Stimmen für Hayes, sieben Stimmen für Tilden.

In den Zeitungen, die den Demokraten zuneigten, schlug die Empörung hohe Wellen. Selbst eine Neuauflage des Bürgerkrieges wurde für möglich gehalten. Doch daran war vor allem den Demokraten im Süden, die sich mühsam die Macht in den Gouverneurspalästen und Staatsparlamenten im Old Dixie zurückerkämpft hatten, nicht gelegen. Hinter den Kulissen wurde mit Repräsentanten der künftigen Hayes-Administration verhandelt. Beide Häuser des Kongresses hätten das Ergebnis der Wahlkommission noch verwerfen können, doch dazu kam es nicht. Am 2. März verkündete der Präsident pro tempore des Senats, der Republikaner Thomas W. Ferry, das Ergebnis: 185 Stimmen für Hayes, 184 Stimmen für Tilden. Und er fügte ohne eine Miene zu verziehen hinzu, die Wahl sei des Respektes der ganzen Welt wert gewesen. Der Kongressabgeordnete Joseph C. Blackburn aus Kentucky fand ein anderes Fazit: »Heute ist Freitag. An einem solchen Tag ist unser Heiland zwischen zwei Dieben gekreuzigt worden. Am heutigen Freitag wurden die konstitutionelle Regierungsform, Ehrlichkeit, Recht, Fairness, Mannhaftigkeit und Würde zwischen einer ganzen Anzahl von Dieben gekreuzigt.«[10]

Rutherford B. Hayes, der neunzehnte Präsident der USA, musste von nun an Beinamen wie *Rutherfraud, His Fraudulency* und *Old 8 to 7* ertragen. Hayes bemühte sich, die Wunden zu schließen, die die erbitterten Auseinandersetzungen nach der Wahl geschlagen hatten. Er erklärte, sich nicht um eine zweite Amtszeit bewerben zu wollen, und stellte ein recht kompetentes Kabinett zusammen, in dem der deutschstämmige Liberale Carl Schurz Innenminister wurde. Schurz und der Präsident bemühten sich redlich, den Ureinwohnern Nordamerikas ein wenig mehr Gerechtigkeit widerfahren zu lassen als dies in der Vergangenheit der Fall war; ein nobles Anliegen, gegen das es viele Widerstände bei landhungrigen Siedlern, Goldsuchern sowie aus der notorisch korrupten Bürokratie der Indianerbehörde gab. Immerhin sprach Hayes einem indigenen Volk, den Ponca, das Recht auf Rückkehr in ihre Heimatregion zu. Schurz gelang es durch persönliche Intervention, einen Konflikt zwischen Weißen und dem Volk der Ute, den sogenannten White River War, zu beenden. Es war ein höchst ungewöhnliches Ereignis, dass der Innenminister als hochrangiges Regierungsmitglied vorübergehend ein Vorrücken der Truppen gegen die Ute stoppte. Der Mann, der als deutscher Revolutionär 1848 für Freiheitsrechte gekämpft hatte, sah das Leid der Indianer mit anderen Augen als manch anderer Politiker vor ihm – dass Hayes ihm dabei Rückendeckung gab, spricht für diesen Präsidenten. Hayes selbst reiste im Herbst 1880 als erst zweiter Präsident in den fernen und allmählich nicht mehr wilden Westen, um sich ein Bild von der dortigen Situation zu verschaffen.

In der Geschichte des Weißen Hauses als gesellschaftlicher und kultureller Mittelpunkt des Lebens in Washington ragen die vier Jahre unter Präsident Hayes in einer ganz besonderen Weise heraus. Der Präsident folgte den Idealen seiner tief religiösen Frau Lucy, die wie so viele andere Anhänger der im 19. Jahrhundert starken Temperenzbewegung im Alkohol einen verabscheuungswürdigen Dämon sah. Der Amtssitz des Präsidenten wurde sozusagen trockengelegt; auch bei Empfängen ranghoher Besucher gab es keine alkoholischen Getränke mehr. Lucy Rutherford hat in der Galerie der First Ladies den unverwechselbaren Beinamen *Lemonade Lucy*. Es gibt Berichte aus dieser bemerkenswerten Phase in der Geschichte des Weißen Hauses (sonntäglichen Besuchern wurde vom Ersten Paar des Landes grundsätzlich ein Gesangbuch ausgehändigt, um zusammen eine christliche Hymne zu singen), wonach bei Staatsempfängen der Küchenchef ein Einsehen hatte und als kleinen Zwischengang in einer repräsentativen Kiste in gefrorenen Orangenschalen einen Rum-Punsch anbot. Die Kiste galt Insidern als *life-saving station*.

Als Rutherford Hayes nach vier relativ ruhigen Jahren aus dem Amt schied, erfreute sich der unter so kontroversen Umständen an die Macht gekommene Mann durchaus einer Beliebtheit, die vereinzelt auch über Parteigrenzen hinwegging. In den zwölf Jahren seines Ruhestandes (er starb 1893) trieben ihn die krassen sozialen Gegensätze in den Vereinigten Staaten um. Das Regierungssystem der USA, so beschwor Hayes, »wird sich nicht lange halten können, wenn der Besitz sich zum größten Teil in einigen wenigen Händen befindet und die breite Masse der Menschen nicht in der Lage ist, genug für ein Haus, für Bildung und Unterstützung im Alter zu verdienen«. Es sind Worte, die in den USA der Gegenwart nichts an Aktualität verloren haben.

CHESTER ALAN ARTHUR

Lebemann und Reformer

21. Präsident der USA von 1881 bis 1885

Nicht immer bekommen in einer Demokratie die Wähler nach der Wahl das, was sie sich erhofft haben. Bei einer reinen Persönlichkeitswahl, wie bei der des amerikanischen Präsidenten, kann sich der siegreiche Kandidat, einmal im Amt, als überschätzt und als Enttäuschung entpuppen. Das traf auch auf Herbert Hoover zu, der als glänzender Administrator und als Organisationsgenie galt, über mehrere Jahre Regierungserfahrung im Kabinett der Präsidenten Harding und Coolidge verfügte und 1928 auf der Höhe eines wirtschaftlichen und gesellschaftlichen Aufschwungs gewählt wurde. Doch wenige Monate nach seiner Vereidigung kam es im Oktober 1929 zum Crash an der Wall Street, der eine weltweite Wirtschaftskrise auslöste. Hoover zeigte sich der Bewältigung dieser Krise nicht gewachsen und erweckte den Eindruck, weit entfernt von der Lebenswirklichkeit von Millionen von Amerikanern zu sein. Er gilt Historikern als einer der schwächsten US-Präsidenten.

Es gibt indes auch den genau entgegengesetzten Fall. Niedrige Erwartungen bis hin zum Spott, ein allgemeines Aufstöhnen beim Amtsantritt und schlimme Vorahnungen – die angenehm enttäuscht werden, weil sich der neue Präsident als besser und vor allem als unerwartet integer erweist. Weil er der viel beschworenen Würde des Amtes voll gerecht wird; in viel stärkerem Maße, so kann man hinzufügen, als mancher seiner Nachfolger. Dies ist die (kurze) Geschichte eines solchen Mannes, der über sich hinauswuchs, als es das Schicksal seine Landes erforderte – oder der vielleicht bei dieser Herausforderung zeigte, wer er wirklich war. Es ist die Geschichte des Chester Alan Arthur, der bei Wikipedia als *the most forgotten President in U.S. history* beschrieben wird. Vielleicht können diese Zeilen, wie es auch bei einigen anderen der in diesem Buch porträtierten Staatsmännern zu hoffen ist, ihn ein wenig der Vergessenheit entreißen.

In der zweiten Hälfte des 19. Jahrhunderts, zwischen Abraham Lincolns Ermordung 1865 und dem Amtsantritt Theodore Roosevelts 1901, war das Amt des amerikanischen Präsidenten im Vergleich zu früheren Epochen wie dem Zeitalter George Washingtons und Thomas Jeffersons und auch zur späteren Weltmachtära recht unbedeutend. Das hatte verschiedene Gründe. Zum einen war durch den Bürgerkrieg die große Streitfrage des Jahrhunderts, die Sklaverei, entschieden; zum andern hatte sich im Gefüge der von der Verfassung vorgegebenen Gewaltenteilung die Machtbalance in Richtung Kongress verschoben. Kaum etwas spricht mehr für dessen Machtanspruch – und die Hybris der Volksvertreter – als das Verfahren zur Amtsenthebung (*impeachment*), das 1868 gegen Präsident Andrew Johnson wegen einer Personalfrage eingeleitet wurde und das an nur einer einzigen Stimme im Senat scheiterte. Das Weiße Haus hingegen verfügte nicht einmal über einen für eine effektive Exekutive notwendigen Organisationsgrad. Die Zahl der festen und mit politischen Fragen betrauten Mitarbeiter konnte man meist an einer Hand abzählen; es gab weder Stabschefs (geschweige denn einen wirklichen Stab) noch hochkarätige Berater, ja nicht einmal einen Pressesprecher. Der Präsident konnte mitunter ohne aufzufallen durch Washington gehen; einen fest angestellten Leibwächter gab es meist nicht. Heute ist das unvorstellbar: ein Präsident, der sich unerkannt auf eine Zugreise begibt, begleitet nur von seinem Außenminister – allerdings mit, wie wir noch sehen werden, fatalen Folgen.

Ein anderer Faktor ließ die Präsidentschaft während dieses *Gilded Age* – wie es Mark Twain nannte, des zwar nicht goldenen, wohl aber vergoldeten Zeitalters von etwa 1876 bis 1900 – ein wenig in den Hintergrund treten. Große Anstöße und Innovationen, wegweisende Ideen wurden nicht von Politikern, sondern von Industriekapitänen und Erfindern geliefert. Es war das Zeitalter der weithin bewunderten und in den Medien meist stärker als der Mann im Weißen Haus präsenten Unternehmerpersönlichkeiten, der *tycoons* wie John Pierpoint Morgan, Andrew Carnegie und vor allem John D. Rockefeller, der meist von einem Schwarm von Reportern verfolgt wurde, sobald sie sein maskenhaftes, von einer Hautkrankheit gezeichnetes Gesicht in der Öffentlichkeit erblickten. Diese Persönlichkeiten galten als *captains of industry*, die Maßstäbe setzten und auf deren Kommando mehr Arbeiter und Angestellte hörten als es im gesamten Staatsdienst Mitarbeiter gab. Dass diese Persönlichkeiten auch als *robbers barons*, als Raubritter, bezeichnet wurden, spricht Bände über ihre Methoden beim Streben nach immer höheren Profiten und über den unbarmherzigen Kapitalismus jener Epoche und die damalige Verfassung des Staates. Der für die Ära typische Industriezweig war die Eisenbahn, die über den ganzen Kontinent expandierte und deren Bosse und Aktionäre über weite Zeitabschnitte traumhafte Profite einstrichen. Der berühmteste Investor und »Kapitän« dieser Branche dürfte Cornelius Vanderbilt gewesen sein, meist »Commodore« genannt, der mit Umsicht und Gier ein Imperium schuf, das die Vanderbilts zu einem Symbol für schier grenzenlosen Reichtum machte. Neben einem der Sommersitze der Vanderbilts, *The Breakers* in Newport, Rhode Island, wirkt das Weiße Haus geradezu kümmerlich.[1] Und natürlich reichte die immense Macht der Industriekapitäne bis in die Politik, und Kongressabgeordnete und manchmal auch Präsidenten hörten auf das, was ein Rockefeller oder ein Morgan zu sagen hatte. Dass Zuwendungen aus den Konzernzentralen und den Bankhauptquartieren in Politikertaschen flossen, war damals so selbstverständlich wie dies immer noch der Fall ist.

Zwar stritten weiterhin zwei große Parteien, die Demokraten und die Republikaner, um die Mehrheit im Kongress und den Einzug ins Weiße Haus, doch die ideologischen Unterschiede zwischen ihnen waren marginal. Es war das Zeitalter des *spoils system* – »to the victor belong the spoils«, dem Sieger gehört die Beute –, in dem Kandidaten vor allem deswegen nach Ämtern trachteten, weil sie im Falle des Sieges nicht nur selbst Nutznießer im ökonomischen Sinne waren, sondern ganz selbstverständlich Familienmitgliedern, Freunden und Förderern Posten, öffentliche Aufträge und andere Vergünstigungen verschaffen konnten. Es war ausgerechnet Chester Alan Arthur, in dem viele zunächst einen Repräsentanten dieses Systems sahen, der ihm zur Überraschung der Öffentlichkeit und zum Entsetzen der Politikerelite einen ersten Riegel vorschob.

Innerhalb der Parteien hatten sich Fraktionen gebildet, die mitunter in heftigerem Streit miteinander lagen als mit der konkurrierenden Partei. Oft rotierten diese um eine charismatische und meist auch korrupte Führungspersönlichkeit. Innerhalb der das *Gilded Age* dominierenden Republikanischen Partei (der einzige von den Demokraten gestellte Präsident zwischen 1861 und 1913 ist Gegenstand des nächsten Kapitels) bildeten die *Stalwarts* eine solche Fraktion, die mit besonderer, geradezu eiserner Treue zu den Idealen der Bürgerkriegszeit, zum Vermächtnis Lincolns und zur Person Grants standen. An ihrer Spitze stand der Senator von New York, Roscoe Conkling. Ihm und seiner Strömung standen die *Half-Breeds* oder *Radicals* gegenüber, die indes keineswegs radikal waren, sondern die Politik gegenüber dem besiegten Süden flexibler (im Sinne von: der weißen Elite entgegenkommender) gestalten wollten. Deren Anführer und Conkling-Feind war James G. Blaine. Conklings *Lieutenant* und rechte Hand war Chester Alan Arthur. Diesen Hintergrund zur politischen Situation des *Gilded Age* muss man kennen, um zu verstehen, warum ein Aufschrei durch das Land (und selbst durch seinen Freundeskreis) ging, als unerwartet seine Stunde kam: »Chet Arthur, President of the United States? Good God!«

Chester Alan Arthur wurde am 5. November 1829 in North Fairfield im Bundesstaat Vermont geboren. Seine Familie zog bald mit ihm und seinen letztlich sieben Geschwistern mehrfach um; der Bundesstaat New York wurde Chester Arthurs Heimat, in dem er verschiedene Schulen in der Region um die Hauptstadt Albany besuchte. In Schenectady besuchte er ein örtliches College und wurde zunächst Lehrer. Wie klein die Welt manchmal ist: An der gleichen Schule unterrichtete einige Jahre später auch James Garfield, der auf seinem Weg zum Professor für klassische Sprachen war – und zur noch fernen Präsidentschaftswahl auf dem Ticket mit Arthur 1880.

Ab 1853 besuchte Arthur eine *law school* und wurde Anwalt in New York. Er heiratete 1856 die aus Virginia stammende Ellen Herndon. Ein kleiner Sohn der beiden starb im Alter von zwei Jahren; danach hatte das Paar noch zwei Kinder, welche die Vornamen ihrer Eltern trugen, den 1864 geborenen Chester Alan Arthur II. und die sieben Jahre später geborene Ellen. Sie war neun Jahre alt, als ihr Vater ins Weiße Haus einzog. Ihr eine halbwegs normale Kindheit zu bieten, war für den liebevollen Vater in seinen dreieinhalb Jahren im höchsten Amt ein besonderes Anliegen.

Arthur hatte recht frühzeitig Interesse an der Politik entwickelt und war ein leidenschaftlicher Gegner der Sklaverei, was die neue Republikanische Partei zu seiner politischen Heimat machte. Als der Bürgerkrieg ausbrach, wurde Arthur in der Unionsarmee für das Nachschubwesen eingesetzt. Er erwies sich als höchst fähiger Organisator und wurde *Quartermaster General* des Staates New York: Den Titel eines Generals vor seinem Namen führen zu dürfen war für eine politische Karriere nach Beendigung des Bruderkrieges äußerst hilfreich. Er knüpfte ein Netzwerk zu den Lieferanten, Handelshäusern und Industriellen von New York, das sich ebenfalls als sehr nützlich erweisen sollte. Der Posten des Generalquartiermeisters galt in New York und anderswo als eine Position, auf der man mit etwas Geschick und wenig Skrupeln einiges für sich selbst einstreichen konnte. »Es wurde beinahe erwartet, dass der Offizielle, der das Amt inne hatte, ein Stück des Kuchens für sich abschnitt. Arthur tat es nicht.«[2]

Nach dem Krieg kehrte er in die Anwaltskanzlei zurück und entwickelte sich in der Republikanischen Partei von New York zu einer Führungspersönlichkeit, die den Beinamen *Gentleman Boss* verdiente. Arthur prosperierte und war als lebensfroher Mensch bekannt, für seine Neigung zu feinem Tuch und noch feinerer Cuisine. Das Edelrestaurant Delmonico's in New York, wo sich die Reichen und Mächtigen (männlichen Geschlechts) und manchmal auch die Schönen (weiblichen Geschlechts) trafen, wurde Arthurs zweite Heimat, in der er, umgeben von zahlreichen und an Zahl über die Jahre zunehmenden Freunden und sicher auch dem einen oder anderen Schmarotzer, Hof hielt: »Seine lebensfrohe Wesensart war ein Vorteil in einer Zeit, die von Spaltung und Gehässigkeit geprägt war. Arthur hatte seine Überzeugungen, aber er war kein Freund des verbissenen Austauschs von Argumenten und zog es vor, die Konversation in weniger brisante Richtungen zu lenken. Dinner, Drinks und Zigarren waren keine Ablenkungen. Sie waren die Werkzeuge in Arthurs Geschäft.«[3]

Conkling wurde auf den gleichermaßen jovialen wie effizienten Mann aufmerksam, und Arthur wurde sein wichtigster Mitstreiter, der als Mitglied der Stalwart-Fraktion der Republikaner wahrgenommen wurde. Über Conklings Verbindungen bis ins Weiße Haus der Grant-Administration wurde Arthur eine der potenziell einträglichsten, aber wegen der nicht ganz legalen Verdienstmöglichkeiten auch nicht unbedingt gut beleumundeten Positionen in den USA zuteil: Er wurde 1871 Leiter des New York Custom House, der Zollbehörde im größten Hafen und der mit Abstand größten Stadt der Nation. Die Bedeutung dieser Einrichtung kann kaum überschätzt werden. In jener Zeit gab es noch keine Einkommenssteuer in den USA, der Staatshaushalt wurde vornehmlich mit Zöllen und anderen Abgaben bestritten. Und das Zollhaus von New York war die Quelle von rund einem Drittel der amerikanischen Staatseinnahmen. Arthur leitete das Haus unerwartet sauber, das Grundeinkommen von 50 000 Dollar jährlich war ohnehin der Position des Amtes angemessen und übertraf das Salär des Präsidenten. Ungeachtet seiner Bedeutung mutete das Custom House seinem Chef keine allzu große Arbeitsbelastung zu. Arthur kam spät und ging früh aus seinem Office; diesen Rhythmus behielt er auch als Präsident bei, wo er sein Tagespensum meist zwischen 10 und 16 Uhr absolvierte.

In der exponierten Position hatte man zwangsläufig Feinde, und als ein solcher entpuppte sich Präsident Rutherford Hayes – es wurde gemunkelt, dass es Conkling war, der nach der Skandalwahl von 1876 den Spitznamen *Rutherfraud Hayes* kreierte –, der unbedingt gegen Korruption vorgehen wollte und dabei eine Institution ins Visier nahm, die als Brutstätte der Korruption galt – ohne dass irgendjemand ernsthaft ihren Direktor bezichtigte. Es war eine lange und bittere Auseinandersetzung zwischen Hayes und Conklings *machine*, doch 1878 musste Arthur gehen. Er konnte dies verschmerzen, denn seine gesellschaftliche und wirtschaftliche Situation war nach wie vor mehr als gediegen, und ein gutes Dinner bei Delmonico's half schnell über jedweden Verdruss hinweg.

Etwas anderes traf Arthur jedoch hart: Am 12. Januar 1880 starb seine Frau Ellen nach kurzer Krankheit an Lungenentzündung, nur 43 Jahre alt. Die beiden hatten ungeachtet ihrer unterschiedlichen regionalen Herkunft – Ellen stammte aus der Konföderation und wurde von Arthur gern als »kleiner Rebell« bezeichnet – eine harmonische Ehe geführt. Arthurs Trauer war nicht frei von Selbstvorwürfen: Er wünschte nun, er hätte mehr Zeit mit Ellen und weniger mit seinen Freunden aus der Politik verbracht. Bald nach Beginn seiner Präsidentschaft ließ er in der dem Weißen Haus am Lafayette Square gegenüber liegenden St. John's Church (der »Kirche der Präsidenten«) ein Buntglasfenster mit Ellens Bildnis anbringen. Die Kirchenleitung sorgte dafür, dass es abends beleuchtet war, und Arthur verlegte sein Schlafzimmer im Weißen Haus in einen Raum gegenüber der Kirche, so dass er das kleine Kunstwerk zur Erinnerung an Ellen von dort aus sehen konnte.

Bei der Präsidentschaftswahl von 1880 wollten Conkling und seine Getreuen unter allen Umständen sicherstellen, dass wieder ein Stalwart Präsident wurde. Ihre Wahl fiel auf Ulysses S. Grant, der – wie bereits geschildert – nach seiner langen Weltreise noch einmal ins höchste Staatsamt drängte. Wichtigster innerparteilicher Gegner würde Conklings Hauptrivale James G. Blaine sein, der Senator aus Maine. Auf dem Wahlparteitag der Republikaner in Chicago, wo Arthur die Delegation des Staates New York leitete, schritt man zur Abstimmung. Im ersten Wahlgang lag Grant deutlich mit 304 Stimmen vorn, aber noch ein Stück weit von der notwendigen Mehrheit von 379 Stimmen entfernt. Ein Wahlmarathon begann. Grant blieb Spitzenreiter, doch der alte General konnte kaum zulegen. Beim 34. Wahlgang hatte ein neuer Name erstmals 17 zusätzliche Stimmen geholt: der Kongressabgeordnete aus Ohio, James Garfield. Er wurde der geradezu klassische *dark-horse*-Kandidat, der zunächst überhaupt nicht in den Prognosen auftauchende Außenseiter, auf den man sich einigt, wenn keiner der Favoriten sich als mehrheitsfähig erweist. Im 35. Wahlgang bekam Garfield 50 Stimmen; dann setzte eine *stampede*, eine Art Massenpanik im Abstimmungsverhalten ein und Garfield wurde im 36. Wahlgang mit 399 Stimmen zum Präsidentschaftskandidaten der Republikaner gekürt.

Für die Wahl schien ein Sieg im Staat New York entscheidend, um gegen den demokratischen Gegner, den fast 250 Pfund schweren Ex-Bürgerkriegsgeneral Winfield Scott Hancock zu gewinnen. So musste mit der Logik der Wahlarithmetik ein *running mate* aus New York her. Diese Position wurde Arthur angetragen, der auch akzeptierte. Seine Einwilligung markierte den Bruch mit Conkling, der eine Wahlniederlage der Partei befürchtete und Arthur riet (nach Conklings Einschätzung wohl gar: befahl) diese Wahl nicht anzunehmen. Das Amt des Vizepräsidenten sei mehr an Ehre, erklärte Arthur, als er sich je erträumt habe. Die Verabschiedung durch Conkling war eisig.

Das Kalkül mit New York entpuppte sich als völlig zutreffend. Der Wahlausgang war knapp wie selten in der amerikanischen Geschichte: Bei mehr als 9,2 Millionen abgegebenen Stimmen betrug der Vorsprung des Tickets Garfield-Arthur ganze 1898 Stimmen. Im Wahlmännerkollegium hieß es 214 zu 155. Hätte New York sich anders entschieden und nicht mehrheitlich für Garfield und Arthur gestimmt, wären die 35 Stimmen New Yorks ins andere Lager gewechselt und Hancock wäre mit 180 zu 179 gewählt worden.

So legten Garfield und Arthur ihren Amtseid am 4. März

1881 ab. Garfield war 49 Jahre alt, damit also geradezu jung für einen Präsidenten, und schien rundum gesund zu sein. Damit schien jeder Gedanke an den Vizepräsidenten und seine mögliche Bedeutung überflüssig. Dies alles änderte sich am Morgen des 2. Juli 1881, also nach kaum vier Monaten im Amt, als Garfield in Begleitung von Blaine, den er zum Außenminister berufen hatte (ein weiterer Schlag für Conkling), den (heute nicht mehr existierenden) Bahnhof der Baltimore and Potomac Railroad in Washington betrat. Aus nächster Nähe schoss ihm der psychisch gestörte Charles J. Guiteau, der sich den Republikanern immer wieder mit ungefragten Konzepten und Strategiepapieren aufgedrängt hatte und mitunter Gottes Stimme zu hören glaubte, eine Kugel in den Rücken. Was Guiteau dabei ausrief, war das Schlimmste, was man dem zu dieser Zeit in New York weilenden Vizepräsidenten antun konnte: »Ich bin ein Stalwart. Jetzt ist Arthur Präsident der Vereinigten Staaten.«

Natürlich stellte sich bald heraus, dass Arthur nichts mit diesem Irrsinnigen zu tun hatte. In den nächsten Wochen erwarb sich Arthur vielmehr durch sein würdiges Auftreten Respekt. Er versuchte so gut es ging, der Familie Garfields zur Seite zu stehen, und hielt sich ansonsten dezent im Hintergrund. Historiker sehen es auch als einen Beleg für die relative Schwäche der amerikanischen Präsidentschaft in jener Zeit, dass das Land seinen Geschäften nachging und es zu keinerlei Besonderheiten oder gar Katastrophen kam, während das Präsidentenamt praktisch nicht existent war. Denn dem schwer verletzten Garfield stand eine mehr als zehnwöchige Leidenszeit bevor. Zunächst im Weißen Haus betreut, gelang es mehreren Ärzten nicht, die Kugel, die seine Milz zerrissen hatte und in einem Rückenwirbel steckte, zu lokalisieren und zu entfernen. Wegen der Sommerhitze in Washington wurde der Präsident mit einem Sonderzug an die Küste von New Jersey gebracht (Arbeiter verlegten einen Schienenstrang bis an sein Ferienhaus), damit er an der frischen Seeluft Kraft schöpfen konnte. Garfield ertrug es mit großer Tapferkeit. Letztlich war es nicht allein die Kugel des Charles Guiteau, die ihn schließlich das Leben kostete, sondern auch die ungewaschenen und natürlich erst recht nicht desinfizierten Hände der Ärzte, die seine Wunde versorgten – und die von den Lehren des Philipp Semmelweis oder des Joseph Lister offenbar noch nie etwas gehört hatten. Es war eine bakterielle Sepsis, eine Blutvergiftung durch von außen in den Körper gelangte Keime, die das Schicksal des Präsidenten am Abend des 19. September 1881 besiegelte. In den Nachtstunden wurde ein erschütterter Chester Alan Arthur als 21. Präsident der USA vereidigt.

Seine Amtszeit weist in der, wie eingangs geschildert, durch eine schwache Exekutive geprägten Epoche wenig Höhepunkte auf. Doch historisch bedeutsam ist der Einsatz des Präsidenten gerade gegen jenes *spoils system,* das Männer wie Conkling in die Hände spielte und an das sich kaum einer seiner Vorgänger herangetraut hatte. Arthur begann mit jener Civil Service Reform, der Reform des Staatsdienstes, den so viele Politiker als Kandidaten beschworen hatten, ohne ihrer Ankündigung Taten folgen zu lassen. Es war ein demokratischer Senator, George H. Pendelton, der 1880 einen Gesetzentwurf eingebracht hatte, wonach künftig Regierungsangestellte nach Verdienst und Begabung – welche in einem Test evaluiert werden sollten – eingestellt wurden und nicht aufgrund von Beziehungen und Patronage. Zur Überraschung der Zeitgenossen und zum Entsetzen der vielen, die vom bisherigen System profitierten oder noch zu profitieren hofften, wurde Arthur zur treibenden Kraft dieses Kurses. Am 16. Januar 1883 unterzeichnete er den Pendleton Civil Service Reform Act. Es war ein erster Schritt, der zunächst nur etwa ein Zehntel der öffentlichen Stellen betraf. Doch ein Anfang war gemacht, und die Reform der öffentlichen Verwaltung wurde von mehreren seiner Nachfolger fortgesetzt.

Für die Geschichte des Weißen Hauses ist Arthurs relativ kurze Präsidentschaft bedeutsam, da der auf Stil und Ästhetik Wert legende Mann an dem heruntergekommenen Amtssitz gezielt Veränderungen und Verschönerungen vornahm, wofür er einen Künstler mit einem nachmals großen Namen berief. Louis Comfort Tiffany, der Schöpfer unnachahmlicher Lampen, nahm umfangreiche dekorative Maßnahmen vor, die dem distinguiertesten zeitgenössischen Geschmack gerecht wurden. Der berühmte Blaue Raum des Amtssitzes wurde von ihm zu dem gemacht, was er heute ist. Das von ihm in dem Gebäude installierte Tiffany-Glas ließ Theodore Roosevelt zwanzig Jahre später wieder entfernen.

Wie angesichts des Lebensstiles von Chester Arthur kaum anders zu erwarten war, erwies sich der neue Präsident als ein vollendeter Gastgeber bei Empfängen und Banketten im Weißen Haus. Als First Lady stand dem Präsidenten, der nach Ellens Tod nie wieder an eine neuerliche Eheschließung gedacht hatte, seine jüngere Schwester Mary McElroy zur Seite. Was unter Hayes und seiner »Limonaden-Lucy« und auch unter anderen Vorgängern undenkbar gewesen wäre: Das Weiße Haus wurde unter Arthur zu einer landesweit bewunderten Heimstatt von Stil und Klasse. »Es war selten von so einer hedonistischen Anmut wie zu jenen Gelegenheiten, wenn Chester Arthur zu einer Dinnerparty einlud. In dieser Hinsicht ist Arthur unübertroffen … Im

Gilded Age war Chester Arthur dem Beispiel Jacqueline Kennedys so nahe, wie es Washington erst wieder mit Jacqueline Kennedy selbst erleben sollte. Er setzte den Trend für eine stilsichere Lebensweise, die von Tausenden nachgeahmt wurde, die es sich leisten konnten, und von Millionen bewundert wurde, die das nicht konnten.«[4]

Während dieser Zeit war der Präsident bereits ein kranker Mann. Arthur litt an einer Nierenkrankheit, die im Englischen als Bright's Disease und im Deutschen als Glomerulonephritis bezeichnet wird. Die Medizin der Epoche war dagegen machtlos. Er ließ es sich nicht anmerken, wollte seine Amtszeit in Würde zu Ende bringen und für seine Kinder, vor allem die kleine Ellen, sorgen. Nur gut eineinhalb Jahre nach dem Ausscheiden aus dem Präsidentenamt starb Arthur am 18. November 1886 in New York.

Ein zeitgenössischer Journalist fand für den 21. Präsidenten die treffenden Worte: »Kein Mann ist zur Präsidentschaft unter einem so weithin verbreiteten und profunden Misstrauen ihm gegenüber gekommen wie Chester Alan Arthur, und keiner ist bei seinem Abschied so rundum respektiert worden, gleichermaßen von Freund wie Feind.«[5]

GROVER CLEVELAND

Der integre Sturkopf

22. Präsident der USA von 1885 bis 1889
und 24. Präsident von 1893 bis 1897

Das 19. Jahrhundert war das große Zeitalter der Romanliteratur, gelesen wurde – lange vor der Erfindung von Radio, Fernsehen, Internet und anderen Unterhaltungsmedien – fast überall, im Wohnzimmer der einfachen Menschen im Schein einer Öllampe, in den Salons der Betuchten unter dem sich ausbreitenden elektrischen Licht, in Kaffeehäusern und natürlich in Bibliotheken. Die Epoche sah die Entstehung großer Werke von Autoren wie Alexandre Dumas und Leo Tolstoi, wie Robert Louis Stevenson und Charles

Dickens. Dazu gab es unzählige und mit beträchtlicher Fantasie ausgestattete Schriftsteller, deren Namen in Vergessenheit geraten sind und deren Œuvre schon von kritischen Zeitgenossen als Schund, als simple Unterhaltung für schlichte Menschen bewertet wurde. Hätte einer von diesen Autoren – oder gar einer der genannten großen Literaten – sich indes eine solche Geschichte wie die folgende einfallen lassen?

Ein angesehener und gestandener Mann – so bezeichnete man damals Herren, die wie der Held dieser Geschichte um die 250 Pfund auf die Waage brachten – greift nach dem höchsten Amt im Staate. Er ist Junggeselle und wegen seiner Integrität und Ehrlichkeit hoch angesehen. Dann taucht plötzlich mitten im Wahlkampf eine Frau von äußerst zweifelhaftem Ruf auf und bezichtigt ihn, der Vater ihres unehelichen Kindes zu sein. Die Reputation der Dame, deren Gunst sich mehrere Herren der Oberschicht in der überschaubaren Stadt unweit der großen Wasserfälle erfreut haben sollen, lässt vermuten, dass auch andere als potenzielle Väter infrage kommen. Denn wieso trägt das Kind, ein kleiner Junge, ausgerechnet den Vornamen des besten Freundes unserer Hauptperson, eines Freundes, der vor Jahren bei einem Unfall ums Leben gekommen ist? Was tut der Kandidat? Er bekennt sich zur Vaterschaft, wohl wissend, dass eine außereheliche Zeugung nicht gerade selten ist, es aber fast immer zum Skandal wird, wenn der Erzeuger bekannt wird. Möglicherweise will er auch Schimpf und Schande von der Witwe seines Freundes und dessen junger Tochter fernhalten. Er hat die Tochter seines Freundes als Baby auf dem Arm gehalten und ihr einst als eine Art Patenonkel den ersten Kinderwagen gekauft. Nachdem er der Skandalgeschichte zum Trotz ins höchste Amt gewählt wird, hält er um die Hand dieser sehr viel jüngeren Frau an – und zum ersten Mal wird ein Präsident im Amtssitz einer Braut das Eheversprechen geben.

Dies ist die Quintessenz des Privatlebens von Grover Cleveland, der die Zählung der amerikanischen Präsidenten auf alle Zeiten durcheinanderbringt. Bei Abfassung dieser Zeilen amtiert der 46. Präsident – und doch gab es nur 45 Männer im Präsidentenamt. Grover Cleveland nämlich zählt doppelt. Als einziger ab- und dann wiedergewählter Staatsmann ist er der 22. und der 24. amerikanische Präsident in einer Person. In Erinnerung bleiben sollte er nicht nur durch die bemerkenswerte Romanze mit der ersten First Lady, die ein Medienstar wurde, und auch nicht durch diese arithmetische Besonderheit. Es ist sein Credo, das verdient festgehalten zu werden und dem er bei seinem rasanten Aufstieg und auch im Weißen Haus folgte: »Tell the truth!« Die Wahrheit sagen, dies beschwören alle Politiker. Nur wenige aber – auch und gerade in der jüngeren Zeit – folgen dann dem Beispiel des Stephen Grover Cleveland aus Buffalo.

Ein halbes Jahrhundert lang schienen die Republikaner geradezu ein Abonnement auf das Weiße Haus zu besitzen. Zwischen 1861, dem Amtsantritt Abraham Lincolns, und 1913, als William Howard Taft, dem wir in einem späteren Kapitel begegnen werden, aus dem Amt schied, wurde nur ein Demokrat gewählt: Cleveland. Er weist noch andere Besonderheiten auf: Kein anderer Präsident außer Franklin D. Roosevelt in den 1930er und 1940er Jahren schaffte es, in drei Präsidentschaftswahlen die meisten Wählerstimmen zu bekommen. Dass Cleveland bei stets knappem Wahlausgang eine dieser drei Wahlen im entscheidenden Wahlmännerkollegium verlor, ist dem amerikanischen Wahlsystem zu verdanken. Es soll verhindern, dass einige wenige demografisch mächtige Staaten wie heutzutage Kalifornien den Wahlausgang zu sehr bestimmen.[1] Auch für die Zeitumstände war Clevelands zweimaliger Wahlsieg aufgrund eines weiteren biografischen Details ungewöhnlich. Im Gegensatz zu seinen Vorgängern Grant, Hayes, Garfield und Arthur als auch seinen Nachfolgern Harrison und McKinley hatte Cleveland nicht im Bürgerkrieg gedient. Das Tragen einer Uniform, idealerweise verbunden mit militärischem Ruhm, schien beinahe eine Voraussetzung für das hohe Amt zu sein. Cleveland indes hatte als bereits erfolgreicher Anwalt im Krieg einen Ersatzmann gestellt. Dies war ein vollkommen legales Vorgehen, von dem zahlreiche wohlsituierte Herren Gebrauch machten; der Ersatzmann bekam eine gewisse, festgelegte Summe und zog die Uniform an, während sein Sponsor exkulpiert war und weiter fern der Schlachtfelder Geld verdienen konnte. Cleveland zahlte einem polnischen Einwanderer 150 Dollar; glücklicherweise überlebte der junge Mann den Krieg.

Dass Cleveland ungeachtet seines fehlenden militärischen Heldentums oder eines Kriegsdiensteinsatzes gewählt wurde, lag an den wichtigsten und selbst von politischen Gegnern nicht bestrittenen Merkmalen seines Charakters: Ehrlichkeit und Integrität. Nach solchen Eigenschaften verlangte es erkennbar einen großen Teil der Wählerschaft nach den Skandalen der Grant-Administration und der Skandalwahl von 1876. Und Ehrlichkeit und gesunden Menschenverstand sprachen ihm die Zeitgenossen in jedem seiner früheren Ämter zu: als Sheriff von Erie County, als Bürgermeister von Buffalo und als Gouverneur von New York.

Stephen Grover Cleveland wurde am 18. März 1837 als Sohn eines Pfarrers in Caldwell im Bundesstaat New York geboren. Die Vorfahren stammten aus der Region der englischen Stadt Ipswich und schrieben sich Cleaveland. Ein anderer Nachfahre dieser Einwanderer und damit ein entfernter Verwandter des künftigen Präsidenten war der im Unabhängigkeitskrieg kämpfende Offizier und spätere Milizgeneral Moses Cleaveland. Er war auch Landvermesser und legte an der Mündung des Cuyahoga River in den Erie-See eine neue Gemeinde an, die seinen Namen in leichter Abwandlung trug und als Cleveland heute die zweitgrößte Stadt des Staates Ohio ist.[2]

An den Lake Erie verschlug es auch den jungen Grover Cleveland. Er blieb auf Anraten seines in Buffalo lebenden und recht wohlhabenden Onkels in der Stadt, nahm einen Job in einer Anwaltskanzlei an und widmete sich daneben dem Studium des Rechts. Wie klein die Welt sein kann: Die *law firm* Rogers, Bowen und Rogers würde mit Cleveland nicht zum ersten Mal einen künftigen amerikanischen Präsidenten beschäftigen. In dieser Kanzlei hatte bereits Millard Fillmore gearbeitet, der von 1850 bis 1853 im Weißen Haus gewohnt hatte.

In Erie County, dem Landkreis, in dem Buffalo liegt, wurde Cleveland 1863 Staatsanwalt – mitten im Bürgerkrieg, was ihn zweifellos in dem Beschluss bestärkte, einen Ersatzmann für die Unionsarmee zu bestellen. Das Schicksal seiner beiden jüngeren Brüder ließ es ihm ratsam erscheinen, Gefahren wenn möglich aus dem Weg zu gehen. Beide überlebten zwar den Bürgerkrieg, kamen dann aber zusammen mit rund neunzig anderen Passagieren und Besatzungsmitgliedern beim Brand des Dampfers »Missouri« im Oktober 1872 bei den Bahamas ums Leben. Cleveland gründete 1869 mit zwei Freunden die Anwaltskanzlei Laning, Cleveland and Folsom. Der Letztere war Oscar Folsom, einer der engsten Freunde Clevelands. Er wird als ein *ladies' man* beschrieben, der gern den Versuchungen der Nacht erlag, auch außerhalb der Ehe mit Gattin Emma. Grover Cleveland hingegen bevorzugte andere Sinnesfreuden: Er war ein Freund herzhafter Küche und Stammgast im deutschen Restaurant Schenkelberger's, wo er sich an Sauerkraut und Mettwürstchen labte. Wie nahe er – vielleicht zeitgleich mit Oscar Folsom – einer attraktiven Witwe namens Maria Halpin stand, wird wohl im Dunkeln bleiben. Dass diese ihr uneheliches Kind ausgerechnet Oscar Folsom Cleveland nannte, spricht für eine gewisse Unsicherheit der lebensfrohen Maria über die Vaterschaft des Knaben.

Verkehrsunfälle konnten auch lange vor Erfindung des Automobils tödlich sein. An einem Sommerabend des Jahres 1875 stießen in Buffalo zwei leichte Kutschen (*buggies*) zusammen; Oscar Folsom wurde aus seinem Sitz geschleudert und war auf der Stelle tot. Cleveland war erschüttert und nahm sich der Familie seines Freundes an, der Witwe Emma und der elfjährigen Tochter Frances. Er regelte die Erbschaftsangelegenheiten und sorgte dafür, dass das Mädchen eine gute Ausbildung erhielt; Frances besuchte später ein College für junge Damen. Maria Halpin zahlte er eine Unterstützung, die ihr jedoch nicht genügte. Nach juristischen Auseinandersetzungen wurde die inzwischen alkoholabhängige Frau für einige Zeit in eine Anstalt für Geisteskranke eingewiesen.

1870 war Cleveland, der sich den Demokraten zugehörig fühlte, erstmals in ein öffentliches Amt gewählt worden: Er wurde Sheriff von Erie County. Gut zehn Jahre später traten Parteifreunde an ihn heran und überzeugten ihn davon, für das Amt des Bürgermeisters zu kandidieren. Auch die Lokalpolitik von Buffalo war von Korruption durchzogen, und so war die ihm nachgesagte Ehrlichkeit der große Pluspunkt bei seiner Kandidatur. Cleveland gewann die Wahl und trat am 1. Januar 1882 sein Amt an. Er räumte mit Postengeschacher und dem Einfluss mächtiger Lobbygruppen auf. Für die Steuergelder der Bürger sollte künftig der Dienstleister mit dem besten Angebot arbeiten, nicht jener mit dem stärksten Einfluss in den *machines* der Parteien. Clevelands Ruf als Saubermann breitete sich schnell weit über Buffalo aus, und ein Ort, an dem Integrität seit langem Mangelware zu sein schien, war die Regierung des Staates New York. So kam es, dass Cleveland nach weniger als einem Jahr im Bürgermeisteramt bereits den nächsten Schritt auf der Karriereleiter tat: Am 7. November 1882 wählten ihn die Wähler des Bundesstaates New York zu ihrem Gouverneur.

Da dieser Staat mit Abstand der bevölkerungsreichste in der Union war, galten seine führenden Politiker fast automatisch als Präsidentschaftskandidaten – die Demokraten hatten in fast jeder Wahl nach dem Bürgerkrieg für den Rest des 19. Jahrhunderts einen New Yorker auf dem Ticket, entweder als Präsidentschafts- oder als Vizepräsidentschaftskandidat. Mit seinem guten Ruf, dem er auch als Gouverneur gerecht wurde, stiegen die Hoffnungen in dieser Partei, mit ihm endlich eine Wahl gewinnen zu können – umso mehr, nachdem die Republikaner mit James G. Blaine einen typischen Vertreter der engen Symbiose von Politik und *moneyed interests* zum Kandidaten machten. Cleveland, wegen seiner Körperfülle auch *Uncle Jumbo* genannt, wurde auf dem Wahlparteitag der Demokraten bereits im zweiten Wahlgang nominiert. Der Wahlkampf spiegelte nach Einschätzung des Historikers Henry F. Graff die Selbstgefälligkeit der politischen Klasse und der tonangebenden Gesellschaftsschichten wider: »Rassismus war allgegenwärtig im

Land. Auch Cleveland hat die Vorurteile seiner Ära gegenüber schwarzen Menschen nicht abschütteln können. Die erst vor kurzem freigelassenen Sklaven erlebten Diskriminierung und Rassentrennung, im Süden auch zunehmend Lynchmord. Im Westen wurde das Militär gegen die Indianer bis an die Grenze zum Genozid eingesetzt. Immigranten aus Irland, aus Süd- und Osteuropa stießen auf offene Feindschaft – außer wenn ihre Körperkraft für die knochenbrecherischsten Berufe in der Gesellschaft benötigt wurde. Solch ein ausgeprägtes nationales Fehlverhalten verursachte nicht die mindesten Gewissensbisse oder irgendwelche Sorgen bei den Parteien. Und die Öffentlichkeit schwieg hierüber. Der Wahlkampf war einer der am erbittertsten geführten, doch er ging auf diese drängenden und schändlichen Themen nicht ein. Es ging vielmehr ausschließlich um die moralische Qualifikation der Spitzenkandidaten.«[3]

Dass Cleveland moralisch ungeeignet sei, stand ganz im Mittelpunkt einer Kampagne, die am 21. Juli 1884 mit einem Zeitungsartikel unter der Überschrift »A Terrible Tale« begann. Es war die schlagzeilenträchtige Geschichte des unehelich geborenen Kindes, die Cleveland mit seinem Entschluss, dafür geradezustehen, mit auslöste. Er bekannte sich zu seiner Vaterschaft, ob zu Recht oder nicht, war für den Wahlkampf nebensächlich. Die Republikaner texteten ein Spottlied: »Ma, Ma, where's my Pa?« Nach dem Wahltag konnten dann die Demokraten die Zeile »gone to the White House, ha ha ha!« hinzufügen. Grover Cleveland errang einen knappen Wahlsieg. Landesweit hatte er einen Vorsprung von weniger als 50 000 Stimmen. Den Ausschlag gab erwartungsgemäß der Staat New York. Dank seiner 37 Stimmen im Wahlmännerkollegium hieß es dort 219 zu 182 für Cleveland. Seinen Heimatstaat hatte Cleveland mit dem hauchdünnen Vorsprung von 1200 Stimmen gewonnen. Hätten sich nur 600 New Yorker anders entschieden, wäre James G. Blaine Präsident geworden.

Mit Cleveland zog der erste Junggeselle seit James Buchanan ins Weiße Haus ein. Bei diesem Status sollte es aber nicht bleiben. Die Gazetten berichteten über das Interesse des Präsidenten an der Witwe seines Freundes, Mrs. Emma Folsom. Sie befand sich, so berichteten die Reporter, auf Europareise und suchte dem Vernehmen nach in Paris ein Brautkleid aus. Dann kamen die Schlagzeilen, die bei Puritanern und Moralpredigern den Wunsch nach Verdammung hervorriefen. Der 49-jährige, massiv übergewichtige Cleveland wurde als *beast from Buffalo* beschimpft.

Denn es war nicht Mrs. Folsom, sondern Miss Folsom, die das Brautkleid tragen würde. Das Weiße Haus unter Cleveland, das ansonsten praktisch überhaupt keine Pressearbeit betrieb, bestätigte schließlich, dass der Präsident die 21-jährige Frances heiraten würde. Seine vor vielen Jahren auf die Frage nach seiner Heiratswilligkeit verbürgte Antwort, er warte noch, bis seine Frau erwachsen sei, bekam nun einen konkreten Sinn.

Was immer zunächst an Aversion gegen das von Statur wie Alter so ungleiche Paar bestand und von Cleveland-kritischen Publikationen kolportiert wurde, geriet schnell in Vergessenheit, als Einzelheiten über die künftige First Lady bekannt wurden und ihr Porträt gedruckt wurde. Mit ihren großen dunklen Augen, dem prächtigen kastanienbraunen Haar und der Blässe ihres Antlitzes verkörperte die groß gewachsene, schlanke Frau das Schönheitsideal ihrer Epoche. Überall im Lande schossen Frankie-Fanclubs aus dem Boden, ungeachtet der Tatsache, dass sie diesen Spitznamen hasste. Mit ihrem Porträt machten Firmen der unterschiedlichsten Branchen Werbung, selbstverständlich ohne sie um Erlaubnis gefragt zu haben.

Die Hochzeit im Weißen Haus am 2. Juni 1886 war ein Medienereignis, über das die Menschen im ganzen Land Einzelheiten zu lesen bekamen. Nie zuvor war ein Präsidentenpaar in einem solchen Ausmaß – und so plötzlich – zu *celebrities* geworden; in den Flitterwochen auf einem Cottage in Maryland wurde das junge Paar von Reportern regelrecht belagert. Das Privatleben der Bewohner des Weißen Hauses trat mit Grover und Frances Cleveland in eine neue Epoche ein. Die junge First Lady war von wachem politischen Gespür. Als ihr Mann 1888 die Wahl gegen den Republikaner Benjamin Harrison trotz seines knappen Vorsprungs bei den abgegebenen Wählerstimmen verlor, riet sie vor dem Auszug dem Personal des Weißen Hauses, nicht allzu viel zu verändern, denn in vier Jahren sei man wieder zurück. Und tatsächlich: Cleveland wurde am 8. November 1892 als bisher einziger Ex-Präsident erneut in das Amt gewählt. Der Wahlkampf war in der Endphase durch eine ungewöhnliche Rücksichtnahme und Fairness geprägt. Da die Frau von Präsident Harrison schwer krank war und am 25. Oktober an Tuberkulose starb, stellten die Kandidaten den Wahlkampf ein; Harrison aus Trauer und Cleveland aus Respekt für den Gegner.

Im ersten Amtsjahr seiner zweiten Präsidentschaft gab es zwei wichtige Ereignisse. Am 8. September 1893 wurde seine Tochter Esther im Weißen Haus geboren – sie ist bis heute das einzige Kind eines amtierenden Präsidenten, das im Amtssitz das Licht der Welt erblickte. Die Clevelands hatten insgesamt fünf Kinder, nach dem Ausscheiden Grovers aus dem Amt mussten sie den Verlust ihrer ältesten Tochter Ruth ertragen, die mit 13 Jahren an Diphtherie starb.

Im gleichen Jahr musste sich Grover Cleveland einer für die damalige Zeit schweren Operation unterziehen. An der Mundschleimhaut seines Oberkiefers hatte sich eine bösartige Geschwulst gebildet. Der Präsident unterzog sich in aller Heimlichkeit der Operation, da er befürchtete, in der ohnehin angespannten wirtschaftspolitischen Lage könnte die Nachricht eine Finanzpanik auslösen. Die Operation wurde auf der Segelyacht eines befreundeten Industriellen durchgeführt. Alles verlief gut; Cleveland wurde an Stelle des entfernten Stücks Oberkiefer eine Prothese eingesetzt. Bis zu einem ersten öffentlichen Auftritt nach dem Eingriff hatte er sich an die Prothese so weit gewöhnt, dass seine Stimme keine Veränderung aufwies. Von dem Eingriff erfuhr die Öffentlichkeit erst nach seinem Tod.

Die zweite Amtszeit war etwas unruhiger als die erste, vor allem soziale Konflikte wie der Pullman-Streik sorgten für Aufsehen. Beim Ausstand der Angestellten des Schlafwagen-Konzerns, dem sich später die Eisenbahn-Bediensteten vor allem im Westen des Landes anschlossen, kam es zu blutigen Auseinandersetzungen und dem Einsatz des Militärs mit geschätzten 30 Toten. In dem *Gilded Age* der Finanzmagnaten und Eisenbahnbarone war ein demokratischer Präsident vielleicht ein wenig mehr der Arbeiterklasse gewogen als ein Republikaner, doch auch dies hinderte ihn nicht am Einsatz staatlicher Gewalt gegen die Streikenden. Der Gründer der Eisenbahnergewerkschaft ARU, Eugene Debs, spielte selbst eine Rolle in der Geschichte der amerikanischen Präsidentschaftswahlen. Debs kandidierte fünfmal für die kleine Socialist Party of America, zuletzt 1920 – er saß als Kandidat, nicht nur einmal, für seine Überzeugung im Gefängnis.

Seinen Ruhestand verbrachte Grover Cleveland in der Universitätsstadt Princeton im Kreise seiner wachsenden

Familie – seinen jüngsten Sohn zeugte er mit 65 Jahren und damit nur sechs Jahre vor seinem Tod im Juni 1908. Gern hätten ihn viele Amerikaner noch bis 1969 öfter gesehen: in ihrem Portemonnaie! Denn Clevelands Porträt zierte den in jenem Jahr aus dem Verkehr gezogenen 1000-Dollar-Schein – was eine hohe Wertschätzung durch die US-Notenbank zeigt. Ein Biograf würdigt ihn mit Worten, die seine Grenzen, aber auch seine Vorzüge herausstellen: »Beliebtheit war für Cleveland nie so wichtig wie das zu tun, was er für richtig hielt. Und diese Verpflichtung und der Mut, dazu zu stehen, sind seine bewundernswertesten Fähigkeiten. Cleveland hatte in mancherlei Hinsicht bemerkenswerte Schwächen. So fehlte ihm Vorstellungskraft (*imagination*), und er konnte sein Innerstes nur einigen wenigen Vertrauten offenbaren. Kreativ war er nicht. Aber wenn es um Fleiß, um Prinzipientreue und Verpflichtung für das öffentliche Wohl geht, gibt es nur wenige von seiner Qualität unter den amerikanischen Präsidenten.«[4]

THEODORE ROOSEVELT

Haudegen und Bücherwurm

26. Präsident der USA von 1901 bis 1909

Dem angetrunkenen Rowdy kam der im Saloon neben ihm an der Bar stehende Mann merkwürdig vor. Seine Kleidung, die Sporen an seinen ungewöhnlich teuren Stiefeln und die neben ihm abgestellte Winchester wiesen ihn als Cowboy aus. Doch in seinem Gesicht war etwas, das der Streitlustige noch nie bei einem Viehtreiber gesehen hatte: Der Fremde trug eine Brille. So schien es dem von mehreren Whiskys Gestärkten angebracht, sich über diese Besonderheit lustig zu machen, vorsichtshalber mit beiden Händen an den Revolvern in seinem Gürtel. Dabei machte er den Fehler, zu nah an den Fremden heranzutreten. Denn bevor er nach seiner abfälligen Bemerkung zur Waffe hätte greifen können, ereilte ihn der Haken des Fremden. *Four Eyes* – das war dieser als Anrede zwar gewöhnt, aber er schätzte es nicht, wenn dieser Spitzname ohne einen Hauch von Respekt vorgetragen wurde. Vermutlich rief er nach seinem schnell erreichten K.o. sein nachmals berühmtes »Deeeelighted!« aus. Den *saloon incident* berichtete er ebenso stolz seiner Schwester, der engsten Vertrauten daheim im fernen New York City, wie er ihr erst kürzlich von dem Kampf mit dem ersten von ihm erlegten Grizzly-Bären berichtet hatte. Unter Seinesgleichen verschaffte ihm beides Respekt; »er bekam einen Ruf«, wie sich ein anderer Cowboy erinnerte.[1]

In jenen Monaten in North Dakota, wo noch ein Hauch von Wildwest im Jahr 1884 zu spüren war, als die Pionierzeit Amerikas zu Ende ging, wurde aus dem einst schwächlichen, kurzsichtigen und asthmakranken Jüngling jener kräftige, körperlich fitte wie gebildete Mann, den politische Gegner als den »verrückten Cowboy« bezeichneten, als er mit nur 42 Jahren der jüngste Präsident der USA wurde. Theodore Roosevelt war indes nicht nur der jüngste, sondern auch einer der besten Präsidenten.

Theodore wurde am 27. Oktober 1858 in New York in eine reiche, um nicht zu sagen steinreiche Familie hineingeboren. Sein Vater gleichen Namens war ein erfolgreicher Geschäftsmann, seine Mutter Martha Bulloch entstammte einer der führenden Familien des alten Südens. Sie war eine *southern belle*, eine klassische Schönheit, und soll die Schriftstellerin Margaret Mitchell zu Scarlett O'Hara, der Hauptfigur ihres Romans *Vom Winde verweht* inspiriert haben. Zum Amerikanischen Bürgerkrieg, in dem der Roman spielt, und dem Bürgerkriegspräsidenten Abraham Lincoln gibt es eine bemerkenswerte, durch eine einzigartige historische Quelle belegte Verbindung. Als sich der Trauerzug für den ermordeten Präsidenten durch New York bewegte, hielt ein Fotograf die Szene in einem berühmt gewordenen Foto fest. In einem Wohnhaus, an dem gerade die Prozession vorbeizieht, sind in einem geöffneten Fenster im ersten Stock die Köpfe zweier kleiner Jungen zu sehen, die später als Theodore Roosevelt (damals sechs Jahre alt) und sein jüngerer Bruder Elliott identifiziert wurden.

Zusammen mit seinen drei Geschwistern erlebte »Teddy«, wie er im Familienkreis genannt wurde, eine traumhafte Kindheit voller Liebe und Zuneigung. Vor allem ihr Vater legte ihnen buchstäblich die Welt zu Füßen. Einen Teil davon sollten sie, so beschloss Theodore senior, mit eigenen Augen sehen. Die Grand Tour nach Europa, die er selbst als junger Mann hatte genießen können, sollten auch seine Kinder erleben. Mit großem Gepäck und einem Kindermädchen bestiegen sie im Mai 1869 den Dampfer »Scotia« und erkundeten fast ein Jahr lang Europa. Sie reisten durch England, Frankreich, Italien, Österreich, die Schweiz und Deutschland, übernachteten in insgesamt 66 verschiedenen Hotels, überwiegend der gehobenen Preisklasse, von denen einige noch heute existieren, wie das »Baur au Lac« in Zürich. Teddy feierte seinen elften Geburtstag in Köln. Er wurde auf dieser Reise zum begeisterten Naturforscher, sammelte Pflanzen, zeichnete Vögel sowie andere Kleintiere und entwickelte ein besonderes Faible für Bären – mit diesem Tier sollte sein Name später untrennbar verbunden sein. Doch trotz des wiederholten Luftwechsels besserte sich sein Gesundheitszustand nicht. Seine Asthmaattacken hielten die Familie in ständiger Anspannung. Die Kenntnisse um die Ursachen dieser Krankheit waren noch zu gering und geradezu unbeholfen-barbarisch die Versuche, der Anfälle Herr zu werden. »Ich saß«, so lautet eine Tagebucheintragung des Jungen, »vier Stunden lang ununterbrochen im Bett, und Papa ließ mich eine Zigarre rauchen.«[2]

Bei dem kleinen Theodore bildete sich noch ein weiteres gesundheitliches Problem heraus. In der großbürgerlichen Wohnung auf der 20. Straße in Manhattan können Besucher heute noch in der Theodore Roosevelt Birthplace National Historic Site[3] den Lesesessel neben dem Kamin in der elterlichen Bibliothek, in der die Bücherregale bis unter die Decke reichen, sehen. Hier saß der kleine Teddy, auch Teedy genannt, und las und las und las – und dies im Licht der schwachen Beleuchtung der 1860er Jahre. Heute weiß man, dass dies ein ziemlich sicherer Weg ist, kurzsichtig zu werden. Theodore musste von klein auf eine Brille tragen. Seine später bevorzugten *pince-nez glasses* (Zwicker) wurden ebenso wie die bei seinem breiten Lächeln entblößten kräftigen Zähne zu einem von Karikaturisten gern benutzten Kennzeichen Roosevelts.

Doch das Selbststudium und die Reise der überaus lebhaften Fantasie Theodores in fremde Regionen und vergangene Epochen – der Junge bevorzugte Abenteuerliteratur, aber auch historische und biografische sowie naturkundliche Sachbücher – waren nicht seine einzige Freizeitbeschäftigung. Theodore senior ließ für Teddy einen Raum des Hauses mit Trainingsgeräten ausstatten. Heute würde man dies als »Fitness-Studio« bezeichnen. Sport und Leibesübungen waren von nun an ein fester Bestandteil in Teddys Leben. Gewichtheben, Boxen, Turnen, Reiten, aber auch Jagen, Schwimmen, Segeln und Rudern gehörten zu seinen Passionen. Während seiner Amtszeit als Präsident ließ er den heute noch benutzten Tennisplatz des Weißen Hauses anlegen. Seine Begeisterung für körperliche Aktivitäten, für die Jagd, das Reiten und den Sport der etwas rauen Art, brachte ihn verschiedentlich in Schwierigkeiten. In späteren Jahren ist er nach einem Faustschlag bei einem Boxkampf auf einem Auge weitgehend erblindet.

Teddys Lern- und Forscherehrgeiz war enorm. Als die Familie 1872 erneut eine längere Exkursion unternahm, diesmal nach Ägypten, holte er mit seiner Flinte ganze Schwärme von Vögeln vom Himmel. Und er lernte diese zu zeichnen, aber auch auszustopfen. Etwas weniger exotisch war die nächste Station seiner Ausbildung: Dresden. In der sächsischen Hauptstadt wurden Teddy, Elliott und die Schwester Corinne bei einer Familie untergebracht, damit sie die deutsche Sprache lernten. Als Tutoren agierten die Töchter der Gastgeber. Die jungen Roosevelts waren bei Familie Minkwitz zu Gast, deren Oberhaupt, ein Mann von liberaler Gesinnung, Abgeordneter im Reichstag von Berlin war.

Unterricht durch Hauslehrer war auch daheim bei Kindern reicher Familien wie den Roosevelts üblich. Bei einem begeisterten Schüler wie Teddy bestand wenig Zweifel, dass ihm die Türen der besten Universität des Landes offenstehen würden: Im September 1876 nahm der jungen Mann, noch vor seinem 18. Geburtstag, das Studium in Harvard auf. Eine wesentlich größere Herausforderung als das Curriculum war, zum ersten Mal in seinem Leben tagein, tagaus mit Gleichaltrigen zusammen zu sein, die nicht zur Familie oder zur Hausdienerschaft gehörten. Er bestand auch diese Prüfung und fand schnell Anschluss. Wenig glaubhaft versicherte er seinen Eltern, dass er sich von den allzu turbulenten Seiten des Studentenlebens fernhalten würde: »Von den elf anderen Jungs an meinem Tisch sind nicht weniger als sieben Nichtraucher, und vier trinken nichts Stärkeres als

Bier.«[4] Was bei genauer Interpretation besagte, dass Teddy sich mit Leuten umgab, die mehrheitlich starken Alkoholika zusprachen.

Der junge Theodore war mit seiner Mischung aus Jovialität und lautstarkem Enthusiasmus außerordentlich beliebt bei seinen Kommilitonen. Er wurde Mitglied in recht elitären Klubs, wo man bald auf sein Rednertalent aufmerksam wurde. Trotz seiner etwas zu hohen Stimme verstand er es, die Zuhörer für sich einzunehmen. Als Student brachte er es, dank seines unermüdlichen Fleißes, zu recht guten und in einigen Fächern, wie beispielsweise der Zoologie, sogar herausragenden Leistungen.

Theodore freundete sich in Boston mit Gleichaltrigen aus zwei der bedeutendsten Familien der Stadt an, den Cabot Lodges und den Saltonstalls. Zu den Ersteren gehörte ein junger Mann namens Henry, der einer der besten Freunde und politischen Weggefährten wurde. (Gegen einen seiner Nachfahren, gleichfalls Henry Cabot Lodge mit Namen, würde der junge John F. Kennedy einst die Wahl in den Senat gewinnen.) Im Hause seines Freundes Richard Saltonstall lernte Theodore im Herbst 1878 dessen Cousine Alice Lee kennen. Das 17-jährige Mädchen war eine Schönheit, gertenschlank, mit graublauen Augen und langen dunkelblonden Locken. Es sagt einiges über ihren Charakter aus, dass sie im Familien- und Bekanntenkreis »Sunshine« genannt wurde. Für Theodore stand fest: sie oder keine. Er bemühte sich ernsthaft um sie, ohne seine Studien zu vernachlässigen. Meist stand er vor Sonnenaufgang auf, lernte sechs Stunden, um dann nachmittags und abends Zeit für Spaziergänge, Schlittschuh- und Schlittenfahren mit Alice zu haben. Bald hielt Theodore, zeitlebens ein Mensch von ungestümem Temperament, um Alices Hand an. Unsicher, ob sie sich so jung binden sollte, lehnte sie ab. Ihre Eltern bestärkten sie in dieser Haltung, obwohl sie ihren Verehrer schätzten – die Roosevelts waren in New York immerhin fast so alteingesessen wie die Saltonstalls in Boston. Doch Theodore gab nicht auf. Er bemühte sich mit unvermindertem Elan, ließ Alice in endlosen Vorträgen an seiner reichen Fantasie und seinem immensen Wissen teilhaben. Um ihre Bewunderung zu erlangen, nahm er sie sogar zu einem seiner Boxkampfturniere mit, bei dem er Zweiter wurde. Mit seinem blutverschmierten Gesicht machte er wohl einen eher zwiespältigen Eindruck auf die junge Frau.

Schließlich gab Alice seinem beharrlichen Werben nach. Am 27. Oktober 1880 heiratete das junge Paar auf dem Bostoner Anwesen der Saltonstalls. Es war Theodores 22. Geburtstag. Die Gäste aus New York, die an diesem Tag an der ersten Adresse der Bostoner Gesellschaft feierten, waren alle Roosevelts. Mit einer Ausnahme: Eingeladen war auch ein junges Mädchen namens Edith Carow. Sie war eine Kindheitsfreundin von Theodore, die ihn zwei Jahrzehnte lang begleitete und für ihn fast zur Familie gehörte. Für Edith war es ein schmerzlicher Tag – dass sie sich Hoffnungen auf Theodore gemacht hatte, wussten alle. Im Familienkreis vermutete man, dass die Einladung nach Boston auch eine Respektsbekundung Theodores für seine beste Freundin war – und eine Erinnerung daran, dass es nie wieder so sein würde wie früher. Doch die Wege des Schicksals sind unergründlich.

Die Hochzeitsreise des jungen Paares spiegelte die gesellschaftliche Stellung der beiden Familien wider. Es ging nicht, wie beim soliden amerikanischen Bürgertum, nach Niagara oder an die Küste von Maine, sondern auf eine Grand Tour durch Europa – für Theodore war es bereits die dritte

Reise über den Atlantik. Nach dem üblichen Aufenthalt in England fuhr man in die Schweiz, wo Theodore, der keiner Herausforderung aus dem Weg gehen konnte, den Blick nach oben richtete und sich der ultimativen Prüfung seiner körperlichen Tüchtigkeit gegenübersah: dem Matterhorn. Mit einheimischen Führern und dank seiner eisernen Energie gelang die Besteigung, während Alice im Tal blieb.

Zurück in Amerika lebte das junge Paar in Manhattan, wo Theodore sich zwei seiner großen Leidenschaften hingab, dem Bücherschreiben und der Politik. Sein brillant geschriebenes Buch über die Rolle der Marine im Krieg von 1812, *The Naval War of 1812*, war das Ergebnis solider Recherche. Von der Kritik wurde es gut aufgenommen und verschaffte Theodore das Gefühl, in den Augen der intellektuellen Welt mehr als nur ein Sprössling aus reichem Hause zu sein. Auf weniger Verständnis stieß er im Familienkreis hingegen mit seinem Ansinnen, Abgeordneter im Parlament des Staates New York zu werden. Er gewann die Wahl und zog als Repräsentant des 21. Bezirks nach Albany, der Hauptstadt des Bundesstaates. Theodore war ein Parteigänger der Republikaner, der Partei des unvergessenen Abraham Lincoln. In der Staatsversammlung (*assembly*) bewies der Newcomer zur Freude seiner Partei sein herausragendes politisches Talent. Er wurde als Kandidat für das Amt des *Speakers* nominiert. Zwar verlor er erwartungsgemäß gegen den Kandidaten der Demokraten, die in der Versammlung über eine deutliche Mehrheit verfügten, doch der Grundstein zu einer vielversprechenden Laufbahn war gelegt.

Es sah alles glänzend aus. Doch auf Theodore Roosevelt wartete ein furchtbarer Schicksalsschlag. Im Sommer 1883 verkündete Alice, dass sie schwanger sei. Beide waren außer sich vor Freude. Die Schwangerschaft nahm einen normalen

Verlauf. Als der berechnete Termin näher rückte, zog Alice in das Haus von Theodores Familie an der 57. Straße. Theodore befand sich in Albany, als sich daheim die Ereignisse überschlugen. Zunächst trat bei seiner Mutter heftiges Fieber auf. Am Abend des 12. Februar 1884 gebar Alice ein gesundes, acht Pfund schweres Mädchen. Ein Telegramm mit der frohen Kunde erreichte Theodore im Plenarsaal. Die Kollegen beider politischen Lager ließen den jungen Vater hochleben. Kurz darauf traf ein zweites, unheilverkündendes Telegramm ein: Alices Befinden habe sich kurz nach der Niederkunft dramatisch verschlechtert, er müsse so schnell wie möglich nach New York City kommen. Theodore nahm den nächsten Zug und kam am Nachmittag des 13. Februar in Manhattan an. Sein Bruder Elliott, dem die Erschütterung ins Gesicht geschrieben stand, begrüßte ihn mit den Worten, auf dem Haus müsse ein Fluch liegen. In den nächsten sechzehn schlaflosen Stunden ging Theodore von einem Krankenbett zum anderen. In den frühen Morgenstunden des 14. Februar verstarb seine Mutter. Einige Stunden später erreichte die Tragödie ihren zweiten grausigen Höhepunkt, als Theodores junge Frau Alice in seinen Armen verschied. In sein Tagebuch schrieb er: »Ob in Freude oder Leid, mein Leben ist zu Ende gelebt.«[5]

Den fürchterlichen Verlust versuchte Theodore Roosevelt auf sehr ungewöhnliche Weise zu verarbeiten. Zum einen verbannte er Alice völlig aus seiner Welt, wenn auch nicht aus seinen Gedanken. Ihren Namen brachte er kaum noch über seine Lippen, in seinem Tagebuch und in anderen Schriftstücken taucht er nicht mehr auf. Bald sprach in seiner Gegenwart niemand mehr über Alice. Von dieser Art der Trauerbewältigung blieb auch die kleine Tochter nicht verschont, die den Namen der Mutter trug. Wenn er von ihr sprach, nannte er sie selten Alice, sondern immer »Baby Lee«. Zum anderen wurde Roosevelt, gerade 26 Jahre alt, zum Aussteiger. Seine Tochter überließ er seiner Schwester Bamie und ging nach North Dakota. Eine Blockhütte wurde sein Zuhause, die Rinderzucht sein Geschäft. Unter ökonomischen Gesichtspunkten lief dieses schlecht, der Therapieeffekt war jedoch beträchtlich. In einem Leben am Rande der Zivilisation, in dem es mehr als einmal zu – wie eingangs skizziert – Raufereien mit Cowboys und Gesetzesbrechern kam, wo er kaum ohne sein Gewehr und seinen Revolver die Blockhütte verließ, erholte sich Theodore Roosevelt langsam von seinem Trauma des doppelten Verlustes, sowohl psychisch als auch physisch. Die Tage der Furcht vor neuen Asthmaattacken gehörten der Vergangenheit an.

Die Politik ließ ihn jedoch auch im fernen Westen nicht ruhen. Sie kam vielmehr zu ihm: Republikanische Parteifreunde hatten seinen Rückzugsort ausgemacht und ersuchten ihn fast flehentlich, zurückzukehren und wieder aktiv zu werden. Im November 1884 hatte die Partei zum ersten Mal seit einem Vierteljahrhundert eine Präsidentschaftswahl verloren; im Weißen Haus wohnte jetzt der Demokrat Grover Cleveland. Theodore zog sein Büffelfell-Outfit aus und machte sich auf gen Osten. Zeitgleich mit dem Neustart seiner politischen Karriere begann auch in seinem Privatleben eine neue Epoche. Er begegnete in New York seiner alten Jugendfreundin Edith Carow. Fernab der New Yorker Gesellschaft heirateten sie am 2. Dezember 1886 in London. Auch diese Hochzeitsreise ging quer durch Europa, doch Theodore gab sich alle Mühe, die Route so zu planen, dass man möglichst die Orte vermied, an denen er an der Seite von Alice etwas mehr als fünf Jahre zuvor Stunden der Zweisamkeit verlebt hatte. Ganz so romantisch war es diesmal ohnehin nicht. Als inzwischen recht erfolgreicher Schriftsteller hatte er Material im Gepäck, um eine Serie von Artikeln über das Leben in der Wildnis zu schreiben.

Der 1888 neu gewählte republikanische Präsident Benjamin Harrison berief Theodore in die Civil Service Commission, ein aus drei Männern bestehendes Gremium, das die Zivilverwaltung reformieren sollte. Wie bei jeder von ihm übernommenen Aufgabe stürzte sich Theodore mit einem Eifer in die Arbeit, der jeden verblüffte, der noch keine Kostprobe seines Temperamentes bekommen hatte. Parallel dazu festigte sich sein Ruf als Schriftsteller. Sein zweibändiges Werk *The Winning of the West* beschreibt die Geschichte der Eroberung des Kontinents und bekam durchweg gute Kritiken.

Zum beruflichen Erfolg kam privates Glück. 1887 brachte Edith den ersten Sohn des Paares zur Welt, der wie sein Vater und Großvater Theodore getauft wurde. Zwei Jahre später kam mit Kermit ein weiterer Junge hinzu, zwei Jahre darauf Ethel, die einzige Tochter von Edith und Theodore. 1894 folgte Archibald, 1897 Quentin. Wie einst Theodore, so wuchsen auch seine Kinder in einem Umfeld von Liebe, Verständnis und menschlicher Wärme auf, wie es selbst in diesem gefühlsbetonten Zeitalter selten war.

1894 wurde Theodore in seiner Heimatstadt New York zum *Police Commissioner*, zum Polizeipräsidenten, ernannt. Mit dem für ihn typischen Elan ging er an die neue Aufgabe, bekämpfte die Korruption bei der New Yorker Polizei, machte die Gesetzeshüter beweglicher, indem er sie mit Fahrrädern ausstattete, und bewirkte zum Entsetzen der Trinker in der Millionenstadt, dass die Saloons sonntags wirklich geschlossen blieben – bislang hatte die Staatsmacht meist weggeschaut, wenn gegen dieses Gesetz verstoßen wurde.

Doch er ließ nie die nationale Politik aus dem Auge. Im Wahlkampf von 1896 zog er als wortgewaltiger Redner für den republikanischen Kandidaten William McKinley ins Feld. Als dieser gewann, setzte sich Theodores Freund Henry Cabot Lodge, inzwischen Senator geworden, beim neu gewählten Präsidenten für ihn ein. Seit er sich als Autor mit der glorreichen Geschichte der U. S. Navy beschäftigt hatte, hielt sich Theodore für einen Experten in maritimen Angelegenheiten. McKinley ernannte ihn 1897 zu seiner großen Freude zum *Assistant Secretary of the Navy* (stellvertretenden Marineminister). Washington wurde nun für seine wachsende Familie zur neuen Heimat.

In seinem neuen Amt rüstete Roosevelt die amerikanische Marine auf, dass sie in der Lage war, einen potenziellen Gegner schnell und vernichtend schlagen zu können. Wer dieser Gegner sein würde, stand für ihn außer Frage: Spanien. Auf Kuba, neben Puerto Rico die letzte amerikanische Kolonie des Landes, dem einst große Teile des Kontinents gehört hatten, tobte seit längerem ein Guerillakrieg zwischen Aufständischen, die für die Unabhängigkeit der Insel kämpften, und dem spanischen Militär, das seine besten Zeiten seit fast dreihundert Jahren hinter sich hatte. Die Sympathien der amerikanischen Medien, Konzerne, Politiker und Schreibtischstrategen wie Roosevelts galten den Kubanern. Die Sensationspresse heizte mit Berichten über spanische Grausamkeiten die Stimmung in der Bevölkerung an. Es bedurfte nur eines Funkens, der in das karibische Pulverfass fiel, um die USA in den Konflikt zu ziehen. Am Abend des 15. Februar 1898 ging das Waffendepot des Schlachtschiffes »Maine« in die Luft, das im Hafen von Havanna zu einem Freundschaftsbesuch (angesichts des Zustands der spanisch-amerikanischen Beziehungen ein etwas merkwürdiger Begriff) festgemacht hatte. Die tatsächliche Ursache ist umstritten. Für die Zeitgenossen und vor allem für die Boulevardpresse war es eine spanischen Mine, wie bei der unterstellten Hinterhältigkeit dieser Unterdrücker nicht anders zu erwarten. Mehrere Generationen später angestellte Untersuchungen deuteten hingegen eher auf eine spontane Entladung im Kohlenlager des Schiffes, einem Schlagwetter unter Tage nicht unähnlich.

Der Zwischenfall führte zum Ausbruch des kurzen Krieges zwischen den USA und einem weit unterlegenen Gegner im Jahr 1898. Geschickter Administrator, der er war, hätte Roosevelt seinem Land in dem Konflikt auf seinem Posten als stellvertretender Marineminister äußerst nützlich sein können. Er überlegte jedoch nicht lange und fasste einen ziemlich ungewöhnlichen Beschluss. Er quittierte seinen Posten und bat um die Erteilung eines Kommandos über eine Truppeneinheit, um aktiv am Kampfgeschehen teilnehmen zu können. Weder die Tatsache, dass er schon auf die 40 zuging und über keinerlei militärische Erfahrung verfügte, noch der Umstand, dass er eine Frau und sechs Kinder zu versorgen hatte, scheinen ihm übermäßiges Kopfzerbrechen bereitet zu haben. Zusammen mit Gleichgesinnten rüstete Roosevelt ein Regiment aus, das offiziell *First Volunteer Cavalry* hieß, bald aber unter seinem Beinamen *The Rough Riders* zum Liebling der Presse wurde. Es bestand aus einer merkwürdigen Mischung von Rekruten, zu der Harvard-Absolventen ebenso gehörten wie Cowboys aus dem Westen (beiden Gruppen fühlte Theodore sich verbunden) und auch einige Indianer. Roosevelt sorgte dafür, dass die Leser daheim von seinen Heldentaten Kenntnis erhielten: Die Rough Riders hatten einen eigenen Korrespondenten in ihren Reihen, als das Regiment im Sommer 1898 auf Kuba landete. Am 1. Juli kam die Stunde des Ruhms, nach dem es ihn so gelüstete. An der Spitze der Rough Riders erstürmte er eine Anhöhe mit Namen San Juan Hill. Es wurde wenn nicht die entscheidende, so doch zumindest die berühmteste Schlacht des Spanisch-Amerikanischen Krieges. 89 Rough Riders starben bei dem Sturmangriff auf San Juan Hill und mit ihnen einige Hundert Spanier. Theodore Roosevelt jedoch wurde zum Nationalhelden.

Nach den Niederlagen der spanischen Flotte bei Santiago de Cuba und in der Bucht von Manila gegen die weit überlegene U.S. Navy war der Krieg in wenigen Wochen beendet. Noch während er mit seinen Rough Riders in Kuba weilte, hatten seine republikanischen Parteifreunde begonnen, aus Theodore einen Kandidaten für das Amt des Gouverneurs von New York zu machen. Er kam rechtzeitig zum Nominierungsparteitag der Republikaner zurück, führte einen Wahlkampf, so ungestüm wie die Attacke auf San Juan Hill, und wurde im Oktober 1898 zum Gouverneur des damals bevölkerungsreichsten Staates der USA gewählt. Die Familie zog – nur vorübergehend, wie sich bald zeigen sollte – nach Albany, wo vor allem Alice als hübsche Tochter des Gouverneurs für Aufmerksamkeit sorgte. Das bald 15-jährige Mädchen konnte ihrer Sonderrolle nicht entkommen – als einziges von sechs Kindern, das anders war, nicht nur deutlich älter, sondern auch von einer Frau geboren, die zu erwähnen im Hause Roosevelt als Fauxpas galt.

Auch der Amtssitz des Gouverneurs von New York in Albany blieb nicht allzu lange das Heim der großen Familie. Theodore Roosevelts Name galt den Republikanern als derart wählerwirksam, dass einflussreiche Kräfte in der Partei sich dafür stark machten, ihn zum Kandidaten für die Vizepräsidentschaft bei der Wahl 1900 zu machen. Der Glanz des Kriegshelden und noch jugendlichen Gouverneurs war stark genug, um auch innerparteilichen Widerstand gegen den jungen Politiker zu überwinden. Nach Roosevelts Nominierung tobte der Senator aus Ohio, Mark Hanna, einflussreichster Berater von Präsident McKinley, dass nur ein Menschenleben – das McKinleys – zwischen dem verrückten Cowboy und dem wichtigsten Amt des Landes läge. Es war eine düstere Vorahnung.

Während sich McKinley vornehm zurückhielt, nutzte Roosevelt den Wahlkampf zu unzähligen, rhetorisch oft unbeherrschten Auftritten, bei denen er die wiedergewonnene wirtschaftliche Stabilität während McKinleys erster Amtszeit lobte und den Krieg gegen Spanien als Restauration der nationalen Ehre bezeichnete. McKinley und Roosevelt wurden im November 1900 mit überzeugender Mehrheit gewählt. Roosevelts Amtszeit als Vizepräsident währte nur sechs Monate und zeichnete sich vor allem dadurch aus, dass er während dieser kurzen Zeit im Senat – über den der Vizepräsident präsidiert – das Credo seiner späteren Außenpolitik formulierte: »Speak softly and carry a big stick«. Diese Verbindung von Diplomatie und militärischer Macht, vor allem in Gestalt der amerikanischen Marine, sicherte in seinen Augen den Platz der USA unter den führenden Nationen. Dann, am 6. September 1901, trat bei einem öffentlichen Empfang während der Panamerikanischen Ausstellung in Buffalo ein Mann namens Leon Czolgosz auf Präsident McKinley zu und streckte ihm seine mit einem Taschentuch umhüllte Hand entgegen. Unter dem Tuch war eine kleine Pistole verborgen, aus dem Czolgosz, der sich als Anarchist bezeichnete, dem Präsidenten eine Kugel in den Magen feuerte. Roosevelt verbrachte gerade mit Edith und den Kindern die Herbstferien in einer Hütte in den Adirondack Mountains, einer Gebirgskette im Staat New York. Sie hatten bei einer Bergwanderung gerade ihr Lager aufgeschlagen, als sie einen Mann bemerkten, der den mühevollen Aufstieg auf sich nahm und offenbar nach etwas Ausschau hielt. Es war ein Bote, der Roosevelt ein Telegramm des persönlichen Sekretärs von McKinley übergeben sollte. Der Zustand des Präsidenten habe sich zunehmend verschlechtert. Roosevelt brach sofort die Wanderung ab und machte sich auf den Weg ins Tal, um nach Buffalo zu fahren. An der Eisenbahnstation wartete das nächste Telegramm. Präsident William McKinley war am Morgen jenes 14. September 1901 seiner Verletzung erlegen. Der 42-jährige Theodore Roosevelt war neuer Präsident der Vereinigten Staaten.

Die amerikanische Öffentlichkeit war davon fasziniert, dass eine wirklich junge Familie in das Weiße Haus einzog, aber auch von den Berichten über das manchmal wirre Durcheinander im Amtssitz des Präsidenten. Die Streiche der kleineren Kinder, ihre alltäglichen Vergnügungen und Krankheiten, waren für die Zeitungen ein Garant für hohe Auflagen. Der Garten des Weißen Hauses wurde zu einer Menagerie, in der die Roosevelt-Kinder unterschiedliche Spezies, darunter auch ein Lama, hielten. In den Innenräumen wurde die Grenze zwischen Amtssitz und Spielstube durchlässig, da Theodore bisweilen die Staatspapiere liegen ließ und auf allen vieren mit den Jüngsten über die schweren Teppiche kroch, um mit ihnen seine Erinnerungen an die Welt der Indianer lebendig werden zu lassen.

Noch mehr beeindruckte die Nation Roosevelts schier unerschöpfliche Energie und seine Innovationsfreudigkeit im Präsidentenamt. Sie lohnte es ihm mit einer überzeugenden Wiederwahl – oder präziser: seiner Wahl zum Präsidenten *in his own right* – im November 1904 und später durch seinen Einzug in den Olymp amerikanischer Präsidentenverehrung. Der Künstler Gutzon Borglum meißelte seinen Kopf in den Mount Rushmore, wo Teddy an der Seite der Gründerväter George Washington, Thomas Jefferson und des Nationalmärtyrers Abraham Lincoln steinern auf die zahlreichen Besucher dieser Attraktion herabblickt. Noch auf der Höhe seiner Amtszeit, kurz nach seiner Wiederwahl, wurde ihm eine weitere große Ehre zuteil. 1905 erhielt er den erst vier Jahre zuvor ins Leben gerufenen Friedensnobelpreis. In Portsmouth im Bundesstaat New Hampshire hatte Roosevelts robuste Vermittlung den Krieg zwischen Japan und Russland von 1904/1905 mit einem für beide Seiten akzeptablen Friedensvertrag beendet.

Theodore Roosevelt ging als der große Umwelt- und Naturschützer unter den Präsidenten in die amerikanische Geschichte ein. Er baute das System der amerikanischen Nationalparks aus, gründete rund 150 *National Forests* und schützte großflächige Areale, vor allem im Westen der USA, vor Zersiedlung und wirtschaftlicher Ausbeutung. Viele der Naturschönheiten der USA, an denen sich die einheimischen wie die internationalen Besucher erfreuen können, sind dank Roosevelt erhalten geblieben. Fast eine Million Quadratkilometer wurden von ihm unter Schutz gestellt – eine Politik, die wohl keine andere Administration sich so zu revidieren bemühte wie die des 45. Präsidenten Donald Trump mit seiner Begünstigung großer Konzerne, allen voran der *fossil fuel*-Industrie.

Roosevelts geradezu kühne Industriepolitik erforderte einen Mut, wie ihn nicht alle seine Amtsvorgänger und Nachfolger aufbrachten (vom Willen ganz zu schweigen). Roosevelt gilt als *trustbuster*, als jener Präsident, der große, allzu mächtige Konzerne zerschlug. Tatsächlich war es eher eine

Regulierung, die er betrieb. Er sorgte in mehreren Fällen für die konsequente Umsetzung eines entsprechenden Gesetzes aus dem Jahr 1890, dem *Sherman Antitrust Act.* Nicht allen seinen Initiativen war Erfolg beschieden, doch einige Großkonzerne wurden aufgespalten, so die Standard Oil Company des John D. Rockefeller und das größte Eisenbahnmonopol der USA. Schwerreiche Magnaten hatten Roosevelt und seine Partei mit Wahlspenden unterstützt und waren nun empört; einer der Wirtschaftsbosse ließ sich zu der Bemerkung hinreißen: »Wir haben den Hurensohn gekauft, aber er blieb nicht gekauft!«[6] Es ist bemerkenswert, dass ein normalerweise den Wirtschaftsinteressen zugeneigter Republikaner den »Multis« (wie man heute sagen würde) in einem Maße Grenzen aufzeigte, wie es danach erst wieder ein Demokrat wagen würde – ein Demokrat gleichen Namens: Franklin D. Roosevelt, ein entfernter Cousin. Theodore führte im Jahr 1905 die Tochter seines inzwischen an den Folgen des Alkoholismus verschiedenen Bruders Elliott, seine Nichte Eleanor, zum Altar, wo sie dem jungen Franklin D. Roosevelt das Ja-Wort gab. Franklin belegte später auf dem Weg zum Weißen Haus zwei Posten, die schon sein Verwandter innehatte: Auch der 32. amerikanische Präsident war zunächst stellvertretender Marineminister und dann Gouverneur von New York.

Impulsiv, wie Theodore Roosevelt war, machte er auch Fehler.[7] So verkündete er am Wahlabend 1904 im Überschwang des Triumphes, kein weiteres Mal antreten zu wollen, was ihn in seiner zweiten Amtszeit zumindest teilweise zu einer *lame duck* machte. Ein symbolträchtiger und für Roosevelt schmerzlicher Abschied von der Macht fand wenige Wochen vor seinem Ausscheiden unweit des Flottenstützpunktes Norfolk in Virginia statt. Auf der Yacht des

Präsidenten, der »Mayflower«, nahm Roosevelt mit feuchten Augen eine ungewöhnliche Flottenparade ab. *The Great White Fleet*, die Kriegsflotte der U.S. Navy, deren Aufbau er in mehr als einem Jahrzehnt leidenschaftlich gefördert hatte, kehrte heim. Hinter den sechzehn mit Doppelgeschütztürmen bewehrten Giganten lag eine Reise, die einzigartig in den Annalen der Seefahrtsgeschichte war. Vierzehn Monate zuvor hatten die Kriegsschiffe ihren Stützpunkt Norfolk verlassen und waren zu einer Reise um die Welt ausgelaufen. Den Besatzungen war gelungen, was Experten, unter ihnen der deutsche Admiral Alfred Tirpitz, für unmöglich hielten: eine Weltumkreisung mit einer Gesamtstrecke von mehr als 67 000 Kilometern ohne Maschinenschäden, Verluste in Stürmen oder sonstige Missgeschicke zu überstehen. Die Schiffe hatten Dutzende von Häfen in verschiedenen Ländern besucht, waren von Menschen unterschiedlicher Kulturen und Hautfarben bewundert worden und hatten auf diese Weise eine Botschaft verkündet: Die Vereinigten Staaten von Amerika zeigten Flagge auf den Weltmeeren und in der internationalen Machtpolitik. In den Kabinetten von Berlin, London, Paris wurde der Anspruch des fernen Landes, das bislang in strategischen Erwägungen keine große Rolle gespielt hatte, wahrgenommen. Die Botschaft wurde gehört und verstanden.

In Sichtweite der »Mayflower« begannen die Musikkapellen auf den Schiffen »The Star-Spangled Banner« zu spielen. Als die Schiffe die Yacht des Präsidenten passierten, feuerte jedes von ihnen einen ohrenbetäubenden Salut von 21 Schüssen ab. Roosevelt kämpfte mit den Tränen: »Ich hätte mir keine schönere Schlussszene meiner Amtszeit wünschen können!«[8] Vielleicht waren die Roosevelt-Jahre die besten in der amerikanischen Geschichte, voller Optimismus und bei aller gern demonstrierten Stärke weitgehend von Frieden geprägt.

Mit 50 Jahren war Theodore der jüngste Ex-Präsident aller Zeiten, und die Öffentlichkeit rätselte, in welcher Funktion man den populärsten Politiker des Landes wiedersehen würde. Als Senator? Als Bürgermeister von New York City? Roosevelt begab sich auf seine größte Reise, ging auf Großwildjagd in Afrika und kehrte wieder zu seinen beruflichen Anfängen zurück und schrieb für eine Zeitschrift mehrere Artikel. In Europa empfingen ihn Könige und Premierminister, die sich kaum vorstellen konnten, dass er künftig nicht länger die Geschicke seines Landes mitbestimmen würde. Das fand auch Theodore, als er im Sommer 1910, nach mehr als einem Jahr in fremden Ländern zurückkehrte. Mit der Politik seines Nachfolgers William Howard Taft war er unzufrieden. Die Rolle des Zuschauers war für Roosevelt unerträglich. 1912 wurde er Präsidentschaftskandidat der Progressive Party und ruinierte damit die Aussichten seiner eigenen Partei, der Republikaner. Er nahm Taft genügend republikanische Wählerstimmen, um den Sieg des Demokraten Woodrow Wilson zu garantieren. Seiner Partei und seiner politischen Überzeugung hatte er einen Bärendienst erwiesen. Im Wahlkampf hatte er einen letzten grandiosen Auftritt. Kurz vor einer Rede in Milwaukee am 14. Oktober 1912 trat ein Mann auf ihn zu und feuerte aus kurzer Distanz. Zum Glück bremsten das dicke Redemanuskript und das Brillenetui in seiner Tasche den Lauf der Kugel ab, so dass Roosevelt nur eine leichte Verletzung erlitt. Gegen den Rat seiner Begleiter bestieg er dennoch das Podium, bat das Publikum um Ruhe und erklärte: »Ich weiß nicht, ob ihr alle mitbekommen habt, dass gerade auf mich geschossen wurde. Um einen Elchbullen [ein weiterer Spitzname war *»Bull*

Moose«] zu töten, ist mehr notwendig als das. Die Kugel ist jetzt in mir, deswegen kann ich keine lange Rede halten, aber ich will mein Bestes geben.«[9] Als hätte es noch einer weiteren Dramatisierung bedurft, legte Roosevelt seinen Gehrock ab und zeigte den tief beeindruckten Wählern sein blutverschmiertes Hemd.

Als die USA 1917 in den Ersten Weltkrieg eintraten, unterstützte er nachdrücklich den Kurs der Regierung Wilson. Doch der ferne Konflikt forderte einen hohen Tribut, auch von Roosevelt und seiner Familie. Im Juli 1918 erreichte ihn die Botschaft, dass sein Sohn Quentin als Jagdflieger hinter den deutschen Linien abgeschossen worden war. Der junge Mann, der noch wenige Wochen zuvor in einem Brief nach Hause jubiliert hatte, dass er seinen ersten »boche« vom Himmel geholt habe, galt zunächst als vermisst. Nach ein paar Tagen der Ungewissheit kam die Bestätigung, dass Quentin tot war. Die »Boches« gaben dem jungen Amerikaner eine Bestattung in allen Ehren.

Am 6. Januar 1919 starb Theodore Roosevelt, wie manche meinten, an einem nach dem Tode Quentins gebrochenen Herzen. Archibald, der auf Heimaturlaub weilte, sandte an seine noch in Europa stationierten Brüder Ted und Kermit ein Telegramm mit den Worten: »Der alte Löwe ist tot.«

WILLIAM HOWARD TAFT

Der Koloss

27. Präsident der USA von 1909 bis 1913

Es ist das vielleicht skurrilste Bilddokument der amerikanischen Präsidentengeschichte. Vier Männer, erkennbar der Arbeiterschaft angehörend, sitzen – nein, beinahe liegen sie – in einem großen, weißen Behältnis, ein fünfter steht daneben. Zumindest auf zwei der Gesichter findet sich ein sanftes Lächeln; wahrscheinlich denken die muskulösen Herren mit einer gewissen patriotischen Befriedigung daran, wem ihre anstrengende Tätigkeit an diesem Tag im Jahr 1909 zugutekommen soll. Das riesige weiße Objekt, in dem bequem noch zwei weitere Personen Platz hätten finden können, ist eine Badewanne. Sie wiegt eine Tonne und wird von den Männern auf dem Kriegsschiff »USS North Carolina« installiert, auf dass der Präsident der USA, Mr. William Howard Taft, bei seiner anstehenden Reise nach Panama, wo er das Jahrhundertprojekt, den im Bau befindlichen Kanal, zu besichtigen gedenkt, unterwegs ein Bad nehmen kann. Das Denken in großen Dimensionen war durchaus angebracht, denn der Präsident wog zu seinen »besten Zeiten« (die aus gesundheitlicher Sicht eher die schlechtesten waren) rund 350 Pfund; dies entspricht etwa 158 Kilogramm und damit mehr als drei Zentnern.

Selbst für eine Epoche, in der die Mächtigen und die Reichen ihren Status nicht selten dadurch zeigten, dass sie »gestandene Männer«, also von mehr als kräftiger Körperstatur waren, ragt William Howard Taft heraus. In der heute durch politische Korrektheit bereinigten Sprache wird sein Status als »groß« bzw. er selbst in den USA als »our largest President« bezeichnet; die weniger zart besaiteten Zeitgenossen nannten Leute wie ihn schlicht »fett« – vielleicht wird man ihm am ehesten gerecht, wenn man Taft als massiv übergewichtig beschreibt. Ein Bad zu nehmen war nur eine der Herausforderungen, die ein solcher Körperbau mit sich brachte. Auf der Reise nach Panama schien alles glatt gegangen zu sein, doch einige Jahre später machte Taft, inzwischen Ex-Präsident, unbeabsichtigt Schlagzeilen. Im Sommer 1915 titelte die *New York Times*: »Taft verursacht Überschwemmung in einem Hotel«. Die (normal große) Badewanne in einem Hotel in Cape May, New Jersey, lieferte das klassische Beispiel des physikalischen Prinzips der Wasserverdrängung durch eine große Masse. Die Zeitung berichtete: »Als er in die Badewanne stieg, lief das Wasser über und tröpfelte eine Etage tiefer auf die Gäste im Dining Room. Das ganze

Hotel und Mr. Taft lachten über diesen Zwischenfall.« Taft habe auf den Ozean geblickt und erklärt, wenn er das nächste Mal auf Urlaub in den Strandort käme, würde er ein Stück im Wasser für sich einzäunen lassen, dann gäbe es keine Überschwemmung.[1]

Taft, ein Mann von grundsätzlich freundlicher Disposition, nahm es mit Humor und seine Landsleute ebenfalls. Der Körperumfang des Präsidenten war Gegenstand von Humoresken, doch in der politischen Diskussion spielte dieses körperliche Merkmal praktisch keine Rolle. Dies wäre möglicherweise anders gewesen, wenn sich damals die Öffentlichkeit und vor allem die Medien bewusst gewesen wären, dass die Adipositas[2] Tafts nicht nur seine Gesundheit gefährdete, sondern in der Art, wie sich eine Folgeerscheinung bei ihm manifestierte, zumindest gelegentlich seine Amtsfähigkeit infrage stellte.

Bei einer Körpergröße von 1,80 Meter haben Mediziner später einen Body Mass Index (BMI) von 42 kg/m² errechnet. Übergewicht beginnt definitionsgemäß bei einem Wert von 25 kg/m², Adipositas bei einem BMI von mehr als 30 kg/m². Ein BMI, wie ihn Taft aufwies, als er zunächst während seiner Amtszeit als amerikanischer Kriegsminister nach 1905 und dann während seiner Präsidentschaft Höchstwerte an Gewicht erreichte, gilt als höchst gesundheitsgefährdend. Taft war sich dessen bewusst und unternahm immer wieder Anstrengungen, um sein Gewicht zu reduzieren – letztlich sogar sehr erfolgreich, obwohl er in seiner letzten Lebensdekade als Richter am Supreme Court immer noch rund 235 Pfund auf die Waage brachte, was indes eine bemerkenswerte Reduktion gegenüber seinem Rekordgewicht war. Der möglichen klinischen Folgen seines Übergewichts wohl bewusst, war er durchaus motiviert, gegen seinen übergroßen Appetit und auch gegen Nahrungsaufnahme als Kompensation von Stress anzukämpfen. Taft litt nämlich am Schlafapnoe-Syndrom, und dies buchstäblich in aller Öffentlichkeit.

Das Schlafapnoe-Syndrom tritt vor allem bei sehr dicken Menschen auf und führt dazu, dass im Schlaf nicht genug Luft in die Lungen kommt. Der Körper reagiert mit einem kurzen schockartigen Aufwachen, das den Betroffenen indes kaum bewusst wird. Es werden Stresshormone ausgeschüttet, die Schlafqualität ist schlecht. Statt erholsam zu wirken, hinterlässt die Nachtruhe Müdigkeit und andere Folgen wie Konzentrationsstörungen – nichts, was ein amerikanischer Präsident bei seiner Amtsführung gebrauchen kann. Schnarchen ist eines der klassischen Symptome der Apnoe.

Welche Folgen der gestörte Schlaf hatte und was dessen Ursache war, dessen war sich Taft wohl bewusst. Die Müdigkeit tagsüber setzte ihm immer wieder zu. Im Oktober 1905 versprach er seiner Frau: »Ich werde eine gezielte Anstrengung unternehmen, Fleisch zu verlieren. Ich bin überzeugt, dass meine ungewöhnliche Schläfrigkeit auf die Akkumulation von Fleisch [Körperfett] zurückzuführen ist. … Würde ich jetzt an das Gericht berufen[3], könnte ich – so fürchte ich – in meinem gegenwärtigen Zustand dort nicht wach bleiben.«[4]

Doch die Schlafapnoe begleitete Taft durch die wichtigsten Stationen seiner politischen Laufbahn, als Kriegsminister und als Präsident. Seine Fähigkeit – oder vielmehr: sein Leiden – überall und zu jedem unpassenden Zeitpunkt einzuschlafen, war phänomenal. Am Kabinettstisch von Theodore Roosevelt nickte er ein und störte die Sitzung mit seinem Schnarchen. Als Präsident sind Schlafepisoden berichtet bei (unter anderem) Unterredungen mit dem Sprecher des Repräsentantenhauses, des Obersten Bundesrichters, der Frau des französischen Botschafters und dem auf Staatsbesuch weilenden Präsidenten Mexikos. Staatsbankette, bei denen Taft mit seinem großen Appetit nur zu gern den Freuden der Tafel zusprach, waren Ereignisse, bei denen Ursache und Wirkung in enger zeitlicher Abfolge aufeinandertrafen. Ein Senator beschrieb eine solche Szene: »Die meiste Zeit hat er gar nicht und konnte er gar nicht mit der notwendigen Aufmerksamkeit agieren. Manchmal, wenn ich bei einer Mahlzeit mit ihm sprach, fiel ihm plötzlich der Kopf auf die Brust, und für die nächsten zehn bis fünfzehn Minuten war er sanft eingeschlafen. Dann wachte er auf und setzte die Konversation fort, um nach einer halben Stunde oder so diese Performance zu wiederholen. Der Butler des Weißen Hauses ließ dann die letzten Gänge eines Dinners vor dem schlafenden Taft stehen, anstatt ihn zu wecken. Der Türsteher, der als letzter Bediensteter ging, würde dann das Geschirr abräumen.«[5]

Die Schläfrigkeit des Präsidenten war bekannt und wurde verschiedentlich auf Fotos dokumentiert. Dass er in der Oper und in der Kirche einschlief, mag nichts Ungewöhnliches sein. Er nickte indes auch im offenen Wagen ein, als er tagsüber die Fifth Avenue entlang gefahren wurde; er schlief beim Kartenspielen ein und sogar während der Unterzeichnung von Dokumenten. Doch das Extrem und selbst bei Schlafapnoe-Patienten sehr ungewöhnlich: Taft konnte sogar im Stehen bei offiziellen Anlässen einschlafen. Es spricht dafür, wie relativ ruhig die Jahre um 1910 für die USA waren, wie sehr das Land prosperierte und sich des inneren wie des äußeren Friedens erfreute, dass diese Facette in der Biografie seines Präsidenten keine Konsequenzen hatte. Auch ein unter den Folgen seines Übergewichts leidender William Howard Taft verfügte über die zur Amtsführung notwendige Kraft – auch wenn diese Anforderung geringer war als in späteren Zeiten.

William Howard Taft stellt unter den amerikanischen Präsidenten nicht nur wegen dieses körperlichen Status eine Besonderheit dar, sondern auch weil er der einzige Präsident ist, der ein anderes sehr hohes Amt innerhalb der durch die Verfassung vorgegebenen Gewaltenteilung innehatte: In seiner letzten Lebensdekade war er Richter am Obersten Bundesgericht, dem *Supreme Court*. Taft war ein begnadeter und begeisterter Jurist, und auch als Präsident ging er an Herausforderungen mit der methodischen, an Paragrafen orientierten und oft sehr trockenen Akribie eines Richters heran – was nicht unbedingt den gänzlich anderen Herausforderungen der Exekutive gerecht wird und Taft nicht zu einem der effizientesten Präsidenten machte. Ihm ging die Dynamik und Ausstrahlung seines Vorgängers und späteren Rivalen Theodor Roosevelt und auch dessen Talent im Umgang mit den Medien völlig ab. Jener Teil der Präsidentschaft, der auf Außenwirkung und Charisma setzt und auch ein wenig politisches Showgeschäft erfordert, war nicht Tafts Sache.

Sowohl Jurisprudenz als auch Politik lagen quasi in der DNA des am 15. September 1857 in Cincinnati im Bundesstaat Ohio geborenen William Howard Taft. Sein Vater war Alphonso Taft, der als Richter dem *Ohio Superior Court* und als Kriegsminister dem Kabinett von Präsident Ulysses S. Grant angehörte; in beiden Positionen sollte der Sohn dem Vater nachfolgen. Alphonso Taft war außerdem Justizminister unter Präsident Benjamin Harrison und Botschafter der USA an den Höfen von Österreich-Ungarn und dem

Zarenreich. Bei dem Neuankömmling in der Familie Taft konnte die Mutter bald den Pfad in die Zukunft erblicken. Will, wie das Baby im Familienkreis genannt wurde, »ist sehr groß für sein Alter und legt jeden Tag etwas Fett zu«.[6]

William studierte Jura an der Yale-Universität, wo er neben seinen mehr als ordentlichen Studienleistungen die Schwergewichts-Meisterschaft (er wog 225 Pfund, so wenig wie niemals später) im Ringen errang. Bei seinen exzellenten familiären Verbindungen war die Berufung zunächst zum Staatsanwalt, dann zum Richter im heimischen Ohio geradezu vorgezeichnet. Auch privates Glück stellte sich ein. Taft verliebte sich in die angehende Lehrerin Helen Herron, die nur Nellie genannt wurde. Und wieder einmal erscheint die Welt sehr klein: Nellies Vater war der Partner in einer Anwaltskanzlei des uns inzwischen bekannten Rutherford Hayes gewesen. Als junges Mädchen besuchte sie »Uncle Rutherford« im Weißen Haus, wo sie vom Glanz des Amtssitzes und des Amtes so beeindruckt war, dass die 17-Jährige Hayes gegenüber erklärte, sie werde nur einen Mann heiraten, der einmal Präsident der Vereinigten Staaten sein würde. Hayes hängte die Messlatte ein wenig tiefer und wünschte ihr mit erkennbarem Lokalpatriotismus, dass sie einen Mann aus Ohio ehelichen würde. Nellie ließ beide Wünsche in Erfüllung gehen.

Nach einigem keuschen Widerstand gegenüber dem durchaus heftigen Werben durch Taft gab Nellie schließlich nach und heiratete Taft am 19. Juni 1886. Sie war die erkennbar Ehrgeizigere der beiden und ließ in ihrem Traum vom Weißen Haus nie locker. Taft hingegen träumte weniger von politischer Macht als vielmehr von der höchsten Ehre, die einem Juristen in den Vereinigten Staaten zukommen kann: einem Sitz im neunköpfigen *Supreme Court*. Taft war ein äußerst liebevoller Ehemann, sein engster Vertrauter Archie Butt beobachtete immer wieder fasziniert, wie der Präsident seiner Frau in aller Öffentlichkeit Küsse auf die Wange drückte, deren schmatzendes Geräusch weithin zu hören war. Als Nellie bald nach dem Einzug ins Weiße Haus einen Schlaganfall erlitt, kümmerte sich der kräftige Mann rührend um sie und übte täglich mit ihr, damit sie ihre Sprechfähigkeit wiedererlangte. Das Paar hatte drei Kinder, der älteste Sohn Robert wurde ein einflussreicher republikanischer Senator während der Präsidentschaften von Franklin Roosevelt, Harry Truman und Dwight D. Eisenhower.

Tafts Menschenfreundlichkeit war ihm bei seinem ersten politischen Amt nützlich. Er wurde von Präsident McKinley zum Gouverneur der im Krieg gegen Spanien 1898 eroberten Philippinen berufen, die bis nach Ende des Zweiten Weltkrieges unter amerikanischer Oberhoheit standen. Zwar war auch Taft wie viele Zeitgenossen nicht von einem Überlegenheitsdünkel des weißen Mannes gegenüber – wie er es nannte und wie es heute als rassistisch verurteilt werden würde – »unseren kleinen braunen Brüdern« frei, doch er bemühte sich redlich, die durch einen blutigen Guerillakrieg entstandenen Wunden zu schließen und als eine Art wohlwollender Gesetzgeber den Filipinos den Weg in die Selbstverwaltung zu bahnen. Taft und Nellie wurden geradezu eisig vom Militärgouverneur auf der eroberten Inselgruppe behandelt. Es war General Arthur MacArthur, dessen Sohn Douglas später zur Amtszeit von Präsident Truman eine ähnliche Verachtung für den Vorrang der zivilen Autorität zeigte, damit bei Truman aber an den Falschen geriet.

Theodore Roosevelt berief Taft 1904 zum Kriegsminister. Der persönlich höchst unkriegerische Mann zeigte diplomatische Fähigkeiten und entschärfte potenzielle Konflikte mit

Japan und dem ebenso wie die Philippinen unter amerikanischer Oberhoheit stehenden Kuba. In seinem Ministerium war Taft wegen seiner Jovialität und seinem ausgeprägten Sinn für Humor – inklusive reichlicher Selbstironie – bei den Mitarbeitern sehr beliebt. Er war ein Chef, an dessen Kompetenz und Engagement keine Zweifel aufkamen und der Loyalität auslöste, dabei selbst stets loyal gegenüber seinem Umfeld war. Im Oktober 1905 begann Taft mit hoher, wenngleich nicht dauerhafter Willenskraft eine Diät, die ihn um 76 Pfund erleichterte. Der Stress als Präsident machte diesen schönen Erfolg einige Jahre später wieder zunichte.

Auch Präsident Theodore Roosevelt sah in seinem Kriegsminister einen angenehmen Zeitgenossen und Verbündeten. Die beiden und ihre Familien wurden enge Freunde – was, wie wir bei der Betrachtung des Lebens von »Teddy« gesehen haben, nicht von Dauer blieb. Die voreilige Bemerkung Roosevelts am Abend seines Wahltriumphs 1904, nicht noch einmal kandidieren zu wollen, veranlasste ihn, einen Nachfolger zu suchen, der sein Programm – vor allem die Einschränkung der Macht der großen Trusts und der Schutz der Natur in Amerikas Westen – fortführen würde. Taft war ganz ohne Zweifel der geeignete Mann. Vielfach kolportiert worden ist jene Szene nach einem intimen Dinner der Tafts und der Roosevelts, in welcher der Präsident die Augen schließt und im Scherz von seinen hellseherischen Kräften spricht. Er sähe etwas über dem Haupt seines Freundes Taft schweben, so der Präsident mit gut gespieltem Melodrama, doch er könne nicht erkennen, was es sei, die Präsidentschaft oder ein Sitz im Supreme Court. »Lass es die Präsidentschaft sein!«, rief Nellie Taft aus. »Lass es das Oberste Bundesgericht sein!«, echote ihr schon angesichts der Perspektiven etwas resignierter Gatte.[7]

Taft führte, wie man es damals noch von einem Spitzenpolitiker erwartete, kaum persönlich Wahlkampf. Immerhin machte er sich – wie auch sein Kontrahent, der Demokrat William Jennings Bryan – eine neue Technologie zunutze. Reden und Statements konnten jetzt auf Schallplatten gepresst werden und erreichten so eine potenziell große Zahl von Wählern. Es spricht für Taft, dass er sich trotz seiner legalistischen Rhetorik in diesen *record duels* gegen Bryan behaupten konnte. Der Demokrat galt als der größte Redner seiner Generation und ist eine Art Rekordhalter der amerikanischen Präsidentschaftsgeschichte: Dreimal war er Spitzenkandidat einer der beiden großen Parteien, dreimal ging er als Verlierer aus der Wahl hervor. Bei seinem letzten Versuch im Jahr 1908 unterlag er Taft deutlich: sowohl bei den Stimmanteilen von 51 Prozent für Taft und 43 Prozent für ihn als auch bei den Wahlmännerstimmen; im *electoral college* hatte Taft mit 321 zu 162 ebenfalls die Oberhand.

Die vier Jahre der Präsidentschaft Tafts waren gute und politisch ruhige Jahre für die USA und die Amerikaner. Taft, dessen Vereidigung erstmals seit fast einhundert Jahren wegen eines Blizzards nicht vor, sondern im Capitol stattfand, bemühte sich redlich, Roosevelts Kurs fortzusetzen. Sein Kabinett hatte die höchste Anwaltsdichte aller Zeiten, was im politischen System der USA, in dem Advokaten allgegenwärtig sind, etwas heißen will. Taft zog wie sein Vorgänger gegen die nach Monopolstellung strebenden großen Konzerne, die Trusts, zu Felde. Die Aufspaltung der Standard Oil Company des John D. Rockefeller, initiiert von der Taft-Administration und 1911 vom Supreme Court bestätigt, war der sichtbarste Erfolg im Kampf gegen die Kartelle. Der Versuch der Regierung, J. P. Morgans Konzern U. S. Steel aufzubrechen, scheiterte indes und führte zur ersten Entfremdung von Roosevelt, der ein früheres Entgegenkommen seiner Regierung für Morgans Unterstützung während der Börsenpanik von 1907 in falschem Licht dargestellt sah.

Ob Stressbewältigung oder unbeherrschbare Lebensfreude – nach vorübergehendem Gewichtsverlust kehrte Taft wieder zu seinen alten Gewohnheiten zurück. Sein engster Vertrauter Archie Butt berichtet von dessen Gepflogenheit, um sieben Uhr das Tagewerk zu beginnen und sich dafür mit einem (nach Butts Worten) *hearty breakfast* zu stärken: 12 Unzen[8] musste das Frühstückssteak haben, mindestens. Butt machte sich Sorgen um die Gesundheit seines Vorgesetzten und riet ihm, einen Spezialisten wegen der Schläfrigkeit aufzusuchen. Der Präsidentenberater im Majorsrang bemerkte nachdenklich zu Tafts Gewohnheit, nach dem üppigen Frühstück mit einem Anflug schlechten Gewissens den Lunch ausfallen zu lassen: »Ich glaube, diese Art des Fastens tut ihm nicht gut, denn dann isst er ein entsprechend größeres Dinner. Er hat einen ungeheuren Appetit und kann ihn nicht wie sein Vorgänger kontrollieren.«[9] Welche Wendungen das Leben doch manchmal nimmt: Der übergewichtige William Howard Taft wurde nach einem schaffensreichen Leben 72 Jahre alt. Der athletische Adjutant Archie Butt hingegen sollte im Mittelpunkt einer der traurigsten Nachrichten stehen, die bei Taft während seiner vier Jahre im Weißen Haus eingingen. Butt, kerngesund und erst 46 Jahre alt, hatte von Taft einen längeren Urlaub bewilligt bekommen und verbrachte im Frühjahr 1912 einige Wochen in Europa. Für die Heimreise suchte sich Butt das modernste und vermeintlich sicherste Verkehrsmittel der Epoche aus, das seine Jungfernfahrt nach Nordamerika antrat. Es war die »Titanic«. Butt, engster Mitarbeiter zweier Präsidenten, kam in den kalten Wassern des Atlantiks ums Leben.

Was immer es an sogenannten Skandalen während der Amtszeit von Taft gab, wie beispielsweise das scheinbar endlose Gerangel um die Entlassung des obersten Forstbeamten der Nation, Gifford Pinchot, erregte zwar wie zu allen Zeiten die nach Schlagzeilen dürstenden Reporter, aus der Perspektive des 21. Jahrhunderts, nach Watergate und Monicas Blowjob und ungezählten Lügen aus dem höchsten Amt sind sie kaum anders denn als *peanuts* zu bewerten.

Mit ruhiger Hand führte Taft die Außenpolitik seines Landes. Die Sicherheit des im Bau befindlichen und 1914 fertig gestellten Panama-Kanals suchte er mit diplomatischen und finanziellen Mitteln (*dollar diplomacy*) und nicht mit militärischer Macht zu garantieren. Einer von vielen Seiten geforderten militärischen Intervention an der Grenze zu Mexiko, nachdem es bei politischen Unruhen verschiedentlich zu Übergriffen streitender Einheiten oder Banden auf amerikanisches Territorium mit mehreren Toten und Verletzten gekommen war, verweigerte er seine Zustimmung. Diplomatie und geduldiges Verhandeln, wie vor Gericht, war Tafts Maxime im Umgang mit anderen Ländern – unter seiner Präsidentschaft gab das US-Militär keinen einzigen Schuss in einem Konflikt ab; auch die Philippinen waren zur Ruhe gekommen.

Die Rückkehr Roosevelts in die politische Arena und dessen bereits geschilderte neuerliche Kandidatur von 1912 versperrten Taft, wie bald absehbar war, den Weg in eine zweite Amtszeit. Mehr schmerzte Taft indes der menschliche Aspekt, wie er Butt anvertraute: »Es ist hart, ganz hart, Archie, eine so innige Freundschaft wie eine Kette aus Sand zerrinnen zu sehen.«[10] Ihm war klar, dass Roosevelt mit seiner Progressiven Partei vor allem bei seinen eigenen potenziellen Wählern Stimmen holen würde. So ging Taft gefasst in die Wahl von 1912, die in zweierlei Hinsicht ungewöhnlich war: Nie wieder gewann der Kandidat einer *third party*, einer dritten (in diesem Fall indes sehr kurzlebigen) großen Partei, so viele Stimmen wie Roosevelt, nämlich 23 Prozent. Und niemals bekam ein amtierender Präsident so wenige Wahlmännerstimmen: Taft bekam ganze acht, er hatte nur in Vermont und Utah gewonnen. Die Zersplitterung der Republikaner bahnte dem Demokraten Woodrow Wilson (42 Prozent der Wählerstimmen, aber überzeugende 435 Stimmen im Wahlmännerkollegium) den Weg ins Weiße Haus.

Tafts Trauer über die Niederlage hielt sich in Grenzen. Endlich konnte er sich wieder hauptberuflich mit der Jurisprudenz beschäftigen. Seine alte Alma Mater, Yale, bot ihm einen Lehrstuhl an der Juristischen Fakultät an. Taft nahm an und erklärte schmunzelnd, dass es bei seinem Körperumfang anstelle eines (Lehr-)Stuhls doch wohl besser ein *sofa of law* sein sollte. Jetzt endlich klappte es auch mit der Diät. Er konnte sein Gewicht auf 250 bis 270 Pfund, zeitweise auch leicht darunter, reduzieren; die Symptome der Schlafapnoe verschwanden fast vollständig. Am 30. Juni 1921 ging endlich sein Lebenstraum in Erfüllung, als ihn Präsident Harding in den Supreme Court berief. Der Senat bestätigte ihn mit der überwältigenden Mehrheit von 60 zu 4 Stimmen. Als *Big Chief* diente er dem Obersten Gerichtshof für fast seine gesamte restliche Lebenszeit. Erst als es sein Gesundheitszustand nicht mehr zuließ, trat er von diesem von ihm über alles (und mehr als die Präsidentschaft) geschätzten Posten am 3. Februar 1930 zurück.

Kurz vor seinem Tod zeigte sich, dass Tafts lebenslanges Übergewicht letztlich auch nach Überwindung der Schlafapnoe seinen Tribut forderte. Das ärztliche Bulletin nach

Tafts Rücktritt vom Supreme Court beschreibt die geradezu klassischen Folgen[11] der Adipositas: »Seit einigen Jahren hat Chief Justice Taft einen sehr hohen Blutdruck und damit zusammenhängend eine allgemeine Arteriosklerose[12] und Myokarditis.[13] Dazu ist jetzt noch eine chronische Zystitis[14] gekommen. Er hat kein Fieber und er leidet keine Schmerzen. Sein gegenwärtiger ernster Zustand ist die Folge allgemeiner arteriosklerotischer Veränderungen.«[15]

Wenige Wochen nach seinem Abschied von seiner Tätigkeit am Supreme Court, zu der er sich so viel stärker berufen gefühlt hatte als zur Präsidentschaft, starb William Howard Taft am 8. März 1930. Seine Reputation bei der Bevölkerung war inzwischen hoch, man schätzte den Mann, der ungeachtet seiner körperlichen Schwächen seinem Land in unterschiedlichen Funktionen integer und ehrlich über mehr als dreißig Jahre gedient hatte. Er verdient auch die Wertschätzung der Nachwelt, denn der begeisterte Analytiker und Anhänger der amerikanischen Verfassung betonte die Grenzen der Amtsgewalt der amerikanischen Präsidentschaft: »Was mich am meisten beeindruckt, ist nicht die Macht, die ich unter der Verfassung ausübe, sondern die Grenzen und Restriktionen, die sie mir auferlegt.«[16] Die Vorstellung einer strikt limitierten Machtausübung des Präsidenten innerhalb der von der Verfassung vorgegebenen Machtbalance zwischen Exekutive, Legislative und Jurisdiktion – nicht alle seine Nachfolger (bis in die jüngere Vergangenheit) mochten William Howard Taft in dieser Selbstbescheidung folgen.

CALVIN COOLIDGE

Der Maulfaule

30. Präsident der USA von 1923 bis 1929

Vom ehemaligen deutschen Bundeskanzler Helmut Kohl stammt der Begriff einer Gnade der späten Geburt. Für die amerikanische Präsidentschaftsgeschichte mag man in Analogie eine Gnade der bestmöglichen Amtszeit postulieren: im Weißen Haus zu amtieren in einer Epoche des überschäumenden Optimismus, des scheinbar unaufhaltsamen Wirtschaftsaufschwungs und der technologischen Innovationen. Und bevor alles zusammenbricht und die Reputation des Nachfolgers unter der Last der Trümmer zerstört wird, der Regierungsverantwortung rechtzeitig zu entsagen. Eine solche Epoche des Überschwanges waren die *roaring twenties*, die wilden Zwanziger Jahre, in denen sich (fast) jeder Amerikaner ein Auto leisten konnte und die Nation sich in den Rhythmen des Charleston und der Jazzmusik wiegte. Die Amerikaner jubelten ihren Helden zu: Rudolfo Valentino auf der Leinwand, Babe Ruth im Baseballstadion und Charles Lindbergh am Himmel. Dieser schien die Grenze zu sein: »the sky is the limit«, wie es in einer gern benutzten amerikanischen Redewendung heißt. Und über all dem präsidierte ein Mann von spärlicher mimischer Variabilität, von höchst begrenztem Charisma und von einer derart restriktiven Rhetorik, dass man ihm die Eigenschaft der Schweigsamkeit, wenn nicht gar das weniger freundliche Attribut der Maulfaulheit zusprechen konnte. So ging er denn auch mit dem Spitznamen *Silent Cal* in die Geschichte ein.

Welch ein Glückspilz dieser Präsident war, scheint bereits sein Geburtsdatum zu symbolisieren. John Calvin Coolidge junior wurde als einziger amerikanischer Präsident am Nationalfeiertag, dem 4. Juli 1872, geboren. Der Ort, an dem er das Licht der Welt erblickte, war die kleine Gemeinde Plymouth Notch im Bundesstaat Vermont – heute ist es eine Art Museumsdorf und der Erinnerung an den aus dieser extrem ländlichen Gegend stammenden Präsidenten gewidmet. Calvin Coolidges Vater war zwar in erster Linie Farmer, unternahm aber auch Exkursionen in andere Berufsfelder. So war er eine Zeitlang Agrarunternehmer und Herr über eine Käsefabrik, die Plymouth Notch und die Umgebung mit ihrem charakteristischen Geruch eindeckte. Ferner war Coolidge senior unter anderem Steuereintreiber, Leiter der örtlichen Schulbehörde, Lehrer, Versicherungsvertreter, Kutschenmechaniker und sogar Politiker. Er vertrat seine sehr ländliche Heimatregion sowohl im Repräsentantenhaus als auch im Senat des Staatsparlamentes von Vermont in der Hauptstadt dieses Staates, in Montpelier. Es ist der kleinste aller 51 Regierungssitze in den USA (jene der 50 Bundesstaaten plus Washington D.C.) mit heute etwas mehr als 7000 Einwohnern. Historisch bedeutsam war ein weiterer Beruf des vielseitigen Mannes, denn er war auch als Notar tätig: In einer warmen Sommernacht des Jahres 1923 durfte er seinen eigenen Sohn zum US-Präsidenten vereidigen.

Dass der Filius derart hoch aufsteigen würde, darauf fanden sich in seiner Entwicklung wenige bis gar keine Hinweise. Calvin war ein dünner, rothaariger und vor allem blasser Junge; so bleich, dass nicht wenige Bekannte glaubten, er leide an der Schwindsucht, der Tuberkulose. Seine Mutter Victoria war an ihrem 39. Geburtstag an dieser Krankheit gestorben. Die Schule seines Lebens war weniger die Plymouth Notch nächstgelegene Dorfschule, sondern das Beispiel seines Vaters. Calvin verkörperte zeitlebens zahlreiche Eigenschaften, die in ländlichen Regionen Neuenglands beheimatet sind wie Sorgfalt, Fairness, Fleiß, Ehrlichkeit und eine Abneigung gegen zu viel oder überhaupt irgendein Aufhebens um die eigene Person – vor allem aber verbale Zurückhaltung und Sparsamkeit. Calvin Coolidge scheute selbst als Gouverneur von Massachusetts die Investition in ein eigenes Haus, und er gilt als einer der ganz wenigen, die das Präsidentengehalt sorgsam sparten und das Weiße Haus reicher verließen, als sie es bezogen hatten.

Calvin besuchte die Black River Academy in Ludlow, eine der besten Schulen Vermonts, und danach das Amherst College im Nachbarstaat Massachusetts. Er erhielt eine umfassende Bildung; neben den Sprachen der klassischen Antike, Griechisch und Latein, auch Deutsch (gegen Ende des

19. Jahrhunderts war das deutsche Kaiserreich eine führende Wissenschaftsnation). Nicht unbedingt der Umgänglichste unter den Studenten, stach er am ehesten in Debattierklubs mit seiner trockenen, bodenständigen Rhetorik hervor. Dabei trat sein zweifellos von seinem Vater ererbtes Interesse an der Politik zutage. Er fühlte sich der Republikanischen Partei verbunden, die bis zu seinem Lebensende die politische Heimat dieses Wertkonservativen bleiben sollte.

Nach Ende des Studiums schlug Calvin den Weg in die Jurisprudenz ein; aus Gründen der Kostenersparnis wählte er den damals möglichen Weg, die notwendige Qualifikation durch Mitarbeit in der Kanzlei eines Anwaltes zu erwerben – die regulären *law schools* verlangten zum Teil horrende Semestergebühren. 1896 ließ er sich in der Stadt Northampton in Massachusetts als Anwalt nieder – für längere Zeit sollte er sie nur in den Jahren als Vizepräsident und Präsident verlassen. Mit der Wahl in den Stadtrat begann 1898 ein langsamer, aber stetiger politischer Aufstieg. Wer mit ihm zu tun hatte, konnte nicht umhin, ihn zu mögen – trotz seines spröden Charakters, wie sich ein Freund erinnerte. Man könne »mit ihm während der dreistündigen Eisenbahnfahrt von Northampton nach Boston zusammensitzen und sich an seiner Gesellschaft erfreuen, obwohl er nie ein Wort sagt.«[1]

Ein Glückspilz war Calvin Coolidge auch, als er eines Morgens in Unterwäsche, aber mit einem Hut auf dem Kopf – auf korrektes Outfit legte er großen Wert – vor dem Spiegel stand und sich rasierte. Er wurde durch lautes und herzliches Lachen von draußen aufgeschreckt: Eine gegenüber lebende Lehrerin an der örtlichen Schule für Gehörbehinderte, Grace Anna Goodhue, hatte die amüsante Szene durchs Fenster beobachtet. Bald darauf schickte sie ihm Blumen, und er ließ ihr seine Visitenkarte vorbeibringen. Sie waren in allem gegensätzlich und zogen sich deswegen wohl an. Sein Werben um sie geschah mit der ihm eigenen Bedachtsamkeit; zwischen Grace's leicht voyeuristischem Verhalten und der Hochzeit im Oktober 1905 vergingen gut zwei Jahre. Offenbar verfügte Calvin über eine gewisse Zähigkeit, denn die Eheschließung fand trotz der tiefsitzenden Abneigung der künftigen Schwiegermutter gegen den Bräutigam statt.

Grace, »die den Tauben das Hören beibrachte und vielleicht die Stummen zum Sprechen bewegen«[2] könne, war so ganz anders als Calvin. Sie war sportlich, während er in diesem Punkt Winston Churchill glich; sie war warmherzig, lebhaft und charmant. Im Laufe der nächsten Jahre und Jahrzehnte würden sich nicht wenige Beobachter fragen, was diese angenehme Frau dazu gebracht hatte, diesen wortkargen Sonderling zu heiraten. Es waren, so darf vermutet werden, die zahlreichen positiven Eigenschaften, die Calvin bei aller Verschrobenheit auszeichneten: seine Verlässlichkeit, seine Ehrlichkeit und seine Bodenständigkeit. Wahrscheinlich erkannte sie hinter seiner verbalen Zurückhaltung seinen wachen Geist. *Silent Cal* war in den Worten eines Historikers nur die Fassade von *Thinking Cal*, eines Mannes, der alle seine Reden selbst schrieb, ihre Inhalte und Grundlagen sorgfältig recherchierte und sich im Gegensatz zu manchen modernen Präsidenten nicht auf Redenschreiber verließ.[3]

Grace trug seine bisweilen seltsamen Ausbrüche eines trockenen Humors mit Fassung. Beim Dinner während seiner Präsidentschaft spottete er über die Kochkünste seiner Frau, er gedenke, ihr Rezept für einen Auflauf an seinen Verkehrsminister weiterzugeben, da dieser nach einem neuen Asphaltbelag suche. Doch Calvin hatte auch eine andere Seite. Sie habe noch niemals einen Mann so interessiert an der Garderobe seiner Frau gesehen, erinnerte sich später ihre Sekretärin. In der Tat war Grace einzukleiden eine der Leidenschaften dieses nach außen so leidenschaftslos wirkenden Mannes: Wenn es um Couture ging, vergaß er sogar seine Sparsamkeit und war bereit, geradezu exorbitante Summen auszugeben. Calvin wusste, was er an ihr hatte. In seiner Autobiografie schrieb er: »Für fast ein Vierteljahrhundert hat sie meine Mängel ertragen, und ich habe mich an ihrer Anmut erfreuen können.«[4] Als warmherzige und stilsichere Gastgeberin im Weißen Haus wurde Grace Coolidge, die es vermied, sich in politische Auseinandersetzungen hineinziehen zu lassen, eine beliebte und bis heute angesehene First Lady.[5]

Das Paar bekam alsbald Nachwuchs, zwei Söhne, die die Vornamen des Vaters (und des Großvaters) erbten: den 1906 geborenen John und den 1908 geborenen Calvin. Im Jahr der Geburt des jungen John Calvin wurde sein Vater von einem Lokalpolitiker zu einem (nach deutscher Terminologie) Landespolitiker. Er wurde als Vertreter seines Wahlkreises in Northampton in das *House of Representatives* des Staates Massachusetts in Boston gewählt. Da die parlamentarische Tätigkeit in der Metropole Neuenglands jedoch die Trennung von seiner jungen Familie bedeutete, sah sich Coolidge wieder nach einem Amt in Northampton um, wo 1909 das Amt des Bürgermeisters frei wurde. Calvin kandidierte als Republikaner, was in einer Stadt mit einem Anteil an Immigranten von mehr als 40 Prozent (die meisten davon aus Irland) durchaus ein Nachteil sein konnte. Doch er gewann, wenn auch knapp mit einem Vorsprung von nur 107 Stimmen. Eine örtliche Zeitung konnte seiner verbalen Zurückhaltung etwas abgewinnen: Er sprach zwar kein Wort – aber so auch nicht schlecht über seinen Gegenkandidaten.

Nach seiner erfolgreichen Wiederwahl wurde Coolidge 1911 erneut in das Staatsparlament von Massachusetts gewählt, diesmal in das Oberhaus, den Senat. Seine Partei, die Republikaner, erlebte bald darauf eine Zerreißprobe, als der ehemalige Präsident Theodore Roosevelt 1912 erneut und diesmal für die Progressive Party kandidierte und damit das Schicksal des republikanischen Präsidenten Taft an der Urne besiegelte. Coolidge schloss sich der progressiven Partei nicht an, obwohl er sich den Ruf eines Fortschrittlichen erworben hatte: Im Senat von Massachusetts stimmte er unter anderem für so progressive, fast revolutionäre Konzepte wie das Frauenwahlrecht, eine einheitliche Einkommenssteuer und Mindestlöhne für weibliche Arbeitskräfte. 1914 übernahm er als *President of the Senate* die Sitzungsleitung in diesem Haus des Parlamentes von Massachusetts. In dieser Funktion ermahnte er die Senatoren in seiner nur aus 44 Worten bestehenden Antrittsrede zu fleißiger Arbeit und sich bei Reden kurz zu fassen.

Nicht nur bei den Kollegen im Senat, sondern auch bei der Bevölkerung des Commonwealth (diese Bezeichnung tragen unter den 50 Bundesstaaten nur Massachusetts und Virginia) kam Coolidge mit seiner unprätentiösen Art gut an. Eine Zeitung prophezeite: »Senator Coolidge ist der beste *vote getter* im Staat, und man wird noch von ihm hören.«[6] Und so sollte es kommen. Bereits 1915 stand er bei den Republikanern auf dem »Ticket«: als Kandidat für das Amt des stellvertretenden Gouverneurs an der Seite von Samuel W. McCall, der für das höchste Amt im Staat kandidierte. Die beiden gewannen und konnten ihren Wahlerfolg 1916 und 1917 sogar wiederholen – jährliche Wahlen waren damals die Norm. Als McCall dann auf eine vierte Amtszeit verzichtete, bestanden keine Zweifel, dass Coolidge für die

Republikaner kandidieren würde. Die Wahl vom 5. November 1918 fand in einer welthistorisch bedeutenden Woche statt: Nur sechs Tage später endete der Erste Weltkrieg. Die Männer aus dem Millionenheer, das die USA auf den europäischen Kriegsschauplatz geschickt hatten, wieder in die zivile Arbeitswelt zu integrieren, war nicht nur in Massachusetts eine der vordringlichsten Aufgaben für Politik und Wirtschaft. Coolidge gewann die Wahl zum Gouverneur mit knapp 17 000 Stimmen Vorsprung.

Bald nach seiner Vereidigung am 2. Januar 1919 kamen die großen Transportschiffe voller Soldaten im Hafen von Boston an; und die Abnahme von Paraden bei den Begrüßungszeremonien gehörte zu Coolidges Pflichten. Seine Amtsführung war geradlinig und durchaus progressiv: Er sorgte für eine zügige Ratifizierung des neunzehnten Zusatzes zur amerikanischen Verfassung, in der 1920 endlich das Wahlrecht für Frauen im ganzen Land festgeschrieben wurde. Coolidge setzte sich für die Begrenzung der Arbeitszeiten von Frauen und Jugendlichen und für eine – zumindest im Vergleich zum damals Üblichen – halbwegs adäquate Entlohnung ein. Die größte Herausforderung im Amt war jedoch die Konfrontation mit einem der zahlreichen Streiks, welche die USA nach dem Friedensschluss und mit dem Erwachen einer aktiven Arbeiterbewegung heimsuchten. In der Hauptstadt Boston waren es die Polizisten, von denen rund drei Viertel am 9. September 1919 die Arbeit niederlegten.

Dieser Schritt führte erwartungsgemäß in einigen Stadtbezirken zu einem Anstieg von Straftaten, vor allem von Plünderungen. In einer besonders bizarren Episode verschaffte sich eine Gruppe junger Männer Zugang zu einem Schuhgeschäft, in dem sie in aller Ruhe Anproben vornahmen, bevor sie mit Schuhen der passenden Größen das Geschäft verließen – natürlich ohne zu bezahlen. Der Bürgermeister von Boston entließ den Polizeichef Edmund Curtis, der die örtliche Polizeigewerkschaft aufgelöst hatte, und forderte die Nationalgarde an, die für Sicherheit sorgen sollte. Darauf griff Coolidge ein. Er beorderte Polizeieinheiten und weitere Nationalgardisten aus anderen Teilen von Massachusetts in die Hauptstadt, um dort die Sicherheit wiederherzustellen, und setzte Curtis wieder ein. Curtis ordnete die fristlose Entlassung aller streikenden Polizisten an, und Coolidge stärkte ihm dabei den Rücken. Es wurden neue Anwärter eingestellt und eine neue *police force* in Boston gebildet.

Die Entlassung von gut eintausend ausgebildeten Polizisten traf natürlich bei nationalen Gewerkschaftsverbänden auf wenig Gegenliebe. Versuche, Coolidge zu einer Rücknahme zu bewegen, stießen bei ihm auf Granit. In einem Telegramm an den Präsidenten der American Federation of Labor, Samuel Gompers, nahm Coolidge am 14. September dazu in unmissverständlichen Worte Stellung: »Es gibt kein Recht, gegen die öffentliche Sicherheit zu streiken – von niemanden, nirgendwo, zu keinem Zeitpunkt.«[7] Es waren Worte, die Coolidge im ganzen Land bekannt machten. In einer Zeit, in der nicht wenige Amerikaner den Einfluss fremder revolutionärer Kräfte, vor allem aus der gerade gegründeten Sowjetunion, fürchteten und der Begriff *red scare* für die Furcht vor roter Systemveränderung im Land aufkam, wurde Coolidges Haltung als Ausdruck einer soliden Vernunft von *mainstream America* gewertet. Wahrscheinlich, so überlegten plötzlich US-Bürger zwischen New York und San Francisco, musste man ein trockener Neuengländer sein, um so klar auszudrücken, was der Kern gesunden Menschenverstandes und die Basis einer funktionierenden Zivilgesellschaft ist. Coolidge schien die Erfüllung des Wunschtraums eines demokratischen Senators aus Montana, der düster orakelt hatte: »Wir werden in zwei Jahren eine Sowjetregierung haben, wenn nicht ein Zweig der Regierung einschreitet und diese Tendenz stoppt.«[8] Wie heißt es im Englischen so schön: »The man and the hour have met.« Es war die Stunde des Calvin Coolidge.

Als sich Coolidge im November zur Wiederwahl stellte, gewann er gegen den gleichen demokratischen Kandidaten wie im Vorjahr – diesmal allerdings mit einem Vorsprung von mehr als 125 000 Stimmen. Als Gouverneur mit dem stählernen Rückgrat (so eine aufkommende Bezeichnung) richteten sich die Augen seiner Partei auf Coolidge, als es darum ging, den Präsidentschaftskandidaten für die Wahl 1920 zu küren. Im Juni trat der Wahlparteitag der Republikaner in Chicago zusammen, und Coolidge brachte es in den ersten Wahlgängen auf eine respektable Stimmenzahl, die indes weit von der Mehrheit entfernt war. Im zehnten Wahlgang entschied sich der Parteitag für den Senator von Ohio, Warren Gamaliel Harding. Anders als heute wurde damals auch der zweite Mann auf dem Ticket, der Kandidat für die Vizepräsidentschaft, von den Delegierten bestimmt. In unserer Zeit entscheidet der Spitzenkandidat über seine Nummer zwei. Die Delegierten entschieden sich schnell und mit einer Verve für Coolidge, dass sich ein Reporter an einen sich schnell ausbreitenden Flächenbrand erinnert fühlte. Ein weiterer Unterschied zum modernen Politikbetrieb war auch, dass die möglichen oder tatsächlichen Kandidaten gar nicht auf einem Wahlparteitag anwesend waren, sondern sich durch Vertrauensleute vertreten ließen – erst Franklin D. Roosevelt würde 1932 mit dieser Tradition brechen und nach seiner Nominierung zu einem Parteitag fliegen, um dort zu den Parteifreunden zu sprechen. Coolidge wurde somit die Nachricht von seiner Nominierung in Boston überbracht, und er nahm seine Benennung mit einem erwartungsgemäß knappen Statement an.

Der Wahlkampf von Harding und Coolidge stand unter dem Motto *normalcy*: Man versprach den amerikanischen Wählern und (erstmals) Wählerinnen eine Rückkehr zur Normalität. Die letzten Jahre waren, so betonten die Republikaner durchaus zu Recht, alles andere als normal gewesen. Der seit 1913 amtierende Präsident Woodrow Wilson, der sich als eine hohe moralische Autorität gerierte, hatte die USA in den Ersten Weltkrieg geführt – im April 1917, und damit nur fünf Wochen nach seiner Vereidigung für eine zweite Amtszeit, die er nicht zuletzt deshalb gewonnen hatte, weil er versprach, das Land aus dem Konflikt der europäischen Großmächte herauszuhalten. Er und mit ihm die USA würden die Welt sicher für die Demokratie machen, tönte der ehemalige Princeton-Professor. Auf den Schlachtfeldern in Flandern und in Lazaretten starben rund 117 000 Amerikaner. Nur zwei Jahre nach Ende des Krieges fragten sich immer mehr ihrer Landsleute: wofür? Viele Amerikaner hatten zudem keine Ahnung davon, dass die letzten knapp zwei Jahre der Amtszeit Wilsons, von September 1919 bis zu seinem für den 4. März 1921 terminierten Ausscheiden, noch in einer anderen Hinsicht völlig »unnormal« waren. Wilson hatte mehrere Schlaganfälle erlitten und war kaum noch amtsfähig. Die Exekutive der USA war gelähmt; über den wahren Gesundheitszustand dieses Präsidenten belog eine Troika aus seinem Sekretär, seinem Leibarzt und seiner Gattin Edith die amerikanische Öffentlichkeit und den Kongress mit unschöner Regelmäßigkeit.[9]

Die Amerikaner hatten in der Tat von Wilson und vor allem seiner Partei vorerst genug. Am Wahltag entschieden sich mehr als sechzig Prozent der Wähler für das Ticket Harding-Coolidge und gegen die Kandidaten der Demokraten James Cox und dem stellvertretenden Marineminister Franklin D. Roosevelt. Die Wahl fand am 55. Geburtstag des neuen Präsidenten statt. Warren G. Harding, ein Zeitungsverleger aus Marion im Bundesstaat Ohio, sah mit seinem weißen Haar und seiner eleganten Kleidung aus wie der Prototyp eines Senators und eines würdigen Staatsmannes. Der neue, der 29. amerikanische Präsident, war ein angenehmer, umgänglicher und freundlicher Mann, der tatsächlich – und nicht nur aufgesetzt und vorgetäuscht wie bei manchen Politikern der Fall – gern mit Menschen aus allen Teilen der Bevölkerung in Kontakt kam und ein Ohr für ihre Nöte hatte. Es gab kaum jemandem, der ihm begegnete, ohne von ihm angetan zu sein. Das Manko an Hardings Menschenfreundlichkeit war aber sein Unvermögen, zwischen echten Freunden und weniger vertrauenswürdigen Zeitgenossen zu unterscheiden. Darin war er Ulysses S. Grant nicht unähnlich. Auf den bereits angesprochenen *presidential rankings* nimmt Harding mitunter den letzten Platz ein, und Historiker assoziieren seine 29 Monate im Weißen Haus mit »Skandal«. Doch es waren die Skandale einiger seiner Mitarbeiter, wie die Korruptheit von Innenminister Albert Fall und Justizminister Harry Daugherty. Im Wesentlichen ging es – wieder einmal in der amerikanischen Machtpolitik – um Öl. Die Aufgeregtheit einer sensationslüsternen Presse tat das Ihrige zum Image der Präsidentschaft Hardings. Doch dieses Bild wird dem Mann nicht gerecht. Harding befürwortete strengere Gesetze gegen Lynchjustiz und setzte sich unter anderem für die Bürgerrechte der Afroamerikaner ein.

Außerdem sorgte er für die Freilassung des unter Wilson wegen seiner Ablehnung des Kriegseintrittes inhaftierten Vorsitzenden der Sozialistischen Partei, Eugene Debs, den er auch im Weißen Haus empfing. Er hatte Schwächen, ganz ohne Zweifel. Im Vergleich zu manchem, was Amerika und der Welt später aus dem Oval Office angetan wurde, waren die Verfehlungen des Warren Gamaliel Harding indes *peanuts*.

Im Sommer 1923 hielt sich Calvin Coolidge, der als Vizepräsident wenige Pflichten und noch weniger Stress hatte, zu einem Urlaub auf der Farm seines Vaters in Plymouth Notch auf. Präsident Harding unternahm zu der Zeit eine weite Reise, die längste, die je ein Präsident auf sich genommen hatte. Per Zug ging es in den Westen, durch Kanada und nach Alaska, das noch kein amtierender Präsident besucht hatte und das erst 1959 Bundesstaat werden sollte. Doch die Gesundheit des Präsidenten schien angeschlagen; erste Meldungen und Gerüchte sprachen von einer hartnäckigen Erkältung oder gar einer Lebensmittelvergiftung. So tauchten einige Reporter auf Coolidge seniors Farm auf und bezogen – nur für den Fall der Fälle – Quartier in Ludlow, wo Calvin einst zu Schule gegangen war. Am 2. August erreichte ein ärztliches Bulletin Vermont, demzufolge es Harding besser gehe, es bis zur vollständigen Erholung gleichwohl noch etwas dauern könne. Coolidge fuhr mit Grace zum Dinner; im Gespräch mit Journalisten erklärte er, dass Hardings gesundheitliche Krise so gut wie überstanden sei. Derweil saß der Präsident erschöpft in seiner Suite Nummer 8064 im Palace Hotel in San Francisco und erklärte, es läge nicht am Essen: Er sei einfach von den Anforderungen des Amtes verbraucht. Gegen 19 Uhr 30 kalifornischer Zeit (22 Uhr 30 an der Ostküste) brach Warren Harding vor seinem Hotelbett zusammen. Der den Präsidenten begleitende Arzt konnte nur noch den Tod feststellen.

Es war nach Mitternacht in Vermont, als Coolidge senior durch das Klopfen an der Tür geweckt wurde. Die Farm hatte weder elektrisches Licht noch ein Telefon, doch rasch wurde eine Leitung zu einem der anderen Gebäude gelegt. Gegen 2 Uhr 30 gelang es Calvin Coolidge, das ranghöchste Kabinettsmitglied, Außenminister Charles Evans Hughes, zu erreichen. Dieser erklärte ihm, dass er den Amtseid vor einer Person mit notarieller Befugnis ablegen müsse. Ein Notar war vor Ort: Coolidges Vater. Um 2 Uhr 47 nahm er im Schein einer Kerosinlampe seinem Sohn den Amtseid ab. Calvin Coolidge war nun der 30. Präsident der USA.

Wieder in Washington nahm sich Coolidge umgehend des Staatshaushaltes an. Als bescheidener Neuengländer waren für ihn Einsparungen eine absolute Notwendigkeit. Als überzeugter Republikaner wollte er die Steuern senken, und dies ganz besonders für die Wohlhabenden und die Unternehmen. Nach dem damals wie heute in dieser Partei vorherrschenden Verständnis würden derartige Wohltaten nach unten durchsickern (*trickle down*) und florierende Profite der Konzerne irgendwie auch den Arbeitnehmern zugutekommen. Sein grundsätzliches Verständnis vom höchsten Staatsamt und von allen nachgeordneten politischen Instanzen war das der Nichteinmischung der Politik: Der Markt würde schon selbst alles regeln. Das wirtschaftsliberale Glaubensbekenntnis des Wortkargen hat überdauert und wird von seinen Epigonen auch fast einhundert Jahre später gern wiederholt: »America's business is business.« Dank einer technologischen Innovation – dem Radio – konnte er seine Überzeugungen direkt an die Bürgern übermitteln. Seine Rede vor dem Kongress am 6. Dezember erreichte Millionen an den Empfängern. Die hohe Stimme des neuen Präsidenten wurde von mehr Menschen gehört als Wilson und Harding mit ihren wochenlangen Rundfahrten im Präsidenten-Sonderzug je hatten erreichen können. Anfang 1924 wurde die Zahl seiner Zuhörer bei einer elf Minuten und damit für seine Verhältnisse extrem langen Ansprache auf erstaunliche 25 Millionen geschätzt.

Dem Land und vor allem seiner Industrie ging es blendend; es gab scheinbar keinerlei Notwendigkeit für eine Regierung sich einzumischen. Um die Mitte der 1920er Jahre schien Prosperität zu einem Dauerzustand mit Bestandsgarantie zu werden. Der Konsumrausch war kaum zu bremsen, und vor allem die USA, inzwischen das reichste Land der Welt, produzierten weit über den eigenen Bedarf hinaus. Massenproduktion und Fließbandarbeit wurden die Norm; besonders deutlich war die sprunghaft angestiegene Kapazität in der Automobilindustrie, der Leitbranche der *roaring twenties*, wie das Jahrzehnt in den USA, und den Goldenen Zwanzigern, wie es in Deutschland genannt wurde. Die junge Weimarer Demokratie hatte ziemlich genau parallel zu Coolidges Regierungszeit ihre kurze, ihre zu kurze Blütezeit. Zu dieser trug auch die Entlastung Deutschlands von den drückenden Reparationsforderungen der Alliierten bei, die Kern des nach dem Bankier Charles Dawes benannten Dawes-Plans war – Dawes wurde bald darauf Coolidges Vizepräsident.

Das Auto wurde in den USA von einem Luxusartikel zu einer Lebensnotwendigkeit. Die Blüte dieser Industrie und das Sinnbild amerikanischen Unternehmertums wurde ein Mann, der selbst fast so spröde wie der neue Präsident war: Henry Ford. Ein Standardwerk zur amerikanischen Geschichte macht die Bedeutung des Unternehmers für die

Epoche deutlich: »Der Automobilfabrikant aus Detroit personifizierte die Idealvorstellung vom *selfmade man*. Er erfüllte den Traum einer auf Erwerb ausgerichteten Gesellschaft, die sich dem materiellen Erfolg und den durch ihn zugänglich gemachten Annehmlichkeiten des Lebens voll und ganz verschrieben hatte. Henry Ford hatte das Automobil auch für den kleinen Mann erschwinglich gemacht; als Mechaniker hatte er das menschliche Leben revolutioniert. Er war der Hohepriester der Massenproduktion, die zur Überwindung der Armut wirksamer schien als jede ideologische Doktrin. Sein Unternehmen war ein Familienbetrieb; er hatte das Ideal der hohen Löhne und niedrigen Preise verwirklicht und damit das moralische Dilemma der puritanisch-kapitalistischen Leistungsgesellschaft scheinbar gelöst. Henry Ford hatte den materiellen Erfolg erreicht, ohne seine sittliche Unschuld zu verlieren. Wenn man ihn verehrte und nachahmte, konnte man ein gutes Gewissen haben. Da er als idealer *good businessman* galt, besaßen auch seine Anschauungen die Autorität von Leitbildern[10]; er enthielt sich des Rauchens, glaubte an die Seelenwanderung und hasste Juden, Katholiken, Ärzte und Bankiers.«[11]

Blendend ging es auch dem organisierten Verbrechen. Der 1920 in Kraft getretene Verfassungszusatz, der Amerika die Prohibition bescherte, schuf einen illegalen Markt gigantischen Ausmaßes, denn den Durst und die Freude an einem Bier oder an härteren Getränken ließen sich Millionen von Amerikanern nicht verbieten. *Speakeasies*, heimliche Kneipen und Bars, erblühten, und nicht selten mischte sich das Geklimper der Gläser mit den berauschenden Klängen einer entfesselten Jazz-Musik. Die gesetzeswidrige Produktion und die Einfuhr von alkoholischen Getränken wurde zu einem extrem gewinnträchtigen Spielfeld »angesehener« Geschäftsleute wie in Coolidges Heimatsstaat Massachusetts eines gewissen Joseph P. Kennedy, aber auch nicht ganz so reputierlicher Gestalten. Mitunter bezeugte schon deren Physiognomie ihre Zugehörigkeit zur Unterwelt – wie jene große Narbe quer über eine Gesichtshälfte des Alphonse Capone in Chicago, die ihm einst ein anderer Gangster mit dem Messer gezogen hatte, als sich Al ein wenig zu begeistert über den verlängerten Rücken von dessen Schwester äußerte. Als »Ehrenmann«, der Capone nach eigenem Verständnis war, und Italoamerikaner mit ausgeprägtem »Familiensinn« nahm er den Messerkünstler später dennoch in seine eigene Organisation auf.

Auch gesellschaftlich waren die *roaring twenties* moderne Zeiten. Dies gilt – nicht nur für die USA – vor allem für die Stellung der Frau. Zeitgleich mit dem Wahlrecht ab 1920 vollzog sich ein oft auch äußerlich erkennbarer Wandel. Frauen waren wie nie zuvor in die Berufswelt eingebunden, verdienten eigenes Geld und befeuerten damit den Konsum. In vielen Büros saßen Frauen (wenngleich fast nie in leitenden Positionen) und technische Errungenschaften wie das sich ausweitende Telefonnetz schufen Tausende von typischerweise von Frauen eingenommenen Positionen wie die *operators*. Amerikanerinnen genossen eine nie dagewesene Freizügigkeit auch in ihrer Sexualität, die sich auch in der Mode der Epoche widerspiegelte. Der Rocksaum rutschte nach oben, in Kniehöhe; die Haare wurden kurz und sportiv gehalten – im Deutschen kam der Begriff Bubikopf auf. Das Sinnbild der aktiven und geradezu abenteuerlichen jungen Amerikanerin der zwanziger Jahre umschreibt der Begriff *flapper*: eine junge Frau mit Kurzhaarschnitt, kurzem Rock, die rauchte und (verbotenerweise) trank und Dinge sagte, die man bislang nicht als *ladylike* erachtet hatte. Mehr noch:

Sexuelle Freizügigkeit war möglich und – zumindest im urbanen Amerika – akzeptiert wie nie zuvor. Dazu trugen auch die leichter erhältlichen Verhütungsmittel wie das Diaphragma bei, die von Frauenverbänden gegen den massiven Widerstand christlicher und fast ausschließlich von Männern geleiteter Organisationen propagiert wurden. Der Staat, den Coolidge so gern aus dem Leben der Amerikaner heraushalten wollte, tat dies auch in diesem Fall – obwohl der *Comstock Act* von 1873, der den Versand von Kontrazeptiva und anderen »Obszönitäten« verbot, weiterhin galt und in den 1920er Jahren ergänzt worden war, unter anderem durch ein Verbot der Einfuhr von Kondomen und der Verbreitung von Wissen über Empfängnisverhütung. Wie das Beispiel der Prohibition zeigt, waren die zwanziger Jahre indes eine Epoche, in der sich weniger Amerikaner als je zuvor um sinnlose restriktive Gesetze scherten.

Frauen waren nicht nur im Erwerbsleben sichtbarer denn je zuvor, sondern auch in der Massenkultur. Sport und Kino vor allem brachten weibliche Stars hervor, die zu Idolen von Millionen wurden. Es waren Filmstars wie Gloria Swanson, Lilian Gish und Mary Pickford, Entertainerinnen wie Josephine Baker und Sportlerinnen wie die Tennisspielerin Helen Wills, die das Turnier von Wimbledon nicht weniger als achtmal gewann.

Viele Fans hatte natürlich auch die First Lady Grace Coolidge, die sich einer positiven Berichterstattung erfreute und schnell zu einer beliebten Gastgeberin im Weißen Haus avancierte. Die Sympathien für Grace und ihren Mann steigerten sich noch, als die First Family von einer furchtbaren Tragödie heimgesucht wurde. Die Söhne John und Calvin waren zu umgänglichen Teenagern herangewachsen, auf die ihre Eltern erkennbar stolz waren. Am 2. Juli 1924 begann der 16-jährige Calvin junior zu humpeln, nachdem er auf dem Tennisplatz des Weißen Hauses in der Sommerhitze Tennis gespielt hatte. Als ihn der Leibarzt des Präsidenten, Dr. Joel Boone, darauf ansprach, antwortete Calvin, es sei nur eine Blase am Fuß. Der Arzt stellte jedoch eine rot geschwollene Wunde von der Größe fast eines Fingernagels an der dritten Zehe des rechten Fußes fest. Der Junge hatte zudem hohes Fieber. In den nächsten Tagen stieg das Fieber an, und der junge Calvin wurde in das Walter Reed Memorial Hospital eingewiesen. Die dortigen Ärzte, die zu den besten des Landes zählten, konnten zwar den Erreger der Entzündung, Staphylococcus aureus, bestimmen – doch sie waren gegen ihn machtlos. Es war immer noch die Ära vor der Entdeckung der Antibiotika, und so harmlos die initiale Wunde war, so verhängnisvoll war das, was sich bei dem jungen Calvin entwickelte. Die Keime hatten sich in seinem Körper, durch keine wirksame Therapie gebremst, ausgebreitet und zu einer Sepsis, einer Blutvergiftung, geführt. Der Präsident und seine Frau saßen am Bett ihres Sohnes, der immer wieder das Bewusstsein verlor, und hielten seine Hand. Am 7. Juli 1924 starb Calvin junior. Er wurde im Familiengrab in Plymouth Notch beigesetzt, wo – so der Wunsch des durch Trauer fast gelähmten Präsidenten – dereinst auch er und Grace ihre letzte Ruhestätte finden sollten. Das Weiße Haus, so schrieb die *New York Times*, sei jedem amerikanischen Haus, jeder amerikanischen Familie so nahe wie nie zuvor in diesen Tagen des schmerzlichsten Verlustes.

Der Schmerz über den Tod seines Sohnes ließ Präsident Coolidge einen äußerst zurückhaltenden Wahlkampf führen, nachdem er sich entschlossen hatte, für eine weitere und diesmal eine eigene Amtszeit – *in his own right* in der amerikanischen Politsprache – zu kandidieren, nachdem er bislang »nur« Präsident aufgrund eines Todesfalles gewesen war. Vier Wochen vor Beginn der Erkrankung seines Sohnes hatte ihn der Parteitag der Demokraten in Cleveland bereits im ersten Wahlgang nominiert; eine ernst zu nehmende innerparteiliche Opposition gab es nicht. Dafür gab es auch keinen Anlass: Dem Land ging es prächtig, und Präsident Coolidge erfreute sich bei der Bevölkerung eines hohen Ansehens.

Er machte sich wenig Sorgen um seine Wiederwahl. Zum einen, weil für ihn nach seinen eigenen Worten die Präsidentschaft durch den Tod seines Sohnes ihren Glanz verloren hatte. Zum anderen boten die Demokraten ein Schauspiel, das jedem ihrer politischen Gegner wie ein Geschenk des Himmels vorkommen musste. Deren Parteitag wurde zu einem Musterbeispiel politischer Selbstdemontage. Die Delegierten mussten mehr als zwei Wochen in New York City verbringen und durften an der rekordverdachtigen Zahl von 103 Abstimmungen teilnehmen, bevor man sich endlich auf einen schwachen Kompromisskandidaten, den Anwalt John W. Davis, einigte. Dessen politische Erfahrung bestand in einem einzigen *term* (zwei Jahre) als Kongressabgeordneter für seinen Heimatstaat West Virginia; immerhin war er drei Jahre lang Botschafter der USA in Großbritannien gewesen.

Bei den Republikanern wurde der neue Kandidat für die Vizepräsidentschaft, Charles Dawes, der aktivere Wahlkämpfer auf dem Ticket der Partei, da Coolidge nach der Familientragödie noch weniger Neigung zu fröhlichen Wahlkampfauftritten hatte. Der Slogan des Jahres, »Keep cool with Coolidge«, verfing bei breiten Wählerschichten, und die Republikaner gingen einem ungefährdeten Wahlsieg entgegen. Die Sorge, dass ihnen die Progressive Partei allzu viele Stimmen wegnehmen würde, war unbegründet. Diese gewann nur in einem Bundesstaat, in Wisconsin, eine Mehrheit und damit dessen 13 Wahlmännerstimmen. Die Demokraten siegten erwartungsgemäß in den meisten Staaten des Südens, bekamen aber insgesamt nur knapp 29 Prozent der Stimmen landesweit und 136 Wahlmännerstimmen. Coolidges Sieg war mit 54 Prozent der Wählerstimmen und 382 Wahlmännern überwältigend. Er gewann abgesehen von Wisconsin alle Staaten außerhalb des alten Südens. Der Staat seiner Herkunft, Vermont, meinte es mit 78 Prozent der Stimmen besonders gut mit Calvin Coolidge. Eine Besonderheit der Wahl von 1924: Es war bis heute das letzte Mal, dass es einem republikanischen Präsidentschaftskandidaten gelang, in New York City die meisten Stimmen zu bekommen.

Coolidges Credo einer zurückhaltenden Regierungsausübung prägte seine »eigene« Amtszeit von März 1925 bis März 1929. Die Naturkatastrophen, vor allem Überschwemmungen, von denen die USA heimgesucht wurden, lösten nur begrenzte Hilfsmaßnahmen durch die Bundesregierung aus, wie bei der großen Flut des Mississippi 1927. Als im Jahr darauf der Kongress einen Gesetzentwurf verabschiedete, der der Regierung in Washington in derartigen Fällen eine direkte Verpflichtung zur Hilfe für betroffene Regionen zuschrieb, unterschrieb Coolidge das Gesetz nur widerwillig. Noch entschlossener war er gegenüber einem Gesetz, das notleidenden Farmen Hilfe aus Bundesmitteln in Aussicht stellte: Die Regierung sollte Überschüsse bei der Ernte aufkaufen und für schlechtere Zeiten lagern, um so die Landwirtschaft vor einem Preisverfall zu schützen. Diesen McNary-Haugen Farm Relief Act blockierte Coolidge hartnäckig mit seinem Veto und gegen den Rat sowohl seines

Landwirtschaftsministers als auch seines Vizepräsidenten. Farmer hätten noch nie viel Geld gehabt, so Coolidges wenig mitfühlende Begründung, und daran könne die Regierung nun mal nichts ändern. Die eigene Familienerfahrung war freilich eine andere. Als Calvin senior im März 1926 starb – der indes weit mehr als ein einfacher Farmer gewesen war – hinterließ er die für damalige Verhältnisse beträchtliche Summe von mehr als 43 000 Dollar.

Der Tod des Vaters war ein weiterer Verlust, den der Präsident ertragen musste und der ihn streckenweise noch schweigsamer machte. Freude bereitete dem Präsidenten und seiner Frau indes der überlebende Sohn John. Dieser hatte sich in die Tochter des Gouverneurs von Connecticut, Florence Trumbull, verliebt, die ein gern gesehener Gast im Weißen Haus wurde. Die beiden heirateten nach Coolidges Ausscheiden aus dem Präsidentenamt im September 1929 – ihnen waren fast 70 Jahre einer gemeinsamen Ehe beschieden. Leben in das Weiße Haus brachten neben den jungen Leuten auch noch die zahlreichen Haustiere – die Coolidges waren exzessiv tierlieb, und die genaue Zahl der Hunde in ihrem Leben lässt sich kaum überblicken. Auch Katzen und Kanarienvögel zogen in den Amtssitz ein, der unbestrittene Star indes war Rebecca. Sie war ein Waschbär und machte eine für diese Spezies höchst ungewöhnliche Karriere durch: vom potenziellen Festtagsbraten zum berühmtesten der vierbeinigen Begleiter des Präsidenten und seiner Frau. Das Tier war ein Geschenk für die Coolidges zu Thanksgiving 1926; sie sollte dem traditionellen Truthahn zur Seite gestellt werden und im Ofen landen. Die Coolidges konnten sich nicht mit dem Gedanken versöhnen, das putzige Tier als Feiertagsbraten zu verzehren. So wurde der Waschbär, der den Namen Rebecca erhielt, zu einem Haustier, von

Grace an der Leine gehalten. Das Tier war in den Maßen »zahm«, wie man es von einem Waschbären überhaupt erwarten konnte. So blieben kleine Zwischenfälle nicht aus, wie die Verletzung an Coolidges Handgelenk, die wahrscheinlich durch einen Biss Rebeccas verursacht worden war – von *Silent Cal* bekamen die neugierigen Reporter erwartungsgemäß keine Auskunft über die Blessur. Nach dem Ende von Coolidges Amtszeit verbrachte Rebecca ihren Lebensabend im Zoo von Washington.

An einem der aufregendsten, wenn nicht gar dem publikumswirksamsten Ereignis der so lebhaften Epoche nahmen Coolidge und seine Frau mit der gleichen Anspannung teil wie Millionen anderer Amerikaner, die vor ihren Radios saßen und die Sonderausgaben der Zeitungen verschlangen. Die Luftfahrt hatte solche Fortschritte gemacht, dass die große Hürde fallen musste: ein Transatlantikflug und dieser möglichst direkt von New York nach Paris. Mehrere hochdotierte Preise waren für diese Pioniertat ausgeschrieben, doch die Gefahren der Strecke waren unabwägbar. Am 9. Mai 1927 stiegen die französischen Piloten Charles Nungesser und Francois Coli von Le Bourget auf. Über der irischen Küste wollten Beobachter das Flugzeug noch gesehen haben. Danach verlor sich die Spur der beiden Flieger.

Buchstäblich die ganze Nation hielt den Atem an, als am frühen Morgen des 20. Mai der Postflieger Charles Lindbergh in seiner »Spirit of St. Louis« von Flugplatz Roosevelt Field auf Long Island, unweit von New York City, abhob. Nach einem Flug von mehr als 33 Stunden – ohne Funkkontakt, ohne nennenswerte Navigationsinstrumente und natürlich vor Erfindung des Radar – erreichte der hoch gewachsene Mann aus Minnesota (dessen Vater Kongressabgeordneter gewesen war) den Pariser Flughafen Le Bourget. Der Jubel und die Heldenverehrung auf beiden Seiten des Atlantiks stellten alles bisher Dagewesene in den Schatten. Auch Coolidge war begeistert; er schickte ein Kriegsschiff, den Kreuzer »USS Memphis«, um Lindbergh aus Europa abzuholen. Nach einigen Verzögerungen, denn der Volksheld wurde auf jeder Station seiner Heimreise mit Ehrungen und Lobpreisungen überhäuft, war Coolidge am 11. Juni bei tropischen Temperaturen Gastgeber einer von rund 300 000 begeisterten Menschen besuchten Veranstaltung vor dem *Washington Monument.* Zusammen mit seiner Mutter wurde Lindbergh dann von den Coolidges zum Dinner eingeladen. Da das Weiße Haus renoviert wurde, war das Präsidentenpaar vorübergehend in ein Ausweichdomizil, das *Patterson House*, umgezogen. Für Lindbergh war es der Beginn einer Tournee, die ihn – zusammen mit der »Spirit of St. Louis« – in 82 amerikanische Städte führte. Er war der berühmteste Mann der Nation, wenn nicht gar der gesamten Menschheit. Für den Ruhm zahlten er und seine Frau Anne Morrow wenige Jahre später einen furchtbaren Preis, als ihr kleiner Sohn Charles junior entführt und ermordet wurde.

Ein amerikanisches Monument ganz anderer Art, das sich in der Entstehungsphase befand, suchten Grace und Calvin Coolidge in diesem Sommer des Jahres 1927 auf. Der Bildhauer Gotzun Borglum begann in South Dakota mit den Vorbereitungen für sein großes Werk, die Schaffung der Skulpturen von vier Präsidentenköpfen am Mount Rushmore. Da die Coolidges in Rapid City eine Mischung aus Urlaub und Arbeitsbesuch verbrachten, konnte der Künstler dem Präsidenten sein Konzept der Porträts seiner Vorgänger Washington, Jefferson, Lincoln und Theodore Roosevelt vorlegen und ihn und Grace zu der Baustelle führen. Er sei zwar schon etwas älter, erklärte Borglum gegenüber Reportern, aber vielleicht werde er einst daran arbeiten, diesen Skulpturen einen fünften Kopf, nämlich den des Calvin Coolidge, hinzuzufügen. Die Medienvertreter mochten ihre Zweifel haben, denn die Ära des 30. Präsidenten ging unweigerlich ihrem Ende entgegen. Wenige Tage zuvor hatte er dem seine Reise begleitenden Pressekorps einen handgeschriebenen Zettel überreicht, indem er ihnen mitteilte: »Ich habe mich entschieden, nicht für die Präsidentschaft 1928 zu kandidieren.« Diese Art der Ankündigung war *Silent Cal* in Reinkultur.

Die Öffentlichkeit reagierte betroffen, denn Coolidge war inzwischen nicht nur respektiert, sondern sogar beliebt. Die Republikanische Partei wandte sich dem vermeintlich aufgehenden Stern zu, dem Wirtschaftsminister in den Regierungen von Harding und Coolidge, Herbert Hoover. Er galt als eine Art Wunderkind, da er als Geologe – buchstäblich – steinreich geworden war und aufgrund der von ihm geleiteten Hilfsmaßnahmen für das während und nach dem Weltkrieg hungernde Europa als eine Art Guru der Großorganisation galt. Die Partei machte ihn erwartungsgemäß zum Präsidentschaftskandidaten, und ebenso erwartungsgemäß wählten ihn die Amerikaner im November 1928 zu ihrem Präsidenten. Nur einer ließ sich von der grassierenden Euphorie um den »großen Ingenieur« nicht anstecken – Calvin Coolidge. Ausnahmsweise äußerte er sich über einen anderen Politiker, und dies mit ungewöhnlicher Deutlichkeit: »Dieser Mann hat mir sechs Jahre lang unerbetene Ratschläge gegeben. Alle waren schlecht!«[12]

Coolidge begleitete Hoover mit undurchdringlicher Miene bei dessen Amtseinführung im März 1929. Danach zog er sich mit Grace nach Northampton ins Privatleben zurück und erlebte, dass die *Coolidge prosperity* nur gut sieben Monate nach seinem Ausscheiden aus dem Präsidentenamt der großen Depression Platz machte, die die Welt in den Abgrund zog und in Deutschland den Aufstieg Adolf Hitlers begünstigte. Halbherzig ließ er sich 1932 in den von vornherein zum Scheitern verurteilten Wahlkampf Hoovers einbinden, den Franklin D. Roosevelt aus dem Amt drängte. Noch bevor der an Poliomyelitis erkrankte Politiker vereidigt wurde, ging der Lebensweg seines Vorvorgängers zu Ende. Am 5. Januar 1933 ereilte Coolidge ein Herzinfarkt, als er sich gerade – rasierte. Ohne gelitten zu haben, verließ er diese Welt. John Calvin Coolidge war von Anfang bis Ende ein Glückspilz.

HARRY TRUMAN

Ein ganz gewöhnlicher Mann

33. Präsident der USA von 1945 bis 1953

Das Amt des amerikanischen Vizepräsidenten ist nicht gerade für Workaholics geschaffen. In normalen Zeiten ist das Arbeitspensum überschaubar, und im 19. Jahrhundert kursierte das Bonmot: Ein Mann hatte einst zwei Söhne, der eine ging zur See und der andere wurde Vizepräsident der USA – von beiden hörte man nie wieder etwas. Mit der weltpolitischen Bedeutung der USA hat sich dies ein wenig geändert; ein Musterbeispiel für einen machtvollen und ambitionierten Vizepräsidenten, der hinter den Kulissen massiven Einfluss ausübte, war Dick Cheney während der Präsidentschaft von George W. Bush in den ersten Jahren des 21. Jahrhunderts. Doch meist fällt der zweite Mann im Staat der Öffentlichkeit nur bei repräsentativen Anlässen auf. Die Reise zu Staatsbegräbnissen ist geradezu ein Vorrecht des Amtes, und vor allem George H. W. Bush legte in den 1980er Jahren eine rekordverdächtige Zahl an Flugkilometern aus solchen traurigen Anlässen zurück. Die wichtigste politische Aufgabe des Vizepräsidenten ist der Vorsitz über den Senat, wo seine Stimme bei einem Gleichstand den *tie breaker*, das entscheidende Votum ausmacht. Über dieser Funktion steht nur noch eine, die wichtigste Bedeutung des Amtes: Der Inhaber der Vizepräsidentschaft ist den sprichwörtlichen einen Herzschlag von der Präsidentschaft entfernt.

Als Harry Truman am Morgen des 12. April 1945 seine bescheidene Wohnung an der Connecticut Avenue in Washington verließ, dürfte er nicht permanent an den zweiten Präsidenten, John Adams, gedacht haben, der als erster Vizepräsident der USA vom »unwichtigsten Amt, das je der Erfindungsgeist des Menschen ersonnen hat«[1] sprach. Truman hatte sich mit der begrenzten Bedeutung des Amtes, das er nun bereits den 82. Tag innehatte, arrangiert. Der Frühaufsteher hatte wie immer mit seiner Frau Bess gefrühstückt (er favorisierte Toast mit Speck und gelegentlich einem Ei, ebenso gelegentlich von einem Schluck Bourbon begleitet) und dann in seinem Dienstwagen einen kleinen Umweg genommen, um seine Tochter Margaret, das einzige Kind der Trumans, an der George Washington University abzusetzen, an der sie studierte. Danach ging es zum Senat, wo Truman mit seinem ausgeprägten Pflichtbewusstsein auch wenig bedeutsame Sitzungen leitete. Meist traf er sich nach Sitzungen mit alten Freunden; es waren Zusammenkünfte, die sich manchmal bis in die Abendstunden hinzogen und bei denen häufig der eine oder andere Whisky getrunken und Poker gespielt wurde. Harry Truman, ein lebensbejahender Homo politicus, war mit sich und der Welt im Reinen. Doch dieser Tag sollte sein Leben ändern.

Es war kurz nach 17 Uhr, als Truman im Büro des Sprechers des Repräsentantenhauses, Sam Rayburn, eintraf. Mit einigen anderen Politikern ließ man den Tag ausklingen und die Flasche kreisen – in Maßen, denn Truman trank gern, aber nicht unmäßig, und setzte seinem Bourbon reichlich Wasser zu. Die launige Konversation in dem allmählich rauchgeschwängerten Raum nahm gerade Fahrt auf, als das Telefon klingelte. Am anderen Ende der Leitung war ein enger Mitarbeiter von Präsident Franklin D. Roosevelt, Steve Early. Truman solle sofort und unauffällig ins Weiße Haus kommen. Sam Rayburn notierte später seinen Eindruck von Truman: »Er ist ein blasser Bursche, und in diesem Moment wurde er noch etwas blasser.«[2] Truman raunte seinen Freunden zu, dass etwas passiert sein müsse und dass diese Nachricht den Raum nicht verlassen dürfe.

Im Amtssitz des Präsidenten angekommen, wurde Truman in das im ersten Stock gelegene Büro der First Lady geführt. Eleanor Roosevelt erwartete ihn, in ihrer Gesellschaft befand sich neben Early ihre Tochter Anna mit ihrem Ehemann John Boettiger. Die First Lady war gefasst und kam umgehend zur Sache: »Harry, der Präsident ist tot.« Truman schrieb später, er habe sich gefühlt wie vom Blitz getroffen. Er war zum Weißen Haus geeilt, um den Präsidenten zu sehen, und nun war er selbst Präsident. Roosevelt hatte sich gar nicht in Washington aufgehalten, sondern in seinem Little White House in Warm Springs im Bundesstaat Georgia etwas Erholung gesucht. Der kleine Ort mit seinen warmen Quellen war seit vielen Jahren das Refugium des 1921 an Polio erkrankten und seither schwerbehinderten Präsidenten. Am frühen Nachmittag, als Roosevelt einer Malerin für ein Porträt saß, hatte er sich an den Kopf gefasst und seine letzten Worte gesprochen: »I have a terrible headache.« Kurz darauf verstarb der 32. Präsident der USA – der einzige, der länger als acht Jahre regierte – an den Folgen einer massiven Hirnblutung.

Unter Schock stehend fragte Truman die First Lady, ob er etwas für sie tun könne. Eleanor Roosevelt, stets eine Realistin, antwortete: »Gibt es etwas, das wir *für Sie* tun können? Denn Sie sind derjenige, der jetzt in Schwierigkeiten ist.«

Franklin D. Roosevelt war ein Staatsmann mit Stärken und Schwächen. Einer seiner größten Fehler war, dass er seinen Vizepräsidenten nie richtig in die Regierungsgeschäfte in einer weltbewegenden Epoche eingeweiht hatte. Vor allem hatte er ihn nicht über die Entwicklung einer neuen, fürchterlichen Waffe unterrichtet, über deren Einsatz Truman würde entscheiden müssen (wofür ihn viele später verdammten). In den 82 Tagen seiner Vizepräsidentschaft hatte Truman Roosevelt nur zweimal gesehen.

Es konnte kaum einen unpassenderen Zeitpunkt geben, ohne nennenswerte Vorbereitung die Geschicke einer Weltmacht zu leiten, als den April 1945. Der seit 1939 tobende Zweite Weltkrieg, in den die USA im Dezember 1941 nach dem japanischen Überfall auf Pearl Harbor eingetreten waren (vier Tage später hatte Hitler den USA den Krieg erklärt), neigte sich erkennbar einer Entscheidung entgegen. Amerikanische und alliierte Truppen waren von Westen kommend weit in das Deutsche Reich vorgestoßen und in Städte einmarschiert, die von amerikanischen und britischen Bombern völlig zerstört worden waren. Im Osten hatte die Rote Armee ihre letzte Großoffensive angetreten und kämpfte sich gegen den erbitterten Widerstand der letzten deutschen Verbände nach Berlin vor. Dort lebte der Auslöser des Weltenbrandes in seinem Bunker tief unter der Reichskanzlei und wartete auf ein Wunder. Als solches präsentierte ihm sein Propagandaminister Joseph Goebbels den plötzlichen Tod Roosevelts: »Mein Führer, ich beglückwünsche Sie! Roosevelt ist tot. In den Sternen steht es geschrieben, dass die zweite Aprilhälfte für uns eine Wendung bringen wird. Heute ist Freitag, der 13. April. Es ist der Wendepunkt.«[3] Hitler und sein Paladin fabulierten von einer Neuauflage des »Mirakels des Hauses Brandenburg«, der Rettung Friedrichs des Großen und Preußens durch den Tod der Zarin Elisabeth 1762 – eine irrsinnige Schimäre. Wenige Tage später würden sich amerikanische und sowjetische Soldaten an der Elbe die Hand reichen. Hitler überlebte seinen Erzfeind Roosevelt nur um 18 Tage.[4]

Auf dem pazifischen Kriegsschauplatz war das militaristische Japan zwar erkennbar auf dem Rückzug und seine Niederlage nur eine Frage der Zeit, doch hatte der zähe Widerstand der Japaner bei den Eroberungen von Inselfestungen wie Iwo Jima und gerade erst Okinawa zu schweren amerikanischen Verlusten geführt. In der US-Militärführung ging man davon aus, dass es einer Invasion der japanischen Inseln bedurfte, um diesen Gegner endgültig zu bezwingen. Dabei rechnete man auf eigener Seite mit Verlusten in Höhe von etwa einer Million Mann. Die Nachkriegsordnung sollte eine Epoche internationaler Kooperation werden. Zu diesem Zweck würden sich in wenigen Tagen die »Vereinten Nationen« in San Francisco konstituieren. Anders als nach dem Ersten Weltkrieg waren die USA, war die Roosevelt-

Administration gewillt sich global zu engagieren und nicht wie nach jenem Konflikt lediglich eine Beobachterrolle des internationalen Geschehens zu spielen.

Es zeichnete sich indes ab, dass auch nach dem in naher Zukunft erhofften Ende des Krieges in Asien Konfliktpotenzial zwischen den Großmächten bestehen und wahrscheinlich anwachsen würde. Seit der Konferenz von Jalta im Februar 1945, bei der ein erkennbar kranker Roosevelt, Großbritanniens Premier Winston Churchill und Sowjetdiktator Josef Stalin zusammengetroffen waren, wurde immer deutlicher, dass die Kriegsallianz zwischen den beiden westlichen Demokratien und der Sowjetunion den baldigst erwarteten Sieg in Europa nicht überstehen würde. Stalin hielt sich offensichtlich immer weniger an die zwischen den Verbündeten getroffenen Abmachungen; das vielleicht eklatanteste Beispiel für den Expansionismus der Sowjetunion war der Umgang mit Polen. Das Land, für dessen Befreiung Großbritannien und Frankreich Hitler am 3. September 1939 den Krieg erklärt hatten, wurde wie seine Nachbarn Teil eines kommunistischen Blocks; auf eine wirkliche Befreiung mussten die Polen und das übrige Osteuropa noch mehr als vierzig Jahre warten.

Mit der Führung der unzweifelhaft militärisch wie wirtschaftlich mächtigsten Nation der Erde in einer außerordentlich angespannten, instabilen Weltlage wurde in jenen frühen Abendstunden ein Mann betraut, der weder über Regierungserfahrung noch über die geringste außenpolitische Expertise verfügte. Mehr noch: An der Spitze der USA stand nun jemand, der im Berufsleben regelmäßig gescheitert war und quasi in der Politik Zuflucht gesucht hatte. Die Mehrzahl der Amerikaner, die nach Bekanntwerden von Roosevelts Tod von Trauer heimgesucht wurden und von denen nach einer Umfrage bei der Präsidentschaftswahl im November 1944 nur 55 Prozent spontan den Namen von Roosevelts *running mate* nennen konnten, wussten nicht, dass der neue Präsident einen so gänzlich anderen biografischen Hintergrund hatte als viele seiner Vorgänger – vor allem im Vergleich mit dem patriarchalischen Roosevelt. Mit Harry Truman zog ein *common man* ins Weiße Haus, ein Vertreter der einfachen Bevölkerung des amerikanischen Mittelwestens, der wenig Gemeinsamkeiten mit der Politikerelite hatte. Truman war nicht reich (über weite Phasen seines Lebens war er arm und/oder verschuldet), und er war kein Produkt einer noblen Hochschule. Schlimmer noch oder zumindest ungewöhnlich: Harry Truman hatte als einziger Präsident des 20. Jahrhunderts kein College besucht. Dass dieser einfache, bodenständige Mann die vor ihm liegende gigantische Aufgabe im Wesentlichen meisterte und heute als einer der besten Präsidenten der amerikanischen Geschichte gilt, mag als eine der größten und gelungensten Bewährungsproben der demokratischen Regierungsform gelten. Er war einer aus dem Volk, dem im schwierigsten Augenblick epochale Verantwortung zufiel und der diese nicht scheute.

Harry Truman wurde am 8. Mai 1884 auf einer Farm im Bundesstaat Missouri geboren. Vier Wochen nach seinem Amtsantritt feierte er am Tag der Kapitulation Deutschlands, dem Victor-E Day (*Victory in Europe*), seinen einundsechzigsten Geburtstag. Man mag es als Symbol dafür sehen, dass Harry Truman eine Art Glückspilz war. Den in Amerika weithin gebräuchlichen zweiten Vornamen gaben ihm seine Eltern nicht mit auf den Lebensweg. Später wurde er verschiedentlich als »Harry S. Truman« bezeichnet, doch das S stand für nichts. In der ländlichen Schule stach Harry durch seine schlechten Augen hervor; er war der einzige Brillenträger in der Klasse. Als Kind hatte er eine schicksalhafte Begegnung mit lebenslangen Folgen: »Als ich sechs oder sieben Jahre alt war, brachte mich meine Mutter zur Sonntagsschule, und dort sah ich das hübscheste kleine *sweetheart girl*, das mir je begegnet war. Sie hatte gebräunte Haut, blondes Haar, golden wie der Sonnenschein, und die schönsten blauen Augen.«[5] Schüchtern wie Harry war, dauerte es fünf Jahre bis er das Mädchen – Elizabeth Wallace, genannt Bess – zum ersten Mal ansprach, und weitere rund zwanzig Jahre, bis er sie heiratete.

Nach dem Schulabschluss versuchte sich Harry mehrere Jahre als Farmer, mit bescheidenem Erfolg. Das in der Landwirtschaft übliche frühe Aufstehen, das Beginnen des Tagewerks um fünf Uhr morgens, behielt er später bei und war meist, ob im Senat oder im Weißen Haus, vor seinen Sekretärinnen in seinem Büro. Eine Investition in eine Kupfermine endete mit Verlust und Schulden. Zeitweise arbeitete er in einer Bank, was sein später ausgeprägtes Interesse an Budgetfragen erwachen ließ. Sein Weg schien nirgendwohin zu führen, und so war der Eintritt der USA in den Ersten Weltkrieg im April 1917 eine unverhoffte Chance. Obwohl er schon 33 Jahre alt war, trat er in die Armee ein und wurde als Oberleutnant einer Artillerie-Einheit nach Frankreich verschifft. Bald zum Hauptmann befördert, zeichnete er sich an der Front sowohl durch Tapferkeit als auch durch sein Organisationsgeschick und seine Fähigkeiten in Menschenführung aus. In sieben Wochen heftiger Gefechte hatte seine Einheit nur einen Gefallenen und einen Verwundeten zu beklagen. Sein kameradschaftliches Auftreten und seine Loyalität schweißte seine Einheit zusammen. Bei der Parade anlässlich seiner Amtseinführung 1949 marschierten die überlebenden Mitglieder von Battery D neben dem Wagen des Präsidenten.

Nach Friedensschluss kehrte er nach Missouri zurück und heiratete am 28. Juni 1919 seine Bess – es war der Tag, an dem im Schloss von Versailles das Versailler Abkommen unterzeichnet wurde. Harry stieg wieder ins Geschäftsleben ein und erlebte die nächsten Rückschläge. Zusammen mit einem Kriegskameraden eröffnete er im November 1919 den Kurzwarenladen Truman & Jacobson in der Innenstadt von Kansas City. Unterwäsche und Hüte zu verkaufen ist ein Detail, das sich in keiner anderen Biografie eines amerikanischen Präsidenten findet. Dem Geschäft waren keine drei Jahre vergönnt, in denen es die Bürger von Kansas City mit seinen Waren erfreuen konnte, bevor es pleiteging. Auch weitere berufliche Unternehmungen Trumans – er zog unter anderem eine Zeitlang durch Kansas und warb mit Provision für die Mitgliedschaft im Automobilklub des Staates – waren von einer anhaltenden Erfolglosigkeit gezeichnet.

Ein Ausweg sowohl für sein Selbstwertgefühl, für sein Ansehen bei Bess (deren Mutter ihn zeitlebens ablehnte und ihn auch als Präsidenten mit unerbittlicher Eiseskälte behandelte) und für die Familienkasse bot ihm schließlich die Politik. Truman, der schon als Junge Bücher über Geschichte und historische Biografien verschlungen hatte (seine Lieblingsgestalt in der Geschichte war der im ersten Kapitel vorgestellte Andrew Jackson), geriet in das Umfeld des lokalen Parteipatriarchen Tom Pendergast, der in Kansas City einen Saloon unterhielt und die Demokratische Partei der Region anführte.[6] Mit Unterstützung dieser *machine* wurde Harry Truman 1922 in sein erstes Amt gewählt, als Richter in Jackson County – mit nur minimaler, in Abendkursen erworbener juristischer Ausbildung.

Geradezu kometenhaft war der Aufstieg, den Truman 1934 mit Unterstützung von Pendergast und seinen Beziehungen nahm. Praktisch aus dem Stand wurde Truman Kandidat für das Oberhaus des amerikanischen Parlamentarismus, den Senat, in dem die Vertreter »alter Familien«, des Geldadels und Absolventen von Harvard, Yale und Princeton den Ton angaben. Ihn überkamen bei seiner Kandidatur nur vorübergehend Zweifel. Er werde wohl »vom Finanziellen her unzweifelhaft der ärmste Senator in Washington sein«[7], mutmaßte er zu Recht – was das Senatoreneinkommen von 10 000 Dollar jährlich zu einem attraktiven Aspekt der angestrebten Tätigkeit machte.

Truman gewann die Wahl und zog in die Hauptstadt, wo ihn die Leitartikler mit Misstrauen beobachteten und ihn verächtlich den »Senator von Pendergast« nannten. Doch im Senat selbst war der umgängliche und vernünftige Mann aus Missouri trotz seines zweifelhaften Mäzens keineswegs isoliert und knüpfte bald Freundschaften. Einer der neuen Kollegen, Senator Hamilton Lewis aus Illinois, tat das seinige, um Truman zu einer realistischen Einschätzung seines neuen, distinguierten Umfeldes zu verhelfen, als er ihm anvertraute: »Harry, leg Dir bloß keinen Minderwertigkeitskomplex zu. Die ersten sechs Wochen wunderst Du Dich, wie zur Hölle Du hierhin gekommen bist, und danach fragst Du Dich, wie zur Hölle es all die anderen geschafft haben.«[8]

Als 1940 seine sechs Jahre im Senat endeten[9], war Truman keiner der wirklich herausragenden Persönlichkeiten in dieser würdigen Institution – und seine Situation hatte sich dramatisch verschlechtert. Sein Gönner Tom Pendergast, mit dem Truman nach wie vor assoziiert wurde, saß nämlich wegen Steuerhinterziehung im Gefängnis und hatte seine politischen Einflussmöglichkeiten verloren. Truman schien auf verlorenem Posten zu stehen. Entscheidend war weniger die Auseinandersetzung mit dem Kandidaten der Republikaner im November, sondern die Vorwahl innerhalb der Demokratischen Partei, die in Missouri eine unangefochtene Mehrheit hatte. Die führende Zeitung in seinem Heimatstaat, *The St. Louis Post Dispatch*, nannte Truman »einen toten Hahn im Ring«.[10] Doch Harry Truman zu unterschätzen war grundsätzlich ein Fehler, den noch andere begingen, darunter wohl auch Josef Stalin. Er war ein leidenschaftlicher Wahlkämpfer, der bei den Menschen gut ankam, weil sie merkten, dass einer von ihnen zu der Menge sprach. Unterstützung erhielt er von zahlreichen Senatskollegen, bei denen er sich Ansehen erworben hatte. Keinerlei Einsatz für ihn zeigte in dieser *primary* indes Präsident Roosevelt, der bald darauf, im November 1940, aufgrund des Krieges in Europa für eine nie dagewesene dritte Amtszeit kandidierte.

Truman setzte sich in der Vorwahl gegen den favorisierten demokratischen Gouverneur von Missouri knapp durch und gewann dann (diesmal mit Roosevelts Unterstützung) die eigentliche Wahl. Das Image des Pendergast-Vasallen hatte er abgestreift, und als er nach der Wahl erstmals wieder den Sitzungssaal des Senats betrat, hatte er ein bewegendes Erlebnis. Erst stand ein Senator auf und applaudierte, dann ein zweiter, dann ein dritter, bis ihm das ehrwürdige Haus eine *standing ovation* gab.

In seiner zweiten Legislaturperiode übernahm Truman den Vorsitz eines Senatskomitees, das finanzielle Verschwendungen bei der massiven Aufrüstung der USA untersuchte und immer wieder erfolgreich unterband. Nachdem Roosevelt sein Land zum *Arsenal of Democracy*, zur Waffenschmiede der westlichen Demokratien, ausgerufen hatte, begann Amerikas mächtige Industrie auf Hochtouren zu laufen. Nicht nur wurde Großbritannien gegen Cash oder gegen Kredit von den USA mit Unmengen an Waffen, Flugzeugen, Kriegsschiffen und anderen Gütern ausgestattet (während die Lieferungen der USA an die von Hitler angegriffene Sowjetunion de facto Schenkungen waren), auch für die eigenen Streitkräfte wurde ein massiver Ausbau beschlossen. Wie in einer an Gewinn und Profit orientierten Gesellschaftsordnung zu erwarten, langten einige Firmen beim Ausstellen der Rechnungen für *Uncle Sam* – und damit für den amerikanischen Steuerzahler – kräftig zu. Doch nun bekamen es diese Unternehmer mit Harry Truman und seinen Ermittlern zu tun. Man sprach vom Truman-Komitee, und plötzlich fand sich der völlig uneitle Senator aus Missouri im März 1943 sogar auf der Titelseite von *Time* wieder. Das Komitee des ehemaligen Bankangestellten Truman soll der Nation rund 15 Milliarden Dollar an unnötigen Ausgaben erspart haben.

Als sich die Präsidentschaftswahl von 1944 näherte, gab es keine Zweifel, dass Roosevelt ein viertes Mal antreten würde. Diesmal würde jedoch der Entscheidung des Wahlparteitages, wer Roosevelts *running mate* sein sollte, eine besondere Bedeutung zukommen. Denn der 62-jährige Präsident war erkennbar krank. Und wie nicht so ganz selten, wenn die Mächtigen die Kontrolle über den eigenen Körper verlieren, hielt man den Zustand Roosevelts vor der Öffentlichkeit geheim. Roosevelt litt an zunehmender Herzmuskelschwäche und an Hypertonie. Im März 1944 begab er sich zu einer eingehenden Untersuchung ins Naval Hospital in Bethesda, Maryland. Der Präsident, der um gesundheitliche Probleme nie viel Aufhebens machte, antwortete auf die Frage, wie er sich fühle, ehrlich und knapp: »Like hell!« Als

Roosevelt in Bethesda untersucht wurde, fiel einem jungen Kardiologen, Howard Bruenn, auf der Röntgenaufnahme auf, dass das Herz des Patienten, vor allem im Bereich der linken Kammer, massiv vergrößert war – ein Hinweis auf eine ausgeprägte Herzinsuffizienz. Roosevelt wog zu dieser Zeit 85 Kilogramm – zu viel und aufgrund der verkümmerten Beine ungleichmäßig verteilt. Besondere Sorgen bereitete Bruenn Roosevelts Blutdruck: Er schwankte stark und war bisweilen gefährlich hoch. Bruenn verschrieb Digitalis (damals gab es kaum andere wirksame Medikamente gegen Herzmuskelschwäche) und ordnete einen strikten Wandel der Lebensführung an. Der Präsident müsse sein Gewicht reduzieren, zehn Stunden pro Tag schlafen (angesichts der Arbeitsbelastung Roosevelts kaum zu realisieren), seinen Zigarettenkonsum auf fünf pro Tag (er rauchte bis zu 30 Zigaretten täglich) und die Martinis auf einen vor dem Dinner reduzieren.

Ungeachtet dieser zunächst erfolgreichen Behandlung machte im Vorfeld des Wahlparteitags der Demokraten die Devise die Runde: »Ihr nominiert nicht den Vizepräsidenten der Vereinigten Staaten. Ihr nominiert den Präsidenten.«[11] Der bisherige Vizepräsident Henry Wallace stand politisch weit links, was nach den stürmischen frühen Jahren des *New Deal* nach Roosevelts Amtsantritt 1933 nun nicht länger mehrheitsfähig war. Außerdem bewunderte er die Sowjetunion und sprach sogar Russisch! Im sich allmählich am fernen Horizont abzeichnenden Kalten Krieg war dies verdächtig. Roosevelt zeigte an der Frage, wer seine Nummer zwei sein sollte, erstaunlich wenig Interesse. Die Parteiführer einigten sich schließlich auf Truman, und die Delegierten auf dem Parteitag stimmten dem pflichtschuldigst zu.

Zu einem kurzen Treffen mit Roosevelt kam es zwei Wochen später. Mit seinem künftigen Vizepräsidenten führte Roosevelt nur wenige, belanglose Gespräche. Ihn in Staatsgeheimnisse einzuweihen wie den Bau der Atombombe[12], hielt Roosevelt offenbar nicht für nötig. Für die Fotografen traf man sich zum Kaffee im Garten des Weißen Hauses, an einem strahlend schönen Sommertag. Truman sieht auf den Bildern recht beeindruckt aus; neben dem verehrten Präsidenten zu sitzen, war zweifellos ein großes Erlebnis für den unprätentiösen Mann. Möglicherweise allerdings beschäftigten Truman andere Gedanken, als die Auslöser der Fotografen klickten. Er hatte entsetzt gesehen, dass Roosevelt bei dem Versuch, etwas Kaffee zu sich zu nehmen, derart zitterte, dass er einen großen Teil des Tasseninhalts verschüttete.

Die Gesundheit des Präsidenten wurde trotz aller gegenteiligen Bemühungen des Weißen Hauses zum Wahlkampfthema; in der Presse wurde immer wieder das erschreckend schlechte Aussehen des Präsidenten diskutiert. Die *Daily Tribune* wies darauf hin, dass vielleicht wie niemals zuvor der *running mate* im Zentrum der Wahlentscheidung stehen sollte: »Mr. Roosevelts Gesundheit ist für viele ein Thema, die ihn jüngst gesehen oder seine Stimme gehört haben. Mr. Truman sieht sich als geeignet für die Präsidentschaft an. Wichtig ist: Tun dies auch seine Landsleute? Denn eine Stimme für eine vierte Amtszeit kann genauso gut eine Stimme für Trumans erste Amtszeit sein.«[13]

Am 7. November 1944 wählten die Amerikanerinnen und Amerikaner Franklin D. Roosevelt für eine vierte Amtszeit und machten Harry Truman zum Vizepräsidenten. Kaum drei Monate nach der vierten Amtseinführung Roosevelts legte Truman in einem unter Schock stehenden Weißen Haus den Amtseid als 33. Präsident ab. Seine wichtigste Aufgabe war nun, seine Landsleute und die Welt davon zu überzeugen, dass nicht nur die politischen Institutionen der USA im Falle eines solchen Wechsels stabil blieben – das hatten sie bereits sechsmal zuvor unter Beweis gestellt, wenn ein Vizepräsident einem plötzlich verstorbenen oder ermordeten Präsident ins Amt folgte, was zuletzt Calvin Coolidge passiert war – sondern auch die USA den eingeschlagenen Kurs im Weltkrieg beibehalten würden. »Niemand ist je unter schwierigeren Umständen in das Präsidentenamt gekommen als Harry S. Truman«,[14] urteilte ein Leitartikel in der *Los Angeles Times* völlig zu Recht.

Truman ging in der Tat zielstrebig und – für manche überraschend – mit großem Selbstbewusstsein an die Aufgabe. Der Vorschuss an *Goodwill* durch seine Landsleute war bei allen über den weithin Unbekannten herrschenden Zweifeln enorm – und er wurde ihm gerecht. Bei einer Meinungsumfrage im Juni hatte Truman die unglaubliche Zustimmungsrate von 87 Prozent. Ausschlaggebend waren, so analysierten die Demoskopen, »seine Ehrlichkeit, Ernsthaftigkeit und Freundlichkeit«.[15]

Bei allen Bemühungen, Kontinuität zu verkörpern, scheute Truman nicht vor einer Kursänderung dort zurück, wo sie ihm dringend nötig erschien. Der Erste, der dies zu seiner grenzenlosen Überraschung zu spüren bekam, war der am 23. April im Weißen Haus eintreffende sowjetische Außenminister Wjatscheslaw Molotow. Die Sowjetführung war von dem schwächelnden Roosevelt Nachgiebigkeit und allenfalls lauwarme Proteste gegen ihre Politik im von der Roten Armee eroberten Osteuropa gewohnt, wo sie Marionettenregime installierte. Von Truman bekam Molotow über dreißig Minuten eine Lektion in klarer Sprache, die den alten Bolschewisten fassungslos zurückließ. Am Ende des Besuches kam es zu den denkwürdigen Resümees der beiden. Molotow beklagte: »In meinem ganzen Leben hat noch nie jemand so mit mir gesprochen.« Und Truman hielt dagegen: »Halten Sie sich an Abmachungen, und dann wird auch niemand wieder so mit Ihnen sprechen.«[16] Der neue Präsident war sich schnell im Klaren, dass die Unterschiede in der Sichtweise, wie es im zerstörten und (teilweise) befreiten Europa weitergehen sollte, zwischen der westlichen Demokratie und der Sowjetunion kaum zu überbrücken waren. Bestärkt wurde er in seiner Skepsis gegenüber der östlichen Supermacht auch durch ein Telegramm des britischen Premiers Winston Churchill, der ihn warnte: »Ein eiserner Vorhang geht hinter der [sowjetischen] Front nieder. Wir wissen nicht, was dahinter passiert.«[17] Churchill hatte dabei zum ersten Mal seine Wortschöpfung gebraucht, die er 1946 in einer Rede in Anwesenheit Trumans an einem College in dessen Heimatstaat Missouri im allgemeinen Bewusstsein verankerte: der Eiserne Vorhang, der in den folgenden vier Jahrzehnten Realität sein sollte.

Mit seiner grundsätzlich unkomplizierten Lebensart hatte Truman den Übergang von seinem Farmhaus in Independence, Missouri, über seine Mietwohnung in Washington bis in den berühmtesten Amtssitz der Welt ohne Schwierigkeiten vollzogen. Gesellig wie er war, lud er in den allerdings nun eher seltenen Stunden des Müßigganges alte und verschiedentlich auch neue Freunde ins Weiße Haus zu seiner bevorzugten Freizeitbeschäftigung, dem Pokerspiel und einem Glas Bourbon ein. Zu seinen neuen politischen Wegbegleitern gehörte unter anderem ein junger Kongressabgeordneter namens Lyndon Baines Johnson, dem es einst beschieden sein sollte wie Truman durch den (in diesem Fall gewaltsamen) Tod eines Präsidenten unerwartet ins höchste

Staatsamt zu gelangen. Während Truman in dieser etwas derben Gemütlichkeit unter Gleichgesinnten Entspannung und Kraft fand, konnte seine Frau dem Weißen Haus und der permanenten Beobachtung durch die Reporter in Washington wenig abgewinnen und zählte die Tage bis zum ersten Sommerurlaub als First Lady daheim in Independence.

Truman unterzeichnete am 25. Juni die Charta der neugegründeten Vereinten Nationen in San Francisco. Der amerikanische Verhandlungsführer in den teilweise schwierigen Konferenzen – vor allem mit der Sowjetdelegation gab es, inzwischen fast erwartungsgemäß, zahlreiche Reibereien – war Außenminister Edward Stettinius gewesen, den Truman zur Enttäuschung des Chefdiplomaten zum Botschafter bei der neuen Weltorganisation machte und im State Department durch James Byrnes ersetzte. Auch andere Kabinettsmitglieder tauschte Truman allmählich aus. Die für die Entwicklung Nachkriegsdeutschlands wichtigste Entscheidung Trumans war, den Roosevelt-Intimus Henry Morgenthau nach elf Jahren als Finanzminister abzusetzen. In der neuen Administration hatte sich schnell der Wille durchgesetzt, unter anderem von Kriegsminister Henry Stimson propagiert, dem besiegten Deutschland wieder auf die Beine zu helfen. Rachekonzepte wie die De-Industrialisierung und Umgestaltung der einst (und bald wieder) führenden europäischen Wirtschaftsnation zu einer Agrarwüste passten weder in die Zeit des beginnenden Ost-West-Konfliktes noch in die Welt und Wertvorstellungen des Harry Truman. Der Wiederaufbau Europas und damit auch Westdeutschlands mit dem Plan des späteren Außenministers George C. Marshall ist eine der historisch bedeutsamsten Leistungen Präsident Trumans.

Es war im besiegten Deutschland, wo Truman seinen ersten großen Auftritt auf der Bühne der Weltpolitik absolvierte. Er überquerte den Atlantik und nahm Quartier in Babelsberg, bevor am 17. Juli die Potsdamer Konferenz begann, die bis zum 2. August dauerte. Truman war ein Neuling, blieb damit aber nicht allein. Mitten in der Konferenz wurde Winston Churchill aufgrund der Wahlniederlage seiner Partei abberufen und durch den Chef der Labour Party und neuen Premierminister Clement Attlee ersetzt (der als Mitglied der seit 1940 regierenden britischen Koalitionsregierung indes durchaus über Regierungserfahrung verfügte). Es war unzweifelhaft Josef Stalin, der unter diesen »Großen Drei« dominierte. Im Laufe der Verhandlungen frustrierte es Truman zunehmend, wie wenig Zugeständnisse dem Diktator über die Zukunft Europas und vor allem dessen von sowjetischen Truppen besetzten Teils abgerungen werden konnten. Überall, wo die Rote Armee stand, notierte Truman in seinem Tagebuch, herrsche der Polizeistaat, mit Konzentrationslagern und allen Formen der Unterdrückung.

Immerhin konnte er Stalin das Versprechen abringen, in den Krieg gegen Japan einzutreten. Ob es dieses Verbündeten zur Niederwerfung der Japaner noch bedurfte, erschien jedoch zweifelhaft. Mitten in der Potsdamer Konferenz erhielt Truman eine Nachricht, auf die er lange gewartet hatte und von der er wusste, dass sie ein neues Zeitalter einleitete. Am 25. April, zwei Wochen nach seinem Amtsantritt, war Truman zum ersten Mal umfassend in das größte Staatsgeheimnis eingeweiht worden: das *Manhattan Project*, den Bau der Atombombe. Plötzlich erschien es ihm möglich, die geplante verlustreiche Invasion Japans zu vermeiden und den Krieg mit einem Schlag, einem allerdings in seiner Furchtbarkeit unvergleichlichen Schlag zu beenden. Die Schwere dessen, was auf ihn zukam, war ihm bewusst, wie er im Gespräch mit einem Vertrauten bekannte: »Ich habe gerade eine wichtige Information erhalten. Ich habe eine Entscheidung zu treffen, vor der noch kein Mann in der Geschichte je gestanden hat. Ich werde es tun, aber es ist entsetzlich, daran zu denken, was ich entscheiden muss.«[18]

In den frühen Morgenstunden des 16. Juli 1945 wurde in der Wüste von New Mexico die erste Atombombe gezündet. Die in einem Bunker geschützten und mit Schutzbrillen ausgestatteten Wissenschaftler und Militärs beschrieben ein Licht, das die Mittagssonne an Intensität weit übertraf. Das Licht war viele Kilometer weit zu sehen, die Detonation über fast den halben Bundesstaat wahrzunehmen. Der Öffentlichkeit – die nächste nennenswerte Stadt, Alamogordo, war rund 40 Kilometer von *Ground Zero* entfernt – teilte man über eine Presseerklärung mit, dass Munition explodiert und niemand zu Schaden gekommen sei.

Es dauerte mehrere Tage, bis Truman in Potsdam genaue Informationen über den Test erhielt – sie wurden ihm per Boten zugestellt, da die Telefon- und Telegrafenleitungen von den Sowjets abgehört wurden. Er erfuhr, dass die Bombe weit mehr Sprengkraft hatte als von den Experten (angeblich) vermutet; anstatt der von 1000 oder 2000 Tonnen TNT entsprach ihre Wirkung der von 20 000 Tonnen, wobei die freigesetzte Radioaktivität unberücksichtigt blieb. Wie die US-Militärs sah auch der zu diesem Zeitpunkt noch in Potsdam weilende Winston Churchill in der neuen Waffe (Großbritannien war ein Juniorpartner der USA in deren Entwicklung) einen Ausweg aus dem befürchteten Blutbad einer Invasion der japanischen Inseln: »Nun verschwand diese albtraumhafte Vorstellung. An ihre Stelle war die Vision getreten – hell und deutlich, wie es schien – den ganzen Krieg mit einem, zwei gewaltigen Schocks zu beenden.«[19]

In einer Sitzung am 24. Juli teilte Truman in einer Nebenbemerkung Stalin mit, dass die USA über eine neue Waffe von ungeahnter Zerstörungskraft verfüge. Stalin zeigte keine Regung und erklärte lakonisch, dass es ihn freue und dass die Amerikaner sicher guten Gebrauch davon gegen die Japaner machen würden. Den Diktator überraschte die Nachricht nicht im Geringsten. Nicht nur war er über sein effektives Spionagenetzwerk in den USA und in Großbritannien genau über das *Manhattan Project* informiert; vielmehr hatten sowjetische Wissenschaftler und Militärs längst mit einem eigenen Atomprogramm begonnen. Bei einem Empfang wenig später konnte der sowjetische Marschall Georgi Schukow eine Unterhaltung zwischen Stalin und Molotow belauschen, in der die beiden übereinkamen, die »Dinge zu beschleunigen«. Schukow war sich sicher, dass sie den Bau einer eigenen Atombombe meinten.

Truman traf die verhängnisvolle Entscheidung zum Einsatz der neuen Waffe, die seither der kontroverseste Punkt seiner Biografie und damit auch des Urteils der Nachwelt über den 33. US-Präsidenten ist. Am 6. August fiel zuerst die völlig unvorbereitete Bevölkerung von Hiroshima, am 9. August die von Nagasaki der Atombombe zum Opfer. Wenige Tage später kapitulierte Japan. Unter all den Kommentaren der Zeitgenossen zu dem fürchterlichen Geschehen und dem erkennbaren Beginn eines neuen Zeitalters besticht in seiner Prägnanz der von Robert A. Lewis, dem Kopiloten der »Enola Gay« (des B 29-Bombers, der Hiroshima zerstörte): »My God, what have we done!«

Das Ende des Zweiten Weltkrieges sah die USA unter Präsident Harry Truman auf dem Höhepunkt ihrer Macht und ihres internationalen Ansehens. Wie nach früheren Konflikten begann das Land schnell mit einer drastischen Verkleinerung seiner Streitkräfte. Der Besitz der Atombombe schien riesige konventionelle Streitkräfte überflüssig zu machen. Doch das Atomwaffen-Monopol der USA hielt nur vier Jahre; im August 1949 zündete die Sowjetunion ihre erste Nuklearwaffe. Die Büchse der Pandora ließ sich nicht mehr schließen, zahlreiche weitere Staaten wurden in den nächsten Jahrzehnten – offiziell oder ohne es zuzugeben – zu Atommächten.

Die neue, noch kaum angefochtene Weltmachtposition der USA mit der zunehmenden Konfrontation zwischen Ost und West machte Harry Truman zu einem »außenpolitischen Präsidenten«. Die fast acht Jahre im Weißen Haus, die nach dem Ende des Zweiten Weltkrieges noch vor ihm lagen, waren durch Krisen und Konflikte geprägt. Seine innenpolitischen Leistungen, wie die Reform der Staatsbürokratie und die Aufhebung der Rassentrennung in den Streitkräften, waren ebenso bedeutende Wegmarken wie sein Kampf für eine allgemeine Krankenversicherung und andere sozialstaatliche Maßnahmen. Dem in dieser Hinsicht progressiven Präsidenten stellte sich indes vielfach ein Kongress in den Weg, in dem Republikaner und konservative Demokraten aus dem Süden eine Mehrheit bildeten. Die Rassentrennung konnte erst durch John F. Kennedy und Lyndon B. Johnson überwunden werden – demokratische Präsidenten, die dafür den Preis zahlten, dass weite Teile des Südens (manche bis heute) zu Hochburgen der Republikaner wurden. Zwar waren die Nachkriegsjahre eine Epoche des Aufschwungs – mit massiv ansteigenden Geburtenraten vor allem in den Baby-Boom-Jahren – mit heimgekehrten GIs, die in *Suburbia* Familien gründeten, doch es waren alles andere als gesellschaftlich ruhige Zeiten. Die Inflation war beträchtlich, und ab 1946 führte eine Streikwelle zu Missstimmung und tat Trumans Beliebtheit Abbruch. Sein Veto gegen das arbeitnehmer- und vor allem gewerkschaftsfeindliche Taft-Hartley-Gesetz wurde vom Kongress mit Zweidrittelmehrheit überstimmt.

Der Expansionismus der Sowjetunion führte zu Konflikten in verschiedenen Teilen der Welt, vor allem in Europa. Am 12. März 1947 verkündete Truman eine grundlegende Änderung der amerikanischen Außenpolitik, indem er vom Kommunismus bedrohten Ländern, in diesem Fall Griechenland und der Türkei, Unterstützung zusagte – diese Leitlinie wurde als Truman-Doktrin bekannt. Nach Beginn der Hilfsleistungen des Marshall-Planes begann eine auch sicherheitspolitisch engere Kooperation der USA mit den stark geschwächten westeuropäischen Demokratien. Zusammen mit Kanada und zehn europäischen Ländern wurde im April 1949 das Nordatlantische Verteidigungsbündnis, die Nato, gegründet. Es war das erste Mal in der amerikanischen Geschichte, dass sich die USA in Friedenszeiten als Bündnispartner europäischer Nationen engagierten. 1952 traten Griechenland und die Türkei bei und 1955 die junge Bundesrepublik Deutschland, die 1949 gegründet worden war. Im Jahr zuvor war ein weiteres neues Staatswesen auf der Landkarte erschienen: Israel. Truman nahm die Anerkennung dieses Staates umgehend und gegen den Rat vor allem amerikanischer Außenpolitiker vor, die vor einem solchen Schritt mit der Begründung warnten, dies würde den USA die Feindschaft der muslimischen Welt einbringen.

Nachdem die Republikaner 1946 die Kongresswahlen gewonnen hatten, schien 1948 die Zeit reif, nach 16 Jahren demokratischer Herrschaft wieder einen der ihren ins Weiße Haus zu bringen. Wie 1944 kandidierte für die Republikaner der damals unterlegene Gouverneur von New York, Thomas

Dewey. Die Meinungsumfragen sahen Dewey vorn. Truman jedoch war ein begeisterter Wahlkämpfer. Zum letzten Mal führte ein Präsident eine klassische *whistle stop campaign* – einen Wahlkampf von einem Sonderzug aus, der durch das Land fuhr. Bald würden die Fernsehdebatten und TV-Spots diese Form des Kontakts mit der Bevölkerung ersetzen. Truman sprach an jedem Haltepunkt von der hinteren Plattform seines auf den Namen »Ferdinand Magellan« getauften Waggons direkt zu den am Bahnhof zusammengekommenen Menschen: »Er zeigte stets das für ihn typische Lächeln und schien zunehmend Freude an der Begegnung mit den Durchschnittsamerikanern, die zum Bahnhof gekommen waren, zu haben. Viele von diesen wiederum sahen in ihm jemanden, der in ihrem Ort die Bank oder ein Geschäft leiten könnte: anständig, respektiert, weit gereist, aber ansonsten nicht so viel anders als sie selbst.«[20]

Bis zum Wahltag ging man selbst in Trumans Umfeld von einer Niederlage aus. Dasselbe galt für die Medien. Es ist eines der bekanntesten Bilddokumente des 20. Jahrhunderts: Ein strahlender Harry Truman hält eine Ausgabe der *Chicago Tribune* hoch, die etwas voreilig die Schlagzeile »Dewey Defeats Truman« gesetzt hatte. Denn Truman hatte nicht nur mehr Wähler hinter sich gebracht als der New Yorker (49,6 Prozent gegenüber 45,1 Prozent), sondern auch im entscheidenden Wahlmännerkollegium mit 303 gegenüber 189 eine deutliche Mehrheit erlangt.

Weite Teile der zweiten Amtszeit Trumans standen unter demselben Vorzeichen wie die ersten Wochen seiner Präsidentschaft: Krieg. Am 25. Juni 1950 überquerten Truppen aus dem kommunistischen Nordkorea den 38. Breitengrad und eroberten binnen kurzem fast das gesamte Südkorea – damals ein verarmtes und ausgepowertes Land, keine Wirtschafts- und Technologienation wie heute. Truman zögerte nicht, sich dem neuerlichen und diesmal besonders aggressiven Vordringen des Kommunismus entgegenzustemmen. Aufgrund der Abwesenheit der sowjetischen Delegation kam es ohne ein Veto Stalins (der höchstwahrscheinlich über die Angriffspläne der Nordkoreaner nicht nur informiert war, sondern sie sogar gefördert haben dürfte) zu einem Beschluss der Vereinten Nationen, mit einer »Polizeiaktion« die Aggression zurückzuschlagen. Vor allem die USA sandten Truppen und setzten massive Marine- wie Luftwaffenverbände ein. Der Oberkommandierende der US-Streitkräfte im Pazifikkrieg gegen Japan, General Douglas MacArthur, leitete eine geradezu genial geplante amphibische Landung bei Inchon, unweit von Seoul. Die Nordkoreaner waren nun in Gefahr, abgeschnitten zu werden, und wurden von den US-Streitkräften und den kleineren Einheiten ihrer Verbündeten zurückgedrängt. Innerhalb kürzester Zeit war fast ganz Nordkorea erobert. Doch MacArthurs vollmundige Prophezeiung, dass seine Jungs zu Weihnachten wieder zuhause sein würden, erwies sich als katastrophale Fehleinschätzung. Die kommunistische Volksrepublik China unter Mao Tse-Tung sandte Hunderttausende angeblicher »Freiwilliger«. Es wurde ein verheerender Winterfeldzug, bei dem die Amerikaner unter schweren Verlusten wieder bis ungefähr an die ehemalige (und zukünftige) Grenze zwischen beiden Koreas zurückgedrängt wurden.

Dann wurde Truman vor die nach dem Einsatz der Atombombe gegen Japan vielleicht zweite große Entscheidung seiner Präsidentschaft gestellt. MacArthur, der »amerikanische Cäsar«, entwickelte eigenständige, mit Washington nicht abgesprochene Pläne, den Krieg zu führen. Dazu gehörte auch die Option, gegen Rotchina Nuklearwaffen einzusetzen. Seine strategischen Konzepte brachte MacArthur geradezu ungeniert an die Öffentlichkeit, und er gab zu verstehen, dass er einen totalen Sieg über Nordkorea anstrebe: »There is no substitute for victory.« Am 10. April 1951 tat Truman den couragierten, wenn auch bei weiten Teilen der Öffentlichkeit unpopulären Schritt: Wie kein anderer Präsident vor und auch nach ihm bekräftigte er die Autorität der demokratisch gewählten Zivilregierung gegenüber dem Militär: Er feuerte MacArthur wegen Insubordination. In seiner volkstümlichen Sprache begründete es Truman später: »Ich habe ihn nicht gefeuert, weil er ein dämlicher Hurensohn ist, auch wenn er das ist …, sondern weil er die Autorität des Präsidenten nicht respektieren wollte.«[21]

MacArthur, der weithin verehrt wurde und zahlreiche Anhänger im Kongress und bei den Medien hatte, blieb ein schaler Triumph. Bei seiner Heimkehr in die USA wurde er von jubelnden Mengen begrüßt und durfte auf Einladung der Republikaner im Kongress sprechen. Es war sein Abgesang, er würde nie wieder ein Kommando haben. Zwar erklärte ein ihn verehrender Kongressabgeordneter, man habe heute Gott in Fleisch und Blut sprechen hören, doch Trumans Urteil kam der Bedeutung der teils theatralischen, teils selbstmitleidigen Rede des alten Soldaten näher. Für den Präsidenten waren MacArthurs Worte »einhundert Prozent bullshit«.[22]

Es war sein von ihm wenig geschätzter Nachfolger Dwight D. Eisenhower, der 1953 einen Waffenstillstand in Korea erzielte – ein Konfliktherd ist die Region bis in die Gegenwart geblieben. Truman hatte 1952 verkündet, dass er nicht noch einmal kandidieren wolle, auch wenn ihm der neue Verfassungszusatz zur maximalen Amtszeit eines Präsidenten dies durchaus ermöglicht hätte. Sein Werk war getan.

Das Weiße Haus verließen Bess und Harry Truman sichtlich erleichtert. Der Ex-Präsident verkündete lakonisch, man habe das *great white jail* hinter sich gelassen. Was er vom Politikbetrieb in der amerikanischen Hauptstadt inzwischen hielt, drückt eines der berühmtesten und heute nach wie vor gültigen Zitate des Harry Truman aus: »Wenn Du in Washington einen Freund brauchst, kauf Dir einen Hund!« Mit Bess unternahm er eine ausgedehnte Reise durch Amerika, um sich danach in seinem bescheidenen Haus in Independence einzurichten. Er blieb politisch interessiert und aktiv, gelegentlich ließ er sich zu Wahlkampfauftritten zugunsten der Demokratischen Partei bewegen. Als die acht Eisenhower-Jahre zu Ende gingen und mit John F. Kennedy wieder ein Demokrat zum Präsidenten gewählt wurde, war Truman zunächst skeptisch, nicht weil – ein heißes Wahlkampfthema 1960 – Kennedy der erste Katholik im Amt war, sondern vielmehr wegen des Mannes hinter dem neuen Präsidenten. Trumans Wortspiel muss man im Original genießen: »It's not the Pope I'm afraid of. It's the pop.«[23]

Er erlebte noch, dass sich die Einschätzung der Historiker wie auch der Öffentlichkeit, die ihm in seinen letzten Jahren im Amt rekordverdächtig schlechte Umfragewerte beschert hatte, über seine Präsidentschaft wandelte – heute liegt Truman in den *presidential rankings* im oberen Tabellenviertel. Für den Kalten Krieg, der seine Präsidentschaft geprägt hatte, sah er kurz vor dem Ausscheiden aus dem Amt mit bemerkenswerter Weitsicht jenes Ende voraus, das ab 1989 Realität wurde: »Ob die kommunistischen Herrscher ihre Politik aus freien Stücken ändern oder ob es auf andere Weise zu einer Wende kommt – ich habe keine Zweifel, dass sich die Welt ändern wird.«[24] Harry Truman starb am zweiten Weihnachtstag 1972 im Alter von 88 Jahren. Seinem Credo blieb er ein Leben lang treu: »Es ist entscheidend, dass man das tut, was man für richtig hält; dann können sie alle zur Hölle gehen.«[25]

JOHN F. KENNEDY

Ein Zügelloser

35. Präsident der USA von 1961 bis 1963

In einem Buch über amerikanische Präsidenten, die auf irgendeine Art sonderbar waren, deren Biografie ungewöhnliche Seiten aufweisen oder die man gar skurril nennen könnte, den für fast genau eintausend Tage amtierenden John Fitzgerald Kennedy zu berücksichtigen, mag auf den ersten Blick überraschen. Wenn es einen amerikanischen Präsidenten gab, der mit dem Begriff »Charisma« in Verbindung gebracht wird, war es der Mann aus Boston, der zum Zeitpunkt seiner Wahl 43 Jahre alt und damit der jüngste *gewählte* Präsident war (Theodore Roosevelt war bei seinem

Amtsantritt ein Jahr jünger, kam indes als Vizepräsident durch den Tod seines Vorgängers in das Weiße Haus). John F. Kennedy war für viele seiner Zeitgenossen eine Inspiration, zahlreiche seiner Reden oder seiner Worte haben die Zeiten überdauert und zählen zu den großen Statements der amerikanischen Politik, wie die Quintessenz seiner Antrittsrede: »Frage nicht, was Dein Land für Dich tun kann; frage, was Du für Dein Land tun kannst.« Er brachte junge Amerikaner dazu, sich im *Peace Corps* zu engagieren und in den sich entwickelnden Nationen zu arbeiten, die gerade den Kolonialismus hinter sich ließen. Seine Nation schwor er mit einer Rede vor beiden Kammern des Kongresses am 25. Mai 1961 darauf ein, vor Ablauf des Jahrzehnts einen Mann auf den Mond und heil wieder zur Erde zurückzubringen. Es wurde ein Vermächtnis an die Nation, die nach Kennedys gewaltsamem Tod im November 1963 in einer Kraftanstrengung wissenschaftlicher, industrieller und mentaler Art alles daran setzte, die Vorgabe zu erfüllen. Im Juli 1969 landeten Neil Armstrong und Edwin Aldrin auf dem Erdtrabanten.

Seine kurze Regierungszeit war reich an Krisen; und der junge Präsident wuchs mit den Herausforderungen, wurde zu einem Staatsmann. Die vielleicht gefährlichste Stunde des Kalten Krieges war die Konfrontation mit der Sowjetunion, die sich anschickte, auf Kuba Mittelstreckenraketen zu stationieren, bestückt mit Nuklearsprengköpfen. Kennedy meisterte sie mit seiner »Quarantäne«, der angekündigten Untersuchung von gen Kuba dampfenden sowjetischen Schiffen, die von der U.S. Navy zur Umkehr gezwungen werden sollten, wenn diese Offensivwaffen transportierten. Der Ratschlag zahlreicher US-Militärs, mit Luftangriffen auf die sowjetischen Basen in Kuba zu reagieren, hätte möglicherweise einen dritten und diesmal atomaren Weltkrieg ausgelöst. Während die USA unter Kennedy Entschlossenheit demonstrierten, fanden heimlich Verhandlungen mit den Sowjets statt, die zu einer Lösung führten. Nach der Kuba-Krise suchte er die Spannungen mit der anderen Weltmacht zu vermindern und die Menschheit vom nuklearen Abgrund fernzuhalten.

John F. Kennedy war ein Mann mit einem ungeheuren Esprit. Wer heute auf flimmernden Schwarz-Weiß-Streifen – zum Beispiel auf YouTube – seine Pressekonferenzen verfolgt, wird angesichts seiner Schlagfertigkeit, seiner Selbstironie, seiner erkennbar hohen Intelligenz Vergleiche mit einigen seiner Nachfolger anstellen, die deprimierend wirken können. Kennedy war ein Mann mit Fehlern und Schwächen (um eine eklatante geht es in diesem Kapitel), aber die inzwischen im Seniorenalter stehenden Zeitzeugen erinnern sich oft mit Verzückung, immer aber mit Respekt an den Präsidenten, der in unserer Erinnerung nie älter geworden ist.

Zwei Schatten liegen über dem Aufstieg des John Fitzgerald Kennedy und seiner kurzen Zeit im hohen Amt. Der eine ist der Einfluss seines Vaters, der andere seine privaten Eskapaden. Seine Libido, der er ungezügelt ihren Lauf ließ, war selbst für die Verhältnisse von Alphatieren, von Männern mit ungeheurer Macht, Einfluss und – in Kennedys Fall sehr ausgeprägter – anziehender Wirkung auf seine Mitmenschen, besonders auf Frauen, außergewöhnlich.

Es besteht kein Zweifel daran, dass das Geld und die Verbindungen von Joseph P. Kennedy, dem Vater des am 29. Mai 1917 geborenen John Fitzgerald, ihm den Weg ins Weiße Haus bahnten oder zumindest eine nicht unwesentliche Rolle spielten. Joe senior, Nachfahre irischer Einwanderer, hatte es bis nach Harvard geschafft und anschließend seinen ersten Job bei einer Bank bekommen. Mit 25 Jahren war Joe Kennedy der jüngste Bankpräsident der USA. Dass er aus einem Jahresgehalt von 1500 Dollar ein Familienvermögen schuf, das heute nach konservativen Schätzungen mindestens 500 Millionen Dollar »schwer« ist, zeigt, welch gerissener Geschäftsmann Joe Kennedy war, ein Meister in der in den USA so hoch geschätzten Kunst des *making money*. Mit der bigott-katholischen Rose Fitzgerald, die er 1915 heiratete, zeugte er neun Kinder. Diese wuchsen in einem wohlhabenden, aber extrem konkurrenzbetonten Umfeld heran. Joe trichterte seinen Kindern ein, ein Kennedy zu sein, bedeute, ein Sieger zu sein: »Wir wollen hier keine Verlierer sehen. In dieser Familie wollen wir Sieger haben.«[1] Was mit Menschen passiert, die aufgrund einer Behinderung nicht siegen *konnten*, demonstrierte Vater Joe an seiner ein Jahr nach John F. Kennedy (im Familienkreis »Jack« genannt) geborenen Tochter Rosemary. Er ließ an dem mental wahrscheinlich nur leicht retardierten Mädchen eine damals schon als unmenschliche Kurpfuscherei geltende Operation am Gehirn, eine frontale Lobotomie, vornehmen. Als Rosemary danach geistig schwer behindert war, ließ er sie in eine Institution in einem abgelegenen Ort in Wisconsin bringen, wo er sie nie besuchte. Die Existenz der behinderten Schwester hielten die Kennedys in den Jahren von Jacks Präsidentschaft vor der Öffentlichkeit geheim.

Siegen sollte nach Joe seniors Einschätzung sein zweitältester Sohn, nachdem der Erstgeborene, der den Namen des Vaters trug, im Zweiten Weltkrieg als Bomberpilot ums Leben gekommen war. Der Konflikt mit Deutschland hatte die Ambitionen des Vaters, der selbst mit der Präsidentschaft geliebäugelt hatte, zunichte gemacht. Joseph Kennedy setzte nämlich in seiner Zeit als amerikanischer Botschafter am Hof von St. James kurz vor Beginn des Krieges auf das sprichwörtliche falsche Pferd, als er England und seine Demokratie als »finished« bezeichnete und seiner eigenen Regierung riet, mit Hitler zu einer Verständigung zu kommen. Danach galt er vor allem im Umfeld von Präsident Franklin D. Roosevelt und der Demokratischen Partei als Defätist, wenn nicht gar als etwas noch Schlimmeres. Im Verlauf seiner steilen politischen Karriere hatte John F. Kennedy, der 1946 ins Repräsentantenhaus und 1952 in den Senat gewählt wurde, mit Vorurteilen gegen seine Person aufgrund der negativen Reputation seines Vaters zu kämpfen, darunter auch bei der Grand Dame der Demokraten, der Präsidentenwitwe Eleanor Roosevelt.

Joe Kennedy hatte nicht gerade den allerbesten Ruf, nicht nur wegen seiner politischen Einstellung, sondern auch wegen seines Geschäftsgebarens. In den 1920er Jahren, als in den USA die Prohibition Gesetz war, soll er im illegalen Alkoholgeschäft tätig gewesen sein; nach der Legalisierung 1933 wurde er Repräsentant von Herstellern englischen Gins und schottischen Whiskys. Er investierte in Hollywood, baute wichtige Studios um und erzielte dabei enorme Profite. Sein Einfluss in der Traumfabrik war ein weiterer wichtiger Motor in den Wahlkämpfen seines Sohnes, der von Stars wie Frank Sinatra und Dean Martin hofiert wurde. Dass Joseph Kennedy auch geschäftliche Beziehungen zur organisierten Kriminalität pflegte, gilt weithin als sicher.[2] Joe sorgte über seine Verbindungen zu den Medien dafür, dass Johns Hochzeit mit Jacqueline Bouvier am 12. September 1953 im ganzen Land als *das* gesellschaftliche Ereignis des Jahres gefeiert wurde. Die junge Frau lernte schnell das Credo ihres Schwiegervaters, der seinen Ehrgeiz mit Großzügigkeit verband. Er war alles andere als knausrig, solange sich »Jackie« an die Kennedy-Regel des permanenten Siegenmüssens hielt. Als Jackie sich ein Rennpferd wünschte, schrieb der Schwiegervater: »Ich kann ehrlich gesagt nichts darin sehen, ein paar Tausend Dollar zu sparen und keinen Sieger zu besitzen. Wenn du ein Pferd möchtest, dann hol dir eines, das dir die Befriedigung verschafft, alles für dich zu gewinnen, was du dir erhoffst. Du weißt, dass wir Kennedys keine zweiten Preise mögen. Also besorg dir das Pferd, das dir gefällt, und schick mir die Rechnung.«[3] Bald musste Old Joe wesentlich tiefer in die Tasche greifen. Das junge Glück war nicht von Dauer. Denn Jack konnte von seinen Affären nicht lassen. Zur Krise kam es, als Jackie 1956 schwanger war und eine Fehlgeburt erlitt, während ihr Mann mit einem Freund und einer Gruppe junger Frauen einen Segeltörn durch das Mittelmeer unternahm. Jackie dachte an Trennung. Für Joe war dies ein Alarmsignal allererster Ordnung: Noch nie hatte es einen katholischen Präsidenten gegeben, und auch ein geschiedener Präsident war in den Annalen der US-Geschichte nicht verzeichnet. Er bot (was die Öffentlichkeit erst viele Jahre später erfuhr) Jackie eine Million Dollar, wenn sie sich nicht von ihrem Mann trennen würde.

Joseph Kennedys Geld war ein wichtiger Faktor im Präsidentschaftswahlkampf von 1960. Das Kennedy-Vermögen wurde schon im Vorwahlkampf gegen die Mitbewerber in der Demokratischen Partei gezielt eingesetzt, und dies auf vielfältige Weise. Wahlkampfbroschüren und kleine Krawattenhalter in Form des Schnellbootes PT-109 (die an des Kandidaten Kriegserlebnis im Pazifik erinnern sollten) wurden als Werbemittel eingesetzt, es flossen aber auch Schmiergelder an Parteibosse und Delegationsleiter. Auch in der Logistik war er seinem Mitbewerber überlegen. Hubert Humphrey aus Wisconsin soll sich auf manch einem

Flughafen über die Kennedy-Privatmaschine mit dem Namen »Caroline« (benannt nach der 1957 geborenen Tochter von John F. und Jackie) gewundert haben, während er auf seinen Linienflug wartete.

Nach der Nominierung als Kandidat der Partei ging es gegen einen alten Freund und nunmehrigen Rivalen in den Wahlkampf, den bisherigen Vizepräsidenten Richard Nixon. Bei den *great debates,* dem Höhepunkt des Wahlkampfes, wurde aber auch deutlich, dass das Vermögen des Vaters nicht alles war. John F. Kennedy konnte dank seiner Persönlichkeit und seinem bei aller Jugendlichkeit staatsmännischen Auftreten bei der Bevölkerung Punkte sammeln. Erstmals spielte das Fernsehen mit den inzwischen im Ablauf amerikanischer Präsidentschaftswahlen fest verankerten Duellen der Kandidaten eine entscheidende Rolle. Die erste der vier Debatten fand am 26. September 1960 in Chicago statt. Die Zahl der Zuschauer übertraf alles in der Geschichte des Mediums bisher Dagewesene. Medienwissenschaftler vermuteten 100 bis 120 Millionen Zuschauer (in einem Land, das knapp 200 Millionen Einwohner hatte), heute geht man von immer noch beeindruckenden 70 Millionen Zuschauern aus. Beide Kandidaten hatten die letzten Stunden mit Vorbereitungen im Kreise ihrer Berater verbracht, hatten versucht, auf alle denkbaren Fragen des sorgfältig ausgewählten Panels von Journalisten die effektvollsten Antworten vorzubereiten. Nixon war etwas früher im Studio, versuchte trotz eines gerade überstandenen Krankenhausaufenthalts wegen einer Knieverletzung auf die Anwesenden einen gut gelaunten und vitalen Eindruck zu machen. Einige Minuten erfreute sich der Vizepräsident der allgemeinen Aufmerksamkeit. Dann der Schock: Als Kennedy das Studio betrat, stürzten sich die Pressefotografen auf ihn und ließen den konsternierten Nixon einfach stehen. Der Mann aus Massachusetts, so entfuhr es einem der Reporter, sah aus wie ein Adonis. Kennedy war braun gebrannt, trug einen dunklen Maßanzug und zeigte sein unwiderstehliches Siegerlächeln.

Die Debatte lief nicht gut für Nixon. Argumentativ war ihm Kennedy gar nicht so überlegen, wie es schien – Zu*hörer*, die das Geschehen nur im Radio verfolgten, gaben später bei Umfragen mehrheitlich an, Nixon habe auf sie den überzeugenderen Eindruck gemacht. Doch das Radio hatte an diesem Tag das kleinere Publikum. Die allermeisten politisch interessierten Amerikaner waren an jenem Abend Zu*schauer*. Und in deren Einschätzung schnitt Kennedy deutlich besser ab. Der Kontrast zwischen den beiden Kandidaten war unübersehbar: Kennedy hob sich in seinem dunklen Anzug vorteilhaft von der grauen Studioumgebung ab, er zeigte geradezu symbolhaft Profil. Nixons grauer Anzug hingegen schien mit dem Hintergrund zu verschmelzen, was dem Vizepräsidenten eine verwaschene Erscheinung gab, die noch durch seine Physiognomie unterstrichen wurde. Nixon sah nach dem Krankenhausaufenthalt elend aus, hatte Ringe unter den Auge und sein Hemdkragen saß schlecht. Der Eindruck nach Ende der Debatte war im Kennedy-Lager der eines eindeutigen Siegers – was Meinungsumfragen unter Zuschauern bestätigten: 43 Prozent sahen Kennedy als »Sieger«, nur 23 Prozent hatten von Nixon den stärkeren Eindruck. Auch die Körpersprache des den Zuschauern gerade nicht zugewandten Kandidaten lenkte die Sympathien eher in Richtung Kennedys. Nixon blickte bei den Äußerungen des jugendlichen Senators oft finster drein, schaute mit rastlosen Augenbewegungen im Studio umher. Kennedy wirkte auch als Zuhörer souveräner. Er machte sich Notizen (oder deutete dies zumindest an) und hob gelegentlich mit angedeutetem Lächeln eine Augenbraue.

Die folgenden drei Debatten änderten nicht mehr viel am Gesamteindruck. Ein knapper Wahlausgang galt als sicher. Die letzte Umfrage des Meinungsforschungsinstituts Gallup, drei Tage vor der Wahl veröffentlicht, sah Kennedy mit seinem Vizepräsidentschaftskandidaten Johnson mit 50,5 Prozent hauchdünn vor dem »Ticket« Nixon und seinem Mitbewerber für das Amt des Vizepräsidenten, Henry Cabot Lodge. Die Wahlnacht des 8. auf den 9. November 1960 sah ein Kopf-an-Kopf-Rennen. Kurz vor sechs Uhr morgens bezogen Agenten des Secret Service auf dem Anwesen der Kennedys in Hyannisport Stellung – es war das sicherste Anzeichen, dass John F. Kennedy die Wahl gewonnen hatte. Kennedy hatte 49,7 Prozent, Nixon 49,5 Prozent der Stimmen bekommen. Im entscheidenden Wahlmännerkollegium war der Vorsprung mit 303 zu 219 komfortabler. Joe senior erklärte nach diesem bedeutendsten Sieg, den ein Kennedy erringen konnte, bester Laune trotz des knappen Ausgangs, er habe eben nicht für einen Erdrutschsieg bezahlt.

Das Privatleben Kennedys ist vielfach beschrieben worden. Es gab die offizielle Seite, die extrem fotogene und attraktive Familie mit den beiden kleinen Kindern Caroline und John junior, die nicht nur in den USA, sondern den Lesern von Illustrierten und den TV-Zuschauern überall auf der Welt vor Augen führen wollte, dass Amerika von einer neuen, jungen Generation geführt wurde, von sportiven Menschen mit Geist, Geschmack und Charme. Es war keine Lüge. Dieses Familienleben war Realität, und Jacqueline Kennedys Bemühungen nach dem Tod ihres Mannes, diese Art der Erinnerung an ihn zu bewahren, indem sie den Camelot-Mythos schaffte, zeugen von der engen Vertrautheit und Liebe der beiden füreinander – trotz allem.

Daneben gab es eine zweite Realität, die erst Jahre später publik wurde. Warum Kennedy eine solch hyperaktive Libido hatte, dass er schon als Jugendlicher zu seinem nachmals berühmt-berüchtigten Lebensmotto fand – »a day without getting laid is a day lost« – bleibt unbeantwortet. Das Vorbild des Vaters mag eine Rolle gespielt haben, der zahlreiche außereheliche Affären hatte; Kennedys Hormonkrankheit und die von seinen Ärzten verschriebene Einnahme von Steroiden gelten als eine andere mögliche Ursache.[4] An dieser Stelle muss nicht in die Details gegangen, allenfalls an einen typischen Ablauf erinnert werden. Die Anwesenheit von Frauen wurde bei Reisen des Präsidenten im Voraus organisiert; bei seiner Ankunft war sichergestellt, dass er in der Suite des jeweiligen Hotels nicht allein war. Bei Abwesenheit der First Lady wurden auch Besuche von Damen im Weißen Haus arrangiert. Zuständig für diese Art der Organisation waren Kennedys Schwager Peter Lawford und seine Freunde aus der sogenannten »irischen Mafia«, Dave Powers und Kenny O'Donnell. Die Damen (sie kamen nicht selten zu zweit oder zu dritt; der ansonsten nicht gerade fremdsprachengewandte Kennedy sprach gerne von einer *ménage à trois*) wurden häufig als Starlets bezeichnet, was sie gelegentlich auch waren: junge Schauspielerinnen, die von der großen Hollywoodkarriere träumten. Die eine oder andere war immerhin schon so bekannt, dass die Secret-Service-Agenten ihren Namen kannten – bei anderen wurde nicht gefragt. »Sekretärinnen« war eine weitere offizielle Bezeichnung, die ein breites berufliches Spektrum umfasste – Stenografie-Kenntnisse waren nicht unbedingt erforderlich. Unter dieser Rubrik rangierten auch die hochklassigen Callgirls, die verschiedentlich engagiert wurden. Geld war nicht nur bei diesen im Spiel, auch andere Frauen bekamen (wenn man davon ausging, dass Kennedys Charme allein zu deren Beglückung nicht ausreichte) ein Bündel Dollarnoten zugesteckt: für ihren Service und vor allem für ihr Schweigen. Zu diesem Repertoire gehörten auch Drohungen. Vor all den aufstrebenden Leinwandgrößen wurde mehr oder weniger diskret deutlich gemacht, dass die Verbindungen der Familie Kennedy jede Karriere im Keim ersticken konnten. Die Tatsache, dass zu Kennedys Lebzeiten kaum etwas vom Schattendasein des Präsidenten bekannt wurde und dass sich später nur ein erstaunlich kleiner Teil aller beteiligten Frauen öffentlich geäußert hat, belegt, dass diese Mechanismen funktioniert haben.

Viele Jahre nach der Kennedy-Ära berichteten inzwischen im Ruhestand befindliche Secret-Service-Agenten über ihre professionellen Gewissensnöte. In Interviews für amerikanische Fernsehsender war ihnen immer noch das Dilemma anzumerken, dem sie als Top-Profis ausgesetzt gewesen waren: Sie hatten ihren Präsidenten vor jeder denkbaren Gefahr zu beschützen – und wussten oft nicht, wer die Frauen waren, mit denen er gerade zusammen war, und was sich in ihren Handtaschen befand; manchmal war der Präsident sogar völlig ihren Blicken entschwunden. Die Frage, inwieweit Kennedy damit die nationale Sicherheit gefährdete, ist sicher bereits zu seinen Lebzeiten von Leuten gestellt worden, die um die Eskapaden und die mögliche Erpressbarkeit des Präsidenten wussten und darüber besorgt waren. Eine seiner Gespielinnen, Judith Campbell, teilte das Bett mit einem Mafiaboss, eine andere, Ellen Rometsch, stammte aus der DDR.

Die Ereignisse des 22. November 1963 in Dallas, der brutale Mord an einem Präsidenten vor laufenden Kameras (der 8-mm-Streifen des Zeugen Abraham Zapruder ist eines der grausigsten historischen Bilddokumente) haben Spekulationen über die Hintergründe nie verstummen lassen. Der Tod des vermeintlichen Attentäters Lee Harvey Oswald zwei Tage später gab der nationalen Tragödie eine geradezu surreale Komponente und Verschwörungstheorien dauerhaft Munition. Als er von Polizisten abgeführt wurde, rief er den Reportern zu: »I'm just a patsy«, ich bin nur ein Sündenbock! Eine der Hypothesen – falls die offizielle Version von Oswald als Alleintäter nicht der Wahrheit entsprechen sollte – sieht in der mutmaßlichen Empörung der Sicherheitsdienste über Kennedys die nationale Sicherheit gefährdendes Privatleben ein mögliches Motiv der Mörder. Als ein weiteres gilt die Sorge des eingangs erwähnten »militärisch-industriellen Komplexes« über eine mögliche Kursänderung der Regierung Kennedy, weg von der militärischen Konfrontation des Kalten Krieges. Und mit ihr möglicherweise eine Abkehr von der unter Kennedy gerade beginnenden Verstrickung in den Vietnam-Konflikt, der unter seinem Nachfolger Lyndon B. Johnson zum alles beherrschenden außenpolitischen Krisenherd wurde und 58 000 Amerikanern sowie Millionen von Vietnamesen den Tod brachte. Wie die Welt unter fünf weiteren Jahren mit einem Präsidenten JFK ausgesehen hätte, ist eine der spannendsten »Was wäre gewesen, wenn«-Fragen über einen alternativen Geschichtsverlauf.

Am 10. Juni 1963 hielt Kennedy vor der American University in Washington seine vielleicht größte Rede. Sie handelte vom Frieden, vom Abbau der Spannungen mit der Sowjetunion – und dass die Ansprache fast unzensiert von der sowjetischen Presse verbreitet wurde, war ein absolutes Novum. Seine Worte haben angesichts wechselnder Bedrohungen auch fast sechs Jahrzehnte später in einer multipolaren Welt nichts von ihrer Bedeutung, ihrer Humanität verloren: »Verschließen wir nicht die Augen vor unseren Differenzen. Aber machen wir uns auch unsere gemeinsamen Interessen deutlich und die Möglichkeiten, wie wir diese Differenzen überwinden können. Und wenn wir diese Differenzen jetzt nicht beseitigen können, lasst uns die Welt zumindest sicher für die Vielfalt [*diversity*] machen. Letzten Endes besteht unsere grundlegendste Gemeinsamkeit darin, dass wir alle auf diesem kleinen Planeten leben. Wir alle atmen dieselbe Luft. Uns allen liegt die Zukunft unserer Kinder am Herzen. Und wir alle sind sterblich.«[5]

Ihm blieben noch etwas mehr als fünf Monate.

RICHARD M. NIXON

Der Getriebene

37. Präsident der USA von 1969 bis 1974

Es gab eine Zeit, in der sich ein entsetzter amerikanischer Präsident mit dem Hubschrauber über die von einer Ölkatastrophe verpesteten Strände Kaliforniens fliegen ließ. Zutiefst geprägt von diesem Eindruck gelangte er zu der Überzeugung, dass die Natur mit aller Macht geschützt werden müsse. Er schuf den National Environmental Policy Act, über den im Jahr 2000 ein Experte schrieb: »Kein Präsident vorher – oder seither – hat eine so ausgedehnte und koordinierte legislative Agenda«[1] in Sachen Umweltschutz vorzuweisen. Im Jahr 2012 wurden die wichtigsten amerikanischen Umweltorganisationen, darunter der Sierra Club und Greenpeace USA, gefragt, welcher amerikanische Präsident das meiste für die Ökologie getan habe. Er nahm Platz zwei auf der Rangliste ein, hinter Theodore Roosevelt.

Es war jener Präsident, der im Gegensatz zu einem seiner Nachfolger, dem wir im nächsten Kapitel begegnen werden, die Klimaerwärmung nicht leugnete, sondern ernst nahm, lange bevor sie zum Thema in der breiten Öffentlichkeit wurde. Er unterstützte – und dies auch mit Mitteln aus dem US-Haushalt – Maßnahmen zur Begrenzung des globalen Bevölkerungswachstums, in der Gegenwart wieder ein Tabu, das selbst in der vielseitigen Berichterstattung über *global warming* kaum einen Platz hat.

Den amerikanischen Ureinwohnern bezeugte er mit einer Abkehr von der jahrzehnte-, wenn nicht gar jahrhundertealten Politik der Zwangsassimilierung seinen Respekt; stattdessen sollten die indigenen Völker selbst über ihre Geschicke (*self-determination policy*) entscheiden. Die Aktionen indigener Aktivisten, darunter vor allem der Showdown mit Gesetzeshütern am Wounded Knee, im Jahr 1890 Schauplatz eines der übelsten Massaker an Indianern durch die US-Armee, konnten dank dem besonnenen Vorgehen seiner Administration mit vergleichsweise geringem Blutvergießen[2] beendet werden.

Obwohl er persönlich nicht frei von Vorurteilen war, wurde unter seiner Präsidentschaft die Benachteiligung von Minderheiten bekämpft. Unter seiner Administration wurde das Programm der *affirmative action*, das schwarzen Studentinnen und Studenten bevorzugt Zugang zu Universitäten verschaffen sollte, allmählich umgesetzt. Einer Reihe von abfälligen Bemerkungen über Schwule und Lesben steht ein Statement von ihm gegenüber: »Ich habe nichts gegen Homosexualität, ich verstehe sie.«[3] Die Schwulenehe, so vermutete er mit bemerkenswerter Klarsicht, könne um das Jahr 2000 Realität werden.

Er beendete den bis dahin längsten Krieg, den die USA geführt hatten, und brachte Bewegung in die erstarrten Fronten des Kalten Krieges. Seine Reise nach China gilt als diplomatischer Erfolg ohnegleichen und war der Beginn der Annäherung des riesigen Landes an den Rest der Welt – und damit auch seiner Modernisierung. Mit der Sowjetunion, mit deren Parteichef er sich mehrfach traf, schuf er das erste wirklich umfassende Programm zur nuklearen Rüstungsbegrenzung. Es war ein Schritt zurück von der Klippe eines nuklearen Armageddon, an dem die Welt über viele Jahr gestanden hatte.

Der Name dieses Mannes: Richard Milhous Nixon.

In der amerikanischen Geschichtsschreibung und in Berichten über ihn taucht fast automatisch die Formulierung *in disgrace* auf: »In Schande« musste er am 9. August 1974 zurücktreten. Richard Nixon ist bis heute der einzige amerikanische Präsident, der von seinem Amt zurücktreten musste. Die Untersuchungen im Verlauf der seit Sommer 1972 schwelenden Watergate-Affäre hatten seine Intrigen und Lügen, vor allem aber – das war der eigentlich strafbare Akt – seine Behinderung der Ermittlungen, *obstruction of justice*, offenbart. Darüber hinaus wurde den Amerikanern durch Veröffentlichung der Mitschnitte auf dem bis dahin geheimen Tonbandsystem des Weißen Hauses bewusst, welch getriebener, unsicherer und über Strecken auch paranoider, zu Vulgaritätsausbrüchen neigender Mann ihr Land regierte. Sein Rücktritt war letztlich überfällig und beendete, wie es sein Nachfolger Gerald Ford nannte, den langen nationalen Albtraum namens Watergate.

Richard Nixon ist der Dunkelmann in der Galerie der amerikanischen Präsidenten. Doch seine Verfehlungen und seine seelischen Abgründe, die bis heute sein Bild prägen, sind nur eine Seite dieser historischen Persönlichkeit, seine Verdienste – von denen einige eingangs skizziert wurden – sind eine andere. Im Gegensatz zu den meisten amerikanischen Präsidenten, die reich bis steinreich ins Amt kamen (dazu zählt auch der Mann im nächsten Kapitel) kam Richard Nixon aus ganz einfachen Verhältnissen, er entstammte der unteren Mittelklasse. In der Zeit nach dem Zweiten Weltkrieg kamen nur Harry Truman und vielleicht auch Bill Clinton aus dieser sozialen Schicht, über der stets das Damoklesschwert des Abstiegs zum Proletariat schwebt. Nixon war über all die Jahre seines teilweise kometenhaften politischen Aufstiegs und selbst als Inhaber des mächtigsten Amtes der Welt zutiefst unsicher, seine Aversion und sein Gefühl der Benachteiligung gegenüber den Eliten und den Reichen waren unabänderlicher Teil seines Wesens. Und die Personifizierung des amerikanischen Polit- und Geldadels, eines mit einem silbernen Löffel im Mund geborenen Privilegierten, war seine politische Nemesis: John F. Kennedy.

Nixon sah sich von Feinden umgeben – und lag damit nicht falsch. Seine unversöhnlichsten Gegner begleiteten seine Karriere, konnten aber trotz aller Bemühungen seinen Erfolg, der im erdrutschartigen Wahlsieg von 1972, bereits im Schatten von Watergate, gipfelte, nicht verhindern: die Medien. Die Geschichte des 37. amerikanischen Präsidenten ist auch die von der immensen Macht der Medien im politischen Alltag der westlichen Demokratien. Die – von der Verfassung übrigens keineswegs vorgesehene – sogenannte vierte Macht im Staat übt eine wichtige Wächterfunktion aus. Doch auch Wächter sind nicht zwangsläufig Heilige.

Die Presse hat sich in den USA zu einem außerordentlichen Machtfaktor entwickelt und konnte bereits vor mehr als einhundert Jahren dank ihrem Einfluss zum Katalysator eines Krieges werden. Im Vorfeld des 1898 gegen Spanien geführten Krieges trieben die auflagenstarken Blätter einen zunächst widerstrebenden Präsidenten McKinley zur Kriegserklärung. Mit Macht geht indes oft auch Arroganz einher – und Missbrauch. Den Übergang von investigativer Berichterstattung zu hexenjagdähnlicher Kampagne wird jeder TV-Zuschauer, Zeitungsleser, Blog-Besucher und Radiohörer seinem eigenen Empfinden und Weltbild entsprechend unterschiedlich wahrnehmen. Im Fall des Richard Nixon war der Vernichtungswille einiger, jedoch tonangebender Medien so eklatant wie deren Neigung, die Schattenseiten von Politikern, die sich des Wohlwollens der Redaktionen, Herausgeber und Reporter erfreuen, totzuschweigen – das gilt im Fall des John F. Kennedy.

Die Kindheit und Jugend des am 9. Januar 1913 im damals noch ländlichen Yorba Linda (das heute zum sich weit in die kalifornischen Landschaft ausdehnenden Großraum Los Angeles gehört) geborenen Richard Milhous Nixon war hart und durch die Sittenstrenge seiner Eltern, gläubiger Quäker, geprägt. Nachdem die Farm der Familie keinen ausreichenden Ertrag mehr abwarf, zogen die Nixons nach Whittier (heute ebenfalls Teil von Greater Los Angeles) um, wo Vater Francis einen Lebensmittelladen mit angeschlossener Tankstelle eröffnete. Richard und seine beiden Brüder mussten im Geschäft mithelfen. Früh musste er erfahren, was Verlust bedeutet und was ein tragisches Ereignis in der Psyche eines Menschen anrichten kann. Mit nur sieben Jahren starb sein Bruder Arthur, und 1933 erlag sein vier Jahre älterer Bruder Harold einer Tuberkulose.

Doch Richard war eine Kämpfernatur, ehrgeizig, jedoch stets unsicher und in sich gekehrt. Als Teenager verliebte er sich in Ola Florence Welch, die seine Zuneigung erwiderte. Sie war der Mensch, der ihm am nächsten stand; später gestand sie, ihn nicht wirklich gekannt zu haben. Nach sechs gemeinsamen Jahren entschied sich Ola für einen anderen Mann. Das Gefühl des plötzlichen Verlustes empfand er als Niederlage, und dieses Gefühl sollte ihn prägen – er würde sich nie eines Erfolges sicher sein, auch nicht vor der Wahl von 1972, die ihm einen der größten Siege in der Geschichte amerikanischer Präsidentschaftswahlen bescherte.

Nixon besuchte das örtliche Whittier College; ein Stipendium der Harvard University konnte er nicht nutzen, da sein Vater erkrankte und er der Mutter im Laden und an der Tankstelle helfen musste. Dann ermöglichte ihm ein Stipendium das Jura-Studium an der Duke University in North Carolina. Er war ein fleißiger Student, aber ein *loner*, ein Einzelgänger, ohne wirkliche Freunde. Nach dem Examen kehrte er nach Whittier zurück und arbeitete als Partner in einer Anwaltspraxis. Sein Chef erinnerte sich: »Ich kann mich nicht erinnern, dass Dick irgendwann mal *relaxed* war, nicht mal für eine Minute. Ich habe ihn nur einmal lachen sehen, und in der ganzen Zeit bin ich nie mit Dick einfach nur aus Spaß zum Lunch gegangen.«[4] Wenn ihm Klientinnen in Scheidungsfällen von sexuellen Problemen mit ihren Ehemännern berichteten, errötete er verlegen; ein Gespräch in Anwesenheit seiner Sekretärin mit einem Klientenpaar, das beim Geschlechtsakt in der Öffentlichkeit erwischt worden war, war für Nixon ein Albtraum.

Aufgrund seiner Verklemmtheit waren seine Bemühungen um eine junge Frau, die er bei einer Aufführung seiner Theatergruppe – eines seiner wenigen Hobbys – kennengelernt hatte, unbeholfen, aber zumindest ausdauernd. Sie hieß Thelma Ryan, wurde aber Patricia, abgekürzt Pat genannt. Auch Pat kam aus einfachen Verhältnissen, wuchs auf einer Farm auf und verlor früh ihre Eltern (ihre Mutter war eine deutsche Auswanderin). Pat zog nach New York und arbeitete in verschiedenen Jobs, darunter als Putzfrau und als Pflegerin in einem Heim für Tuberkulosekranke. Sie erfüllte sich ihren *american dream* und begann ein Studium an der University of Southern California. Zu den Aushilfsjobs, die sie zur Finanzierung ihres Studiums annahm, gehörten auch kleine Rollen in einigen Hollywood-Produktionen. Sie schloss 1937 ihr Studium mit einem *masters degree* ab und begann als Lehrerin zu arbeiten. Zunächst erteilte sie Richards Werben eine Abfuhr. Dieser war so *gentlemanlike* – oder neigte in so exorbitantem Maß zur Selbstverleugnung –, dass er sie sogar zu ihren Verabredungen mit anderen Männern fuhr.

Schließlich führte seine Beharrlichkeit doch zum Erfolg. Dick (wie Richard von Freunden wie Feinden oft genannt wurde) und Pat heirateten im Juni 1940 in einer bescheidenen Zeremonie. Nach dem Eintritt der USA in den Zweiten Weltkrieg zog das junge Paar nach Washington; Nixon arbeitete als Anwalt in einer Regierungsbehörde und Pat beim Roten Kreuz. Bald darauf meldete er sich zur Marine und wurde als Offizier im Nachschubwesen in der tropischen Inselwelt des Pazifik eingesetzt. An Kampfhandlungen selbst nahm er nicht teil[5] (sein Glaube als Quäker hätte es ihm ermöglicht, nicht beim Militär dienen zu müssen), sondern war für Logistik zuständig, unter anderem auf amerikanischen Basen auf den Inseln Bougainville und Nissan Island in der Region Papua-Neuguinea. Dort bewies Nixon, der auch in der Flugsicherung eingesetzt wurde, administrative

Fähigkeiten und war sogar, allmählich ein wenig zugänglicher, bei seinen Kameraden recht beliebt. Zusammen mit einem anderen Offizier fand er in ruhigeren Zeiten eine sowohl profitable als auch kommunikationsfördernde Nebentätigkeit: Sie richteten nahe einer Landebahn eine Hütte ein, »Nick's Snack Shack«, in der Hamburger und alkoholfreie Getränke angeboten wurden.

Nach seiner Heimkehr nach Kalifornien dauerte es nicht lange, bis Richard Nixon seiner großen Leidenschaft erlag: der Politik. Eine Gruppe örtlicher Geschäftsleute und Aktivisten der Republikanischen Partei trat an ihn, der vor dem Krieg mehrfach als talentierter Redner aufgefallen war, heran und suchte ihn zu überzeugen, als Kandidat für die Kongresswahl im Herbst 1946 im zwölften Wahldistrikt von Kalifornien anzutreten. Dass die Nixons kaum über die dafür notwendigen finanziellen Mittel verfügten, war kein Hinderungsgrund – Repräsentanten der Ölindustrie (damals wie heute eine der einflussreichsten Lobbygruppen in der amerikanischen Politik) würden sie unterstützen.

Der Wahlbezirk, der die östlichen Ausläufer von Los Angeles und ein weites Umland der Metropole abdeckte, hatte in den letzten fünf Wahlen einen Demokraten, Jerry Voorhis, ins Repräsentantenhaus in Washington geschickt. Voorhis hatte seit Beginn seiner Abgeordnetentätigkeit 1937 die Politik Präsident Roosevelts, den New Deal, tatkräftig unterstützt. Er galt als Liberaler, was im amerikanischen Politiksystem so viel heißt wie: ein Linker. Sozialpolitisches Engagement und staatliche Intervention waren in den 1930er Jahren unter den Folgen der Weltwirtschaftskrise en vogue gewesen. Die Zeiten hatten sich aber geändert, und niemand war sich dessen besser bewusst als Richard Nixon. Der Kalte Krieg hatte begonnen, der bisherige Weltkriegsverbündete, die Sowjetunion, war zum globalen ideologischen Gegner geworden. Die atomare Weltmacht USA fühlte sich auf der (aus heutiger Sicht) absoluten Höhe ihrer Macht unsicher. Überall, vor allem im Regierungsapparat, wurden nun »Abweichler« und Sympathisanten des Gegners vermutet – der Feind stand links, und eine liberale Gesinnung war plötzlich kein Aushängeschild mehr.

Es war der erste, aber bei Weitem nicht der letzte Wahlkampf, in dem Nixon die Furcht seiner Landsleute vor dem Kommunismus effektiv und rücksichtslos ausnutzte. Voorhis wurde als ein Linker porträtiert, als ein in diesen Zeiten unsicherer Kantonist. Nixons Fleiß war enorm; er hatte fast täglich öffentliche Auftritte und besuchte praktisch jeden Rotary Club, jeden Kiwani Club oder Lions Club im Wahlbezirk. Er war, wenn nicht ein mitreißender, so ein überzeugender Redner und hatte als »Veteran« automatisch einen Bonus. Zudem waren die Nixons eine typische junge amerikanische Durchschnittsfamilie, mit einem kleinen Haus in Suburbia und auch dem sich in diesen ersten Friedensjahren überall im Lande einstellenden Nachwuchs, den *baby boomern*. Tochter Patricia (genannt Tricia) wurde im Februar 1946 geboren, die jüngere Tochter Julie im Juli 1948.[6]

Die Unterstellung, Voorhis sein ein *fellow traveller*, ein Sympathisant der »Roten«, zeigte Wirkung. Ein Mitglied der Demokraten, der Nixons Auftritt vor einem Lions Club miterlebt hatte, schrieb seinem Kongressabgeordneten besorgt: »Er hat die Leute wie im Sturm begeistert. Er ist gefährlich. Ich fange an, wegen der Situation nervös zu werden, Jerry.«[7] Doch Nixon war nicht nur ein begnadeter Wahlkämpfer. Schon in diesem ersten Duell mit einem politischen Rivalen trat seine dunkle Seite zutage. Auf einem der gelben Notizblöcke, auf denen er seine Gedanken zu sammeln pflegte, notierte er sich mögliche Wahlkampfinstrumente. Neben Stichworten wie Plakaten, Postsendungen und der Organisation von Treffen mit Veteranen und kirchlichen Gruppen findet sich auf einer solchen Notiz eine weitere Idee. Man könne doch auch Spione im Lager von Voorhis installieren.

Nixon gewann mit 56 Prozent der abgegebenen Stimmen deutlich. Jahre später bekannte er, Voorhis sei natürlich kein Kommunist – aber er selbst habe um jeden Preis gewinnen wollen. Die Kongresswahl von 1946 war ein Rechtsruck, die New-Deal-Koalition brach überall zusammen. Einer der Kandidaten der Demokraten, der wie Nixon Marineveteran war und gegen den landesweiten Trend seinen Wahlkreis in Boston gewann, war der junge John F. Kennedy. Die beiden frischgebackenen Abgeordneten freundeten sich in Washington an; zu Kennedys Hochzeit mit Jacqueline Bouvier im September 1953 waren auch die Nixons eingeladen. Noch war nicht absehbar, dass beider Karrieren 1960 kollidieren würden, wo es dann nur einen Sieger geben konnte.

Die vermeintlichen subversiven Aktivitäten des Kommunismus in Amerika trieben Nixon als Kongressabgeordneter um. Er wirkte im HUAC mit, dem House Un-American Activities Committee, dem Kongressausschuss, der »unamerikanischen Umtrieben« auf die Spur kommen wollte. Es war diese Kampagne gegen vermeintliche Helfer Stalins, die Nixon landesweit bekannt machte. Es begann mit einem Rückschlag: Ein beschuldigter Physiker wurde trotz äußerst lückenhaften Beweismaterials angeklagt. Daraufhin nahm der angesehene Karikaturist der *Washington Post*, Herbert Block, unter seinem Künstlernamen Herblock im Frühjahr 1948 Nixon erstmals ins Visier. In den nächsten Jahren waren seine Darstellungen Nixons als Dunkelmann, typischerweise mit Bartstoppeln, die den Ausdruck eines finsteren

Charakters verstärkten, ein fester Bestandteil in Herblocks Œuvre.

Dann allerdings hatte Nixon einen Erfolg, zumindest in den Augen der Zeitgenossen. Das Komitee lud Alger Hiss vor, der eine hohe Position im Außenministerium bekleidete und zur amerikanischen Delegation auf der Konferenz von Jalta 1945 gehört hatte. Der Journalist Whittacker Chambers, Nixons Kronzeuge, beschuldigte Hiss, ein sowjetischer Spion zu sein, was dieser bestritt. Nixon verbiss sich in den Fall, nicht zuletzt wegen Hiss' Biografie und seines Verhaltens vor dem Ausschuss. Denn Hiss war erkennbar ein Abkömmling der Ostküstenelite, aalglatt und selbstgefällig, überdies war er homosexuell. Bei der Befragung nach seiner Ausbildung gab er Harvard und Johns Hopkins an und schob in arroganter Manier die Frage an Nixon nach, er habe wohl das (wenig reputierliche) Whittier College besucht. Nichts konnte Nixons Wut stärker anstacheln als ein solcher Verweis auf seine soziale Herkunft. Nixon kämpfte mit hartnäckiger Inbrunst und trug den Sieg davon, als Mikrofilme auftauchten, die Hiss' Kooperation mit sowjetischen Geheimdiensten belegten. Diese war zwar verjährt, doch sein Meineid brachte ihm eine fünfjährige Gefängnisstrafe ein. Hiss würde sein Leben lang seine Unschuld beteuern, und von Nixons Gegnern wurde er als unschuldiges Opfer der Paranoia des späteren Präsidenten dargestellt; nach Zusammenbruch der Sowjetunion zugänglich gewordene Dokumente belegen indes seine Spionagetätigkeit. Für Nixon war der Fall Hiss der Durchbruch; ein Kommentator sprach ihm »die unzweifelhaft brillanteste Leistungsbilanz eines jungen Kongressabgeordneten in vielen Jahren«[8] zu.

Doch Nixon stand der Sinn nach Höherem. 1950 wurde er Kandidat der Republikaner für einen der beiden Senatssitze des Staates Kalifornien. Seine Gegnerin war die Kongressabgeordnete Helen Gahagan Douglas. Ein größerer Kontrast zum konservativen, grüblerischen Nixon schien kaum vorstellbar. Douglas war Schauspielerin, gehörte in den 1930er Jahren zur betont linken *in-crowd,* der Schickeria von Hollywood. Ihr Mann, der Schauspieler Melvyn Douglas, war in der Traumfabrik noch bekannter und durch seine Hauptrolle an der Seite von Greta Garbo in »Ninotschka« berühmt geworden. La Gahagan, wie sie von ihren Verehrern in Anlehnung an die spanische Kommunistenführerin La Passionata genannt wurde, war glamourös, antifaschistisch, feministisch und nie um einen kecken Spruch, der sich gut zitieren ließ, verlegen. War es da eine Frage, wem die Sympathien der Medien zuflogen? Ihre Affäre mit dem jungen Lyndon B. Johnson während des Krieges, als Gatte Melvyn an der Front oder zumindest in Frontnähe weilte, war zwar bekannt, aber so etwas hielten die Reporter damals nicht für geeignet für die Öffentlichkeit.

Nixon wandte seine gewohnte Taktik an und stellte Douglas auf eine Ebene mit einem Kongressabgeordneten mit bekannt kommunistischen Überzeugungen. Nicht weniger als 353 Mal habe sie exakt wie dieser abgestimmt. Antikommunismus war eine Karte, die wieder einmal stach: Zum Zeitpunkt der Wahl im November 1950 befanden sich die USA zum ersten Mal im Krieg mit einem kommunistischen Land. Nordkorea hatte im Juni den Süden überfallen. Douglas wurde von der Wahlpropaganda der Republikaner als *pink lady* bezeichnet. Hätte es eines Beweises bedurft, dass die Schauspielerin auch im eigenen Lager nicht nur über Sympathien verfügte, ein Besucher in Nixons Washingtoner Büro lieferte ihn: John F. Kennedy, der demokratische Abgeordnete (er wurde zwei Jahr später in den Senat gewählt), überreichte Nixon einen Scheck über 1000 Dollar, ausgestellt vom großzügigen Papa Joe senior. Nixon war beinahe sprachlos.

Nicht nur solch parteiübergreifende Unterstützung, sondern auch Nixons Überlegenheit als Wahlkämpfer gaben den Ausschlag. Douglas hielt Reden, die zu lang waren und um Themen kreisten, die angesichts der Weltlage kaum jemanden interessierten, wie die Begrenzung des Wasserverbrauchs in Kalifornien, was ein durchaus weitsichtiges Anliegen war. Dass sich Douglas nicht vom damals Rot-China genannten Reich Maos distanzierte, als sich dieses anschickte, Hunderttausende seiner Soldaten als »Freiwillige« gegen US-Truppen in den Krieg zu schicken, spielte Nixon trefflich in die Hände. Sie und ihre Wahlstrategen hatten wenige Argumente und nur einen lohnenden, doch noch Erfolg versprechenden Angriffspunkt: Nixons Charakter (was sie nicht hinderte, sich nach der verlorenen Wahl als Opfer der Taktik Nixons zu stilisieren, obwohl sie ja selbst *character assassination* betrieben hatte). Von Douglas oder möglicherweise von ihren Unterstützern in den Medien stammt der Spitzname, der an Nixon hängen blieb und dem er letztlich gerecht wurde: *Tricky Dick*.

Die Wählerinnen und Wähler in Kalifornien folgten mit großer, kaum erwarteter Mehrheit nicht der Elite, sondern der Wahlkampagne, die Nixon und seine Familie als »einen von uns« porträtiert hatte. Sein Sieg war mit 59 Prozent ein Erdrutsch. Es schien klar zu sein, dass der 37-Jährige einer der kommenden Männer der Republikanischen Partei sein würde.

Die Politik verschlang ihn nun, er lebte kaum noch für etwas anderes. Im Kollegenkreis galt er als Mann mit massiven Stimmungsschwankungen. Er konnte frohgemut – für seine

Verhältnisse – Klavier spielen und dazu singen, um kurz danach in Grübelei zu versinken. »Eine Minute war er *outgoing*, (extrovertiert)«, erinnerte sich der Kongressabgeordnete aus Michigan, Gerald Ford, »im nächsten Moment zurückgezogen, geradezu düster. Seine Gemütsschwankungen saugten viel Kraft aus ihm.«[9] Seine Frau Pat war nach Einschätzung des späteren Präsidenten scheu, zeigte wenig Emotionen und war stets um vollständige Selbstkontrolle bemüht. Das Ehepaar Nixon war, wie sich die wenigen wirklich engen Freunde und ihre Töchter erinnerten, durchaus voller Zärtlichkeit und Liebe füreinander; in der Öffentlichkeit zeigten sie diese Gefühle jedoch nicht. Es mag einiges über die Ehe aussagen, dass niemals Gerüchte über Richard Nixon und andere Frauen aufkamen.

Im Vorfeld des Wahlparteitages der Republikaner unterstützte Nixon, inzwischen eine der führenden Persönlichkeiten der Partei in Kalifornien, erfolgreich den ehemaligen Oberbefehlshaber der Alliierten im Zweiten Weltkrieg, Dwight D. Eisenhower. Seinem Spitznamen als geschickter Trickser alle Ehre machend, brachte er die eigentlich auf den Gouverneur des Staates, Earl Warren, eingeschworenen Delegierten dazu, ins Eisenhower-Lager zu wechseln. Nixon habe ihm von hier bis hier die Kehle durchgeschnitten, beklagte sich der spätere Oberste Bundesrichter Earl Warren (dessen Name für immer mit dem umstrittenen Report über die Hintergründe der Ermordung Präsident Kennedys verbunden ist), und zog dabei über seinem Hals eine Linie von einem Ohr zum anderen. So konnte es kaum überraschen, dass Eisenhower und seine Berater Nixon mit auf ihr Ticket nahmen. Mit 39 Jahren war Richard Nixon nun auf dem Weg, einer der jüngsten Vizepräsidenten aller Zeiten zu werden.[10]

Nixon zog voller Enthusiasmus an der Seite des populären Ex-Generals in den Wahlkampf, die Anwesenheit des jungen Heißsporns auf dem Ticket schien den Wahlkampfstrategen ein gelungener Ausgleich zu sein, hatte Eisenhower doch schon die sechzig überschritten und war außerdem frei von ideologischem Dogmatismus (der General war sowohl von Republikanern wie Demokraten umworben worden). Dann jedoch geriet Nixon kurzzeitig ins Stolpern, weil er Wahlkampfspenden von rund 18 000 Dollar von reichen Geschäftsleuten angenommen hatte. Teile der Republikaner begannen von ihm abzurücken, und auch Eisenhower zögerte, was Nixon zutiefst enttäuschte. Nachdem der alte General sich immer noch nicht dazu durchringen konnte, sich klar zu ihm zu bekennen, konfrontierte Nixon ihn mit einer drängenden und sehr bodenständigen Lebensweisheit: »You either got to shit or get off the pot«.

Nixon verteidigte sich in einer Fernsehansprache, die zu einem historischen *media event* wurde. Am 23. September 1952 wandte er sich an die amerikanische Öffentlichkeit. Er beteuerte, dass die Gelder für rein politische Zwecke eingesetzt wurden und er sich nicht persönlich bereichert habe. Dann kam jener Teil dieses als »Checkers-Rede« legendären Auftritts, der ein Stück politischer Folklore geworden ist. Nixon wetterte in zunehmend erbittertem Ton gegen seine Gegner, deren Frauen sich in Pelzmäntel hüllten, während seine Gattin Pat stets einen »guten republikanischen Stoffmantel« trage. Einsamer Höhepunkt war der Hinweis auf ein ganz besonderes Wahlkampfgeschenk: Seine Familie habe einen Hund geschenkt bekommen, der auf den Namen Checkers höre, und die Kinder hätten ihn schon fest ins Herz geschlossen. Nein, Checkers werde man nicht zurückgeben. Und er schloss mit Worten, die er bei seiner letzten Fernsehansprache als Präsident in abgewandelter Form wiederholen würde: »I'm not a quitter.«

Wer heute den alten Schwarzweiß-Streifen der Checkers-Rede betrachtet, hat Mühe zu verstehen, wie vernunftbegabte Menschen diese peinliche theatralische Beschwörung ernst nehmen konnten. Doch Nixon war ein geschickter Taktiker, und seine Worte trafen den biederen Zeitgeist der fünfziger Jahre. Mit neun Millionen Zuschauern hatte er die bis dahin höchste Einschaltquote. Die Stimmung schwenkte zu seinen Gunsten um, Tausende von Telegrammen und Anrufen gingen im Republikanischen Hauptquartier ein mit der Forderung, Nixon auf dem Ticket zu belassen. Er blieb Vize-Präsidentschaftskandidat, und Eisenhower, von den Umfragewerten beeindruckt, versicherte ihm: »You're my boy!« Einer seiner Berater sagte: »Gott helfe uns, wenn er je zu einer Kraft des Bösen wird. Das Fernsehen hat so eine Macht, und er ist so effektiv im Umgang mit ihm.«[11] Herblock zeichnete finstere Karikaturen in immer höherer Taktung. Nixon bestellte die *Washington Post* ab, da seine Töchter keine Darstellungen von ihm sehen sollten, »auf denen man aus der Gosse steigt«.[12] Pressefotografen deponierten leere Schnapsflaschen vor den Hotelzimmertüren der Nixons in der Hoffnung, morgens ein dem Kandidaten nachteiliges Foto zu schießen. Der Journalist Drew Pearson verbreitete Geschichten über Nixon am Spieltisch in Kasinos in Havanna, zudem hätten die Nixons als Veteranen mit Niedrigeinkommen eine Steuerbefreiung beantragt – bei seinen wohl nicht sehr sorgfältigen Recherchen war es zu einer Verwechslung mit einem anderen Ehepaar gleichen Namens gekommen. Die Zeitschrift *Look* war eine der wenigen Publikationen, die von dieser Kampagne gegen Nixon abgestoßen waren: »Nixon ist unter permanenter Attacke. Er ist das

Opfer ganz offensichtlicher Fälschungen, von erkennbar unwahren Anschuldigungen und von Anspielungen, die nicht von Fakten gedeckt sind.«[13] Die Zeitschrift existiert schon lange nicht mehr.

Es war ein weiterer Wahltriumph. Das Ticket Eisenhower-Nixon gewann in 39 der damals 48 Staaten eine Mehrheit, von den 531 Stimmen im Wahlmännerkollegium bekamen die beiden 442. Darüber hinaus hielten nun die Republikaner sowohl im Repräsentantenhaus als auch im Senat die Mehrheit. Eisenhower betraute seinen jungen Vizepräsidenten mit mehr Aufgaben als viele seiner Vorgänger, vor allem auf außenpolitischem Feld. Im Oktober 1953, der Koreakrieg war inzwischen beendet, schickte der neue Präsident Nixon und Pat auf eine der ausgedehntesten Reisen, die je ein US-Vizepräsident unternommen hat: über zwei Monate und mehr als 50 000 Kilometer. Die Nixons bereisten Australien, Neuseeland, mehr als ein Dutzend asiatische Länder und Libyen, bevor sie kurz vor Weihnachten in Washington ihre beiden kleinen Töchter wiedersahen. Mehrere der Stationen beeinflussten das strategische Denken Nixons nachhaltig. In Vietnam wurde ihm klar, dass das französische Kolonialregime in seinen letzten Zügen lag und dass amerikanisches Engagement notwendig sein würde, wenn nicht das ganze Land kommunistisch werden sollte. Tatsächlich endete dieser Konflikt (zunächst) im darauf folgenden Jahr mit der französischen Niederlage bei Dien Bien Phu und der Teilung des Landes, dessen nicht-kommunistischer Süden von nun an auf stetig steigende amerikanische Hilfen angewiesen war. In Indien stieß Nixon die Arroganz der Elite und deren Überlegenheitsgefühl gegenüber den USA ab; er würde künftig weitaus mehr Sympathien für den Rivalen Pakistan haben. Mit dem Schah von Persien entwickelte sich eine persönliche Freundschaft – auch diese Begegnung Nixons und die sich daraus entwickelnde Politik würde einst Folgen haben, für beide Länder.

Im September 1955 wurde deutlich, welche die wichtigste Funktion eines Vizepräsidenten ist: bereitzustehen für den Augenblick des mitunter nicht ganz Unerwarteten. Im Falle Eisenhowers, einem Mann Mitte sechzig, der über weite Strecken seines Lebens mehrere Packungen Zigaretten pro Tag rauchte und als alliierter Oberbefehlshaber hohen Belastungen ausgesetzt war, war es ein Herzinfarkt, der ihn typischerweise nach Ausübung seines liebsten Zeitvertreibs, dem Golfen, heimsuchte. Erst später ist der Übergang vorübergehender Regierungsbefugnisse auf den Vizepräsidenten durch einen Verfassungszusatz eindeutig geregelt worden; 1955 bestand eine gewisse Unsicherheit, welche Kompetenzen der Vizepräsident angesichts eines vorübergehend geschwächten und nicht arbeitsfähigen Präsidenten hatte und welche nicht. Nixon leitete geschäftsmäßig Kabinettssitzungen und verhielt sich ansonsten zurückhaltend, so dass er »breites Lob für sein Verhalten in dieser Krise erntete, er unternahm keinen Griff nach der Macht«.[14]

Trotzdem versuchte Eisenhower in seiner zweiten Amtszeit offenbar – der Präsident erholte sich von seinem Herzinfarkt und dachte bald an seine Wiederwahl – Nixon als Vizepräsident loszuwerden. Er empfahl »Dick«, doch einen Posten in seinem Kabinett anzunehmen. Nixon indes hielt einen solchen Schritt für einen Rückschritt und als potenziell tödlich für sein längst ins Auge gefasstes Ziel: Er wollte 1960 selbst ins Weiße Haus, da Eisenhower nicht ein drittes Mal antreten konnte. Letzten Endes wagte Eisenhower diesen Schritt nicht, der die Republikanische Partei einer Zerreißprobe ausgesetzt hätte. Nixon war beim Parteivolk und den Parteitagsdelegierten außerordentlich beliebt und wurde zusammen mit »Ike« erneut nominiert. Die Demokraten stellten 1956 erneut den Wahlverlierer von 1952, Adlai Stevenson, auf. Dies war ein in dieser Partei nicht ganz ungewöhnliches Verhalten, da sie wiederholt auf Kandidaten zurückgriff, die bereits eine Niederlage erlitten hatten, entweder im eigentlichen Wahlgang oder bei innerparteilichen *primaries*. Um die Wende zum 20. Jahrhundert nominierten sie mit William Jennings Bryan gleich dreimal den selben Verlierer; das letzte Beispiel für ein solch politisch fast suizidales Verhalten war die Wahl der Kandidatin von 2016. So gewannen Eisenhower und Nixon problemlos in einer Zeit, in der es vielen Amerikanern so gut ging wie selten zuvor.

In seiner zweiten Amtszeit als Vizepräsident erwarb sich Nixon weitere außenpolitische Expertise. Bei einem Besuch in Südamerika kam es zu massiven Ausschreitungen von antiamerikanischen Demonstranten gegen Nixon und seine Begleitung. In Venezuelas Hauptstadt Caracas warfen gewaltbereite Demonstranten Steine auf Nixons Wagen und versuchten unter Ausrufen wie »Muera Nixon!« des Vizepräsidenten habhaft zu werden, um ihn zu lynchen. Die venezuelanische Polizei griff im letzten Moment ein. Nixons Kaltblütigkeit und Selbstbeherrschung in dieser, wie es Tochter Julie nannte, *near-death experience*, bescherten ihm eine ungewohnt freundliche Berichterstattung. Als er wieder in Washington eintraf, säumten rund 100 000 Menschen die Straßen und feierten ihn, als er in einem offenen Cabriolet vom Flughafen in die Stadt fuhr – mit einem strahlenden Präsidenten Eisenhower an seiner Seite.

Ähnlich schlagzeilenträchtig war sein Besuch in Moskau im Sommer 1959. Auf einer Ausstellung über kulturelle, wirtschaftliche und wissenschaftliche Leistungen der USA traf Nixon auf den starken Mann der gegnerischen Weltmacht, Nikita Sergejewitsch Chruschtschow. Der Partei- und Regierungschef der Sowjetunion war von geradezu legendärer Unberechenbarkeit mit einer Neigung zu wohldosierten Tobsuchtsanfällen. Mehrfach bewegte sich das Gespräch mit Nixon in diese Richtung; den Höhepunkt stellte eine Auseinandersetzung an einem Exponat dar, das eine typisch amerikanische Küche zeigte. Nixon hatte zwar den Eindruck, von Chruschtschow an die Wand geredet zu werden, doch er hielt dagegen und unterstrich seine Argumente mit dezidierter Gestik. In einer Situation schien er mit dem Zeigefinger Chruschtschow in die Brust zu piksen, was ein prächtiges Motiv für die Titelseiten abgab. Nie zuvor und nie mehr danach hatte Nixon eine so freundliche Presse wie nach der *kitchen debate*, in der er ganz offensichtlich dem sowjetischen Staatschef Paroli geboten hatte.

In den Präsidentschaftswahlkampf von 1960 ging Nixon mit dem Ruf eines trotz seines relativ jungen Alters (er war 47) immens erfahrenen Politikers. Die Loyalität Eisenhowers ihm gegenüber ließ allerdings zu wünschen übrig. Auf die Frage eines Reporters mitten im Wahlkampf, auf welche Entscheidungen in Eisenhowers achtjähriger Amtszeit Nixon einen wichtigen Einfluss genommen hatte, antwortete Ike – mehr gedankenlos als böswillig – man möge ihm eine Woche Zeit geben, dann falle ihm vielleicht eine ein. Die Niederlage gegen John F. Kennedy traf Nixon schwer. Er verzichtete aber darauf, die Wahl anzufechten, um dem Land eine Polarisierung und eine Lähmung mitten im Kalten Krieg zu ersparen – Donald Trump hingegen würde einst seine Anhänger mit unbelegten Vorwürfen einer »gestohlenen Wahl« radikalisieren. Dass in den Staaten

Illinois und Texas die Demokraten, vor allem die *machine* von Bürgermeister Richard Daley in Chicago, »den Diebstahl von Stimmen in massivem Ausmaß«[15] zu verantworten hatten, konstatierte selbst ein Kennedy-Verehrer wie der Journalist Theodore White.[16]

Nixon nahm in Los Angeles wieder eine Tätigkeit als Anwalt auf und schrieb seine Memoiren mit dem Titel *Six Crises,* in der er seine politische Autobiografie über sechs Herausforderungen definierte: den Fall Hiss, die Checkers-Rede, Eisenhowers Herzinfarkt, Caracas, die Küchendebatte und den Wahlkampf von 1960. Das Buch erreichte die Bestsellerlisten und brachte ihm ein weiteres schönes Salär ein, neben den rund 350 000 Dollar im Jahr, die ihm die Anwaltskanzlei zahlte. Doch der Homo politicus in Richard Nixon gab keine Ruhe. 1962 kandidierte er für das Amt des Gouverneurs von Kalifornien. Wieder einmal, ein letztes Mal, stahl ihm John F. Kennedy die Show. Wenige Tage vor der Wahl, am 22. Oktober, wandte sich Kennedy mit jener berühmten Rede an die Bevölkerung, in der er die Blockade Kubas wegen der dort stationierten sowjetischen Raketen verkündete. Die Nation stand hinter Kennedy, und Nixons Rivale, der amtierende Gouverneur Edmund Brown, flog umgehend nach Washington, um sich an der Seite Kennedys fotografieren zu lassen. Nixon verlor knapp. Er trat vor die Reporter und erklärte, sie hätten seit 16 Jahren ihren Spaß mit ihm gehabt. Aber damit sei es jetzt vorbei: »Ihr habt jetzt keinen Nixon mehr, den ihr herumschubsen könnt, denn dies, Gentlemen, ist meine letzte Pressekonferenz.« Dieser vermeintlich letzte Auftritt Nixons als Politiker war noch am gleichen Abend Gegenstand eines Telefonats zwischen Kennedy und Brown. (Abhöranlagen und Tonbänder im Weißen Haus waren nicht Nixons Erfindung, sondern wurden schon von Kennedy und Johnson genutzt.) Kennedy: »Ich habe ihn getötet, du musst ihn nur beerdigen. Das eine sage ich dir: Du hast ihn ins Irrenhaus gebracht. Mein Gott, diese Abschiedsrede von ihm …« Brown: »Ich sehe keine Möglichkeit, dass er sich jemals wieder erholt. Er ist ein ganz besonderer Bursche. Ich glaube wirklich, dass er psychotisch ist. Er ist ein fähiger Mann, aber bekloppt (*nuts*). Wie viele von denen mit Paranoia.« Die Freude regierte auch bei Browns Vorgänger Earl Warren, wie Nixons Biograf John A. Farrell berichtet: »Ein paar Tage später an Bord von Air Force One, bei der Rückkehr von der Beerdigung von Eleanor Roosevelt, kicherten Kennedy und der Oberste Bundesrichter Earl Warren wie die Schulkinder, als sie sich gegenseitig Zeitungsausschnitte über Nixons Abgang vorlasen.«[17] So viel zur Grazie und der noblen Geisteshaltung von Camelot.

Brown lag mit seiner Prognose völlig daneben. Nur sechs Jahre später gelang Richard Nixon, was man umgehend das Comeback des Jahrhunderts zu nennen begann. In jenem gewalttätigen Jahr 1968, das in Vietnam von der Tet-Offensive und in den USA von der Ermordung Robert Kennedys sowie Martin Luther Kings überschattet war, nominierten die Republikaner Nixon zum Präsidentschaftskandidaten. Er führte einen gut organisierten Wahlkampf, versprach den Krieg in Vietnam mit einem ehrenvollen Frieden zu beenden und etwas gegen die ausufernde Kriminalität in Amerikas Großstädten zu tun. Der Ruf nach *law and order* kam besonders gut an, nachdem der Wahlparteitag der Demokraten in Chicago im Chaos, in Tränengasschwaden, in erschreckenden Fernsehbildern von einer brutal auf Demonstranten einknüppelnden Polizei (wieder einmal trug sich Bürgermeister Daley unrühmlich in die Geschichte amerikanischer Wahlkämpfe ein) untergegangen war. Die Nominierung eines schwachen Kandidaten, des Vizepräsidenten Hubert Humphrey, tat ein Weiteres, um Nixons Wahl zum 37. Präsidenten der USA am 5. November 1968 zu sichern. Es war wieder einmal eine Wahl, die im *electoral college* mit 301 Stimmen für Nixon, 191 für Humphrey und 46 für den rassistischen Gouverneur von Alabama, George Wallace, deutlicher ausfiel als im Stimmenverhältnis in der Wahlbevölkerung (Nixon 43,3 Prozent, Humphrey 42,7 Prozent, Wallace 13,5 Prozent).

Die Bewertung der Präsidentschaft Richard Nixons fällt vor allem auf dem Gebiet der Außenpolitik weitgehend positiv aus. Die Reise nach China im Februar 1972 war eine Wendemarke von historischer Bedeutung. Die Bilder einer durchweg freundlichen Aufnahme des amerikanischen Präsidenten und seiner Frau durch die Regierung eines bislang als Erzfeind angesehenen, isolierten Landes gingen um die Welt, ebenso die einer (bestellten) jubelnden Menschenmenge und der Exkursionen der Nixons zur Großen Mauer und anderen Kulturgütern des Landes. Eine alte politische Weisheit schien sich zu bestätigen: Nur ein konservativer US-Politiker konnte erfolgreich mit einer kommunistischen Führung verhandeln, ohne sich vom rechten Segment der heimischen Politszene Vorwürfen ausgesetzt zu sehen, »schwach« gegenüber dem Kommunismus zu sein. Nixons Zusammenkunft mit dem alternden Revolutionsführer Mao Tse-Tung war ein denkwürdiger Augenblick in einer »Woche, die die Welt veränderte«.

Die Annäherung der USA an China beeindruckte vor allem die Sowjetunion, die plötzlich ein erhöhtes Interesse an einer Entspannung zeigte. Nixon flog als erster amtierender Präsident im Mai 1972 nach Moskau und stellte mit der Sowjetführung eine beinahe vertrauensvolle Geschäftsgrundlage her, die zu den Abkommen SALT 1 und AMB[18] führte. Sein zweiter Besuch Ende Juni 1974 erweckte mit Nixon zujubelnden Menschenmengen und einer äußerst freundlichen Aufnahme durch die Sowjetführung unter Leonid Breschnew fast den Eindruck, der weltpolitische Rivale unternehme alles, um dem bedrängten amerikanischen Präsidenten zu helfen und sein Image aufzupolieren. Es spricht für das diplomatische Geschick beider Seiten, dass die Entspannungspolitik auch durch den Yom-Kippur-Krieg im Oktober 1973 keinen Schaden nahm, als beide Seiten die jeweiligen Kontrahenten massiv mit Waffen belieferten und Nixon vorübergehend – als deutliches Warnsignal an die Sowjets – den amerikanischen Verteidigungszustand auf das einer größeren Krise entsprechende DEFCON III anhob. Auch dieser Konflikt bezeugt Nixons Geschick als Außenpolitiker. Die USA nahmen nach dem Waffenstillstand wieder diplomatische Beziehungen zum wichtigsten Gegner ihres Verbündeten Israel, zu Ägypten, auf. Sie stärkten damit den Handlungsspielraum von Ägyptens Präsident Sadat. Zum ersten Mal seit 15 Jahren, so sinnierte Nixon unmittelbar nach dem Krieg, sei vielleicht ein – bis dahin unvorstellbarer – dauerhafter Nahostfrieden möglich. Und in der Tat: 1977 reiste Sadat nach Jerusalem, bald darauf schlossen Israel und Ägypten einen Friedensvertrag ab.

Unter Nixon wurde der Vietnamkrieg endgültig beendet – oder vielmehr die amerikanische Beteiligung an diesem insgesamt rund 30 Jahre währenden Konflikt. Es geschah weder besonders schnell noch stand am Ende der versprochene »Frieden in Ehren«. Nixon eskalierte mehrfach das Kriegsgeschehen, unter anderem mit Bombenangriffen auf Nordvietnam und einer vorübergehenden Invasion des Nachbarlandes Kambodscha, um die Nordvietnamesen an den Verhandlungstisch zu zwingen. Die amerikanische Bevölkerung war längst kriegsmüde, was der kommunistischen Führung wohlbekannt war. Bei Nixon und seinem wichtigsten außenpolitischen Berater und späteren Außenminister Henry Kissinger bestanden massive Zweifel, ob der Verbündete, das südvietnamesische Regime, trotz massiver Waffen- und Finanzhilfen überlebensfähig war. So war es das Ziel bei den in Paris stattfindenden Verhandlungen, sich zumindest eine Schonfrist zu erkaufen, in der Südvietnam überlebte, bevor das Unvermeidliche, der Sieg der entschlossenen und opferbereiten Nordvietnamesen und des Vietkong, eintrat. Und genau so kam es. Am 27. Januar 1973 wurde in Paris das Friedensabkommen unterzeichnet. Die amerikanischen Kriegsgefangenen in Nordvietnam, die vielfach Folter ausgesetzt gewesen waren, kamen heim, und das US-Militär zog aus Südvietnam ab. Der Verbündete der USA überlebte das Abkommen nur um gut zwei Jahre. Ende April 1975 wurde Vietnam unter dem roten Stern der Kommunisten wiedervereinigt. An die rund 58 000 gefallenen amerikanischen Soldaten – davon gut 20 000 in den Nixon-Jahren – erinnert in Washington eines der beeindruckendsten Monumente der an Denkmälern so reichen amerikanischen Hauptstadt.

Unter den zahlreichen Fehlern, die Richard Nixon in seiner politischen Laufbahn beging, wog die Wahl seines Vizepräsidentschaftskandidaten 1968 besonders schwer. Er entschied sich für den Gouverneur von Maryland, Spiro Agnew, der nicht nur ein rechtslastiger Demagoge, sondern auch ein Gauner war. Die *Washington Post*, grundsätzlich mehr als nur Nixon-kritisch, traf es auf den Punkt, als sie dies die merkwürdigste politische Personalentscheidung nannte, seit der römische Kaiser Caligula sein Pferd zum Konsul ernannt hatte. Noch schlimmer war indes, dass es Nixon nicht bei vier Jahren mit dem bestechlichen Agnew (der indes weit weniger Arbeit als Vizepräsident hatte als Nixon zu seiner Zeit in dem Amt und weitgehend kaltgestellt war) bewenden ließ, sondern ihn 1972 erneut mit auf das Ticket nahm. Während die Watergate-Affäre Nixon verschlang, wurde Agnew von seiner eigenen Vergangenheit heimgesucht. Wegen Korruption und Steuerhinterziehung in seiner Zeit als Gouverneur musste er am 10. Oktober 1973 zurücktreten. Ein mitten in einer Administration berufener neuer Vizepräsident muss vom Kongress bestätigt werden, so dass sich Nixon angesichts der ihm zunehmend feindlich gegenüberstehenden Volksvertretung für einen Kandidaten entscheiden musste, der in beiden Parteien Vertrauen genoss. Die Wahl fiel auf den Führer der Minderheit im Repräsentantenhaus, Gerald Rudolph Ford aus Michigan. Ford wurde am 6. Dezember 1973 vereidigt. Dass die Ermittlungen gegen Nixon schon liefen, machte Ford zum Präsidenten im Wartestand. Seine Nachfolge Nixons im August 1974 war ein einzigartiges Ereignis in der amerikanischen Präsidentengeschichte: Ford war nie von der Bevölkerung gewählt worden, hatte bis dahin weder als Präsidentschafts- noch als Vizepräsidentschaftskandidat je zur Wahl gestanden.

Wenige Tage nach Agnews Rücktritt sah sich Nixon, als seine Administration in Affären unterging, auf einer Pressekonferenz am 17. November 1973 zu einem der bemerkenswertesten Statements gezwungen, das je von einem US-Präsidenten abgegeben wurde: »Die Menschen haben ein Recht zu erfahren, ob ihr Präsident ein Ganove (*crook*) ist oder nicht. Well, I'm not a crook.«[19, 20]

Zu diesem Zeitpunkt dominierte die Watergate-Affäre längst das politische Leben im Land, die USA trieben auf eine politische Lähmung und Richard Nixon auf ein *disgrace* zu. Der Präsident, der auch innenpolitisch bemerkenswerte Erfolge vorzuweisen hatte – er sorgte für die weitgehende Abschaffung der *segregated schools*, der nach Rasse getrennten Schulen, ohne dass ihm dafür von der Bürgerrechtsbewegung gedankt worden ist – war auf dem Weg in den politischen, rechtlichen und moralischen Abgrund.

Der nächtliche Einbruch in das Hauptquartier der Demokratischen Partei im Washingtoner Watergate-Komplex am 17. Juni 1972 war nicht nur eine Straftat. Er war eine unglaubliche politische Dummheit. Nixon und seine Partei hätten der im November anstehenden Wahl mit einer Gelassenheit entgegenblicken können, über die weder der Präsident noch seine engsten Berater zu ihrem Unglück verfügten. Nixon konnte sich bei nüchterner Analyse einer deutlichen Mehrheit der Wähler sicher sein. Die politischen Gegner in der entscheidenden Wahlkampfphase durch die im demokratischen Hauptquartier in Watergate angebrachten Mikrofone zu bespitzeln – dafür gab es, lassen wir einmal die Gesetzwidrigkeit außer Acht, keinen vernünftigen Grund. Während Nixon unzweifelhafte Erfolge vorzuweisen hatte, entfernten sich die Demokraten in diesem Jahr 1972 weiter denn je von der politischen Mitte. Zu ihrem Spitzenkandidaten kürte die Partei Senator George McGovern aus South Dakota, der dem linken Flügel der Demokraten angehörte und für *mainstreet America* unwählbar war. Der Parteitag der Demokraten erschien als Plattform partikularer Interessen, neben Frauenrechtlerinnen, Schwulen, Lesben und Sprechern jeder erdenklichen Randgruppe hatten auch die Befürworter ungehemmten Pot-Rauchens auf der *convention* ihren Auftritt – der Eindruck, den die Partei bei der »schweigenden Mehrheit« hinterließ, war desaströs. Zu allem Übel wurde bekannt, dass McGoverns Kandidat für die Vizepräsidentschaft, Senator Thomas Eagleton, sich mehrfach in stationärer psychiatrischer Behandlung befunden und dabei auch Elektroschocktherapie erhalten hatte – in den Augen vieler Amerikaner nicht gerade eine Empfehlung für einen Mann, der im Falle eines Wahlsieges den sprichwörtlichen »einen Herzschlag« vom Präsidenten entfernt war. Eagleton wurde nach den in der Politik üblichen Vertuschungsversuchen schließlich fallen gelassen. Die Republikaner präsentierten sich auf ihrem Parteitag im August 1972 in bester Verfassung und optimal choreografiert. Ihre Botschaft lautete: Frieden, Ordnung und Wohlstand.

Die Festnahme der sieben Einbrecher im Watergate-Komplex erregte mitten im Wahlkampf zunächst kaum Aufmerksamkeit. Erst ab Beginn des Jahres 1973 wurde allmählich deutlich, dass die sogenannten »Klempner« in Verbindung zu jenen Kreisen des Weißen Hauses standen, die *dirty tricks* im Umgang mit dem politischen Gegner für adäquat hielten. Zwar hatte Nixon den Einbruch nicht befohlen oder auch nur Kenntnis von ihm gehabt. Doch schuldig gemacht hatte er sich wenige Tage danach: »Etwa um den 20. Juni war Nixon über die Verbindungen zwischen den verhafteten Einbrechern und dem Weißen Haus informiert und besprach die Angelegenheit mit [Justizminister] Mitchell und [dem Stabschef des Weißen Hauses] Haldeman. Am 23. Juni empfahlen Mitchell und Dean Haldeman, der es wiederum Nixon unterbreitete, dass die CIA eingesetzt werden sollte, um die Ermittlungen des FBI wegen des Einbruchs zu behindern. Nixon stimmte zu, dass die CIA dem FBI klar machen sollte, dass die Ermittlungen die nationale Sicherheit berühren würden. Der Präsident wurde damit Teil der Vertuschung [*cover-up*] und der Verschwörung zur Behinderung der Justiz [*conspiracy to obstruct justice*]. Die CIA weigerte sich, diese Direktive des Präsidenten zu befolgen, und das FBI fuhr mit seinen Ermittlungen fort.«[21]

Der deutliche Wahlsieg gegen George McGovern im November 1972 hatte Nixon nicht umgänglicher, souveräner gemacht – im Gegenteil. »Der Überschwang«, so erinnerte sich sein Sonderbotschafter und künftiger Außenminister Henry Kissinger an den Tag nach der Wahl, »war innerhalb von zwölf Stunden verflogen. Dem Personal des Weißen Hauses war aufgetragen worden, sich um elf Uhr zu versammeln. Nixon trat auf die Minute pünktlich ein. Er wirkte grimmig und entrückt, so als ob eine besonders schicksalsträchtige Periode seines Lebens vor ihm läge.«[22] Die Tatsache, dass er das gesamte Kabinett entließ, sollte aus seiner Sicht vermutlich Energie und Entschlossenheit ausstrahlen, wirkte aber nur undankbar und wurde von Kissinger als »entwürdigend« gewertet. Seinen Mitarbeitern fielen weitere Anzeichen für die düsteren Seiten in der Persönlichkeit des Präsidenten auf. Er sprach finster davon, dass er jetzt mehr Macht habe als in den ersten vier Jahren, wo er stets auf die Chancen für seine Wiederwahl habe Rücksicht nehmen müssen. Vor allem seine Feinde müssten dies jetzt zu spüren bekommen.

Nach seinem Wahlsieg setzte ihm vor allem die liberale Tageszeitung der Hauptstadt mit unverminderter Energie zu, die *Washington Post*, deren Journalisten Carl Bernstein und Bob Woodward mit der Hartnäckigkeit von Terriern den Spuren nachgingen, die von den Watergate-Einbrechern zu Nixons engsten Mitarbeitern Bob Haldeman, John Mitchell und den Beratern John Dean und John Ehrlichman führten. Nixon war außer sich vor Wut und erklärte, die *Post* werde »verdammt, verdammt Schwierigkeiten bekommen«. Als Justizminister Mitchell der veritablen *Post*-Herausgeberin Katherine Graham androhte, »man werde ihre Titte in die Mangel pressen«, erschien die Publizistin mit einem kleinen silbernen Modell einer Wäschepresse und einer weiblichen Brust als Anhänger an ihrer Halskette im Verlagsgebäude und machte deutlich, dass die *Post* sich keinen Maulkorb verpassen lassen würde. Der Justizausschuss des Senats begann mit ersten Untersuchungen über Watergate. Der 73-jährige Senator Sam Ervin, der dieses Komitee leiten sollte, wurde daraufhin von Nixon, wie Tonbandaufnahmen belegen, als »alter Furz«, »seniler alter Scheißer«, »unpatriotisch«, »schleimiges Südstaaten-Arschloch« oder auch knapp als »alter Arsch« bezeichnet.[23]

Nixons rüde Sprache war es, die die amerikanische Öffentlichkeit vielleicht noch mehr schockierte als die Erkenntnis, dass ihr Präsident wahrscheinlich an der Verschleierung des Einbruchs beteiligt gewesen war. Ab Sommer 1973 wurden vor dem Ervin-Ausschuss (der inzwischen einen Sonderermittler, Archibald Cox, bestellt hatte) Tonbandaufzeichnungen aus dem Weißen Haus analysiert. Was die Amerikaner nach der Veröffentlichung besonders erschütterte, war die vulgäre und obszöne Ausdrucksweise ihres Präsidenten. Es war eine Diktion, die mit der Würde des Amtes nicht vereinbar schien. Bald wurden weitere abnormale Verhaltensweisen des Präsidenten für die Öffentlichkeit sichtbar. Bei einem Besuch in New Orleans packte er plötzlich vor laufender Kamera seinen Pressesprecher Ron Ziegler und stieß ihn in Richtung der versammelten Reporter. Im Senat wurde gemunkelt, dass es weniger Nixons mögliche Gesetzesverstöße waren, die Anlass zur Sorge gaben, als seine psychische

Instabilität. Henry Kissinger, ein Mann mit einem ausgeprägten Ego, soll mit Blick auf den neuen Stabschef im Weißen Haus, einen Ex-Nato-General, erklärt haben: »Al Haig[24] hält das Land und ich halte die Welt zusammen.«[25]

Am 20. Oktober 1973 gab es ein weiteres Indiz, dass Nixon offenbar die Kontrolle über sich verloren hatte. Als Justizminister Elliott Richardson sich weigerte, Sonderermittler Cox zu feuern, entließ Nixon den Minister und kurz darauf auch seinen Stellvertreter William Ruckelshaus, der den Befehl des Präsidenten ebenfalls nicht befolgen mochte. Für die Medien war es das *Saturday night massacre*.

Fast vierzig Millionen Amerikaner waren vor den Fernsehgeräten versammelt, als der Justizausschuss des Repräsentantenhauses am 9. Mai 1974 seine Beratungen aufnahm, jene Kammer, die ein Absetzungsverfahren einleiten kann, über das dann der Senat in namentlicher Abstimmung zu entscheiden hat. Sie kämpften sich durch die Tonbänder, doch Nixon hatte längst nicht alle Tondokumente freigegeben. Am 24. Juli entschied der Oberste Gerichtshof – einstimmig – dass auch die fehlenden 64 Bänder dem Komitee übergeben werden mussten. Obwohl einige der Bänder manipuliert waren, fand man schnell das, wonach man gesucht hatte: *the smoking gun*, der noch rauchende Colt, das ultimative Beweisstück. Es war der Mitschnitt eines Gespräches von Nixon mit Haldeman vom 23. Juni 1972, aus dem hervorging, dass Nixon die CIA einschalten wollte.

Am 8. August wandte sich Nixon an die Nation. Er nahm keine Schuld auf sich, bat niemanden um Verzeihung. Er bedauerte lediglich »Verletzungen, die ich zugefügt haben mag«, und dass »einige meiner Entscheidungen falsch gewesen sind«. Er beteuerte: »I have never been a quitter.«[26] Um

12 Uhr mittags des darauf folgenden Tages erklärte er seinen Rücktritt und die Übergabe seines Präsidentenamtes an Gerald Ford. Am Tag darauf bestand er auf der Anwesenheit von Fotografen, die den Abschied von seinen Mitarbeitern und die bewegenden Emotionen von Pat und seinen Töchtern Julie und Tricia festhalten sollten. Er hinterließ ein letztes Zitat, von dem seine Familie wünschte, er hätte sich selbst viel früher davon leiten lassen: »Sei niemals kleinmütig. Denke immer daran, dass andere Dich hassen mögen, doch die Dich hassen, werden nicht gewinnen – es sei denn, Du hasst selbst. Dann wirst Du Dich selbst zerstören.«[27]

Ein letztes Mal spielte die Marine Band die Präsidentenhymne *Hail to the Chief*, als Nixon den grün-weißen Helikopter bestieg. In der Tür drehte er sich um, machte noch einmal das aus vielen Wahlkämpfen bekannte Victory-Zeichen – eine in dieser Situation bizarre Geste. Der Sieg gebührte an diesem Tag der Verfassung. Als Richard Nixon über Jefferson City, Missouri, flog, legte Gerald Ford den Amtseid als 38. Präsident der USA ab. »Unser langer nationaler Albtraum«, so rief er seinen Mitbürgern zu, ist vorüber. Einen Monat später sprach er über Richard Nixon das *presidential pardon* aus, das seinen Vorgänger von einer Strafverfolgung ausschloss. Es war ein Schritt, der damals heftig diskutiert und kritisiert wurde; er dürfte Ford 1976 die Wiederwahl gekostet haben. Heute sieht man in dem Pardon eher den Schlussstrich, der dem Land wohl eine weitere Selbstzerfleischung ersparte.

Richard Nixon blieben noch fast zwanzig Jahre, in denen er mehrere Bücher schrieb und verschiedentlich von seinen Nachfolgern um Rat gebeten wurde. Er gewann etwas Respekt zurück, auch durch sein würdevolles Verhalten bei offiziellen Anlässen wie den Trauerfeierlichkeiten für den 1981 ermordeten ägyptischen Präsidenten Sadat, bei denen er die USA zusammen mit zwei anderen Expräsidenten, seinen Nachfolgern Ford und Carter, vertrat. Er starb am 22. April 1994 und fand an der Seite seiner im Jahr zuvor verschiedenen Frau Pat in Yorba Linda, wo seine Reise begann, seine letzte Ruhestätte.

Ein Vierteljahrhundert später hat die Autorin Patti Davis, die Tochter von Präsident Ronald Reagan, ausgerechnet in der *Washington Post*, der publizistischen Nemesis des 37. Präsidenten, Nixon in einem nachdenklich stimmenden Essay dem damaligen 45. Präsidenten gegenübergestellt: »Bei aller seiner Düsternis, all seinen Gesetzesverstößen und Fehlern, glaubte Nixon doch an die Verfassung. Er trat in Schande zurück und fühlte, nach allen glaubhaften Quellen, eine immense Schuld – wozu Trump unfähig erscheint. Mein Secret-Service-Beschützer hatte für Nixon nach dessen Rücktritt gearbeitet. Er erzählte mir, dass er einen Mann erlebt hatte, der von Dämonen heimgesucht schien, der bei Anbruch des Abends lange Spaziergänge über sein Grundstück unternahm, nur von seinem Hund begleitet, und erst heim kam, als es schon längst dunkel war. Es sagt viel darüber aus, was Amerika durchmacht, wenn Richard Nixon besser erscheint als Donald Trump. Dieser Präsident versucht gar nicht erst, seine Düsternis und seine Dämonen zu verstecken, sie sind weithin sichtbar. Er hat es geschafft, das Land zu schwächen und die Verbündeten zu erschrecken, und dies in nur zwei Jahren. Nixon hat das Gesetz gebrochen, aber niemand hat sich bei ihm gefragt, ob er wohl mit einem feindseligen anderen Land zusammengearbeitet hat. Wir als Nation hätten es besser wissen müssen. Trump hat nie verheimlicht, wer er ist. Wie Maya Angelou[28] sagt: Wenn dir jemand zeigt, wer er ist – glaube ihm beim ersten Mal.«[29]

Kein Urteil über einen Staatsmann der Vergangenheit ist in Stein gemeißelt; die Interpretation seiner Leistungen wie auch seiner Missetaten kann sich mit den wandelnden Wertvorstellungen kommender Generationen ändern. Harry Truman ist ein Beispiel dafür; wenig wertgeschätzt aus dem Amt geschieden, gilt er heute als einer der großen amerikanischen Präsidenten. Die Nixon-Jäger und -Hasser der 1950er bis 1970er Jahre sind weniger und leiser geworden; einige wenige von ihnen haben wie Bob Woodward mit einer Abfolge durchaus lesenswerter Bücher eine Menge Geld verdient. Manch einer der inzwischen in die Jahre gekommenen Katalysatoren der Aufklärung und Investigation im Zusammenhang mit Watergate und anderen Missetaten des Mannes aus Yorba Linda mag zu Beginn des 21. Jahrhunderts – bereits vor Antritt des von Patti Davis so unvorteilhaft skizzierten Mannes aus New York – seine bisherige Sicht etwas relativiert haben. Die Unwahrheiten, die Präsident George W. Bush und andere Mitglieder seiner Administration, vor allem der aggressiv-militante Vizepräsident Dick Cheney, der amerikanischen Bevölkerung und der Weltöffentlichkeit auftischten, wurden zur Begründung für einen Krieg genutzt, der tausende Amerikaner und eine noch weit höhere, unbekannte Zahl von Irakern das Leben kostete und ein zerstörtes Land hinterließ.

Niemand starb durch Richard Nixons Intrigen.

Vielleicht überdauert ein Zeugnis aus jener inzwischen lange zurückliegenden Epoche nicht nur alle Erinnerung an diese Zeit, sondern auch unsere Spezies insgesamt. Gut 360 000 Kilometer von unserem blauen Planeten entfernt, im Mare Tranquilitatis, stehen die Reste der Mondlandefähre von Apollo 11, zurückgelassen in einer Sternstunde Amerikas und der Menschheit im Juli 1969. An einer der Landebeine des Gefährts findet sich unterhalb der Leiter, auf der die Astronauten hinabstiegen, eine Plakette, geschaffen für die Ewigkeit. Sie trägt den Text »We came in peace for all mankind«, gefolgt von den Unterschriften Neil Armstrongs, Edwin Aldrins und Michael Collins'. Die vierte Unterschrift stammt von Richard M. Nixon.[30]

DONALD TRUMP

Der Einmalige

45. Präsident der USA von 2017 bis 2021

Der Mitschnitt auf dem Tonband ist deutlich: »Vergiss niemals: Die Presse ist der Feind, die Presse ist der Feind … schreib das hundertmal an die Tafel.« Die Aufnahme stammt nicht, wie man beim flüchtigen Hinhören meinen könnte, aus einem Klassenzimmer, sondern aus dem Oval Office des Weißen Hauses. Auf einem der zahlreichen *Nixon tapes*, der Tonbänder, die der 37. US-Präsident als historische Quellen erster Güte hinterließ, ist sein Ausbruch im Dezember 1972 gegenüber seinem nationalen Sicherheitsberater und späteren Außenminister Henry Kissinger zu vernehmen. Auch

Professoren und Intellektuelle wurden in der Wutrede als Feinde tituliert, doch in allererster Linie sah er in den Medien seine Nemesis. Er lag dabei keineswegs falsch: Es waren, wie beschrieben, vor allem die Washington Post und die New York Times, die den Einbruch im Watergate Hotel tagtäglich ins öffentliche Bewusstsein brachten – die USA standen am Anfang einer Politaffäre, die im August 1974 in Nixons Rücktritt mündete.

Vielleicht werden eines Tages Aufzeichnungen aus dem Weißen Haus der Jahre 2017 bis Januar 2021 publik, in denen ein anderer republikanischer Präsident, Donald John Trump, sich in vergleichbarer Weise über die sogenannte Vierte Gewalt im Staate äußert. Sicher würde er statt »Presse« die Begriffe »Medien« und »Mainstream-Medien« gebraucht haben. Von seiner Aversion machte Trump in der für ihn so charakteristischen direkten Art – der Begriff *outspoken* dürfte kaum je einem Politiker derart gerecht geworden sein – während seiner Amtszeit keinen Hehl. Die Vertreter der Medien waren für ihn »Feinde des Volkes«, manchmal gar regelrecht *sick people*, kranke Leute. Über seinen nicht allzu zahlreichen Pressekonferenzen lag fast immer eine Atmosphäre von Feindseligkeit – die allerdings nicht selten von beiden Seiten ausging.

Trump und die Medien – es ist die sich über Jahrzehnte hinziehende Saga einer Beziehung von zunächst wechselseitigem Benefit, ohne die der Aufstieg des Immobilien-Moguls aus New York City, seine landesweite Prominenz, gar Popularität und schließlich sein Weg ins Weiße Haus nicht vorstellbar wären. Die Medien machten ihn groß, er wiederum brachte ihnen als Gesellschaftslöwe Auflagen und als Reality-Show-Master hohe Zuschauerzahlen und Werbequoten – und plötzlich wuchs er ihnen über den Kopf und in eine Rolle, in der er zu ihrem Schrecknis wurde. Seine Präsidentschaftskandidatur 2016 sprengte alle im Politbetrieb bekannten Maßstäbe und machten ihn zunehmend unabhängig von seinen bisherigen Förderern und künftigen Feinden, wozu in den USA die meisten der großen Medien mit Fox News und konservativen Radio-Talkshows als Ausnahmen und in Europa fast alle Vertreter der Branche zu zählen waren (und sind). Mit Twitter und anderen Formen der Kommunikation erreichte er jene Amerikaner, die sich an ihm und seinen Positionen, vor allem aber an seiner für einen Politiker (der er ja bis 2016 nicht war) ungewohnten Ausdrucksweise begeisterten, die gerade das liberale Segment der Bevölkerung besonders abstieß, auf direkte Weise – vorbei an den begleitenden Kommentaren von Kolumnisten, Leitartiklern, von *anchormen* und *anchorwomen* der Nachrichtensendungen und vor allem von den zahlreichen als Experten präsentierten Personen, die bei CNN über die nächsten vier, fünf Jahre allgegenwärtig schienen und die sich oft auf vier- bis sechsfach unterteilten Bildschirmen in der Verdammung Trumps zu übertrumpfen versuchten.

Während wir von Persönlichkeiten der Geschichte wie den anderen hier auftretenden zwölf Präsidenten meist von Historikern lernen – sei es in gedruckter Form, in Dokumentarsendungen oder im Internet – oder manchmal auch durch Memoiren oder Erinnerungen von Zeitgenossen, wird unsere Einschätzung von Politikern der Gegenwart ganz wesentlich durch die Medien bestimmt. Denn wer von uns – die Leserinnen und Leser wie der Autor dieses Buches – hat schon die Gelegenheit, mit einem amerikanischen oder russischen oder französischen Präsidenten, mit einem deutschen oder österreichischen Bundeskanzler oder einem britischen Premierminister ein vertrauliches Gespräch zu führen und somit einen persönlichen Eindruck aus erster Hand zu bekommen? Stattdessen sind wir bei einer Urteilsfindung auf das angewiesen, was wir über eine solche Persönlichkeit erfahren. Und was dies ist, wie es präsentiert und eingeordnet wird, entscheiden die Medien. Daneben kann sich das Publikum noch durch direkte Äußerungen des Politikers, zum Beispiel in den sozialen Medien und bei öffentlichen Auftritten ein Bild machen. Im Falle Trumps waren solche Äußerungen freilich sehr dezidiert. So sei es dahingestellt, wie viel Fairness bei einer Beurteilung von Trump (oder von Boris Johnson oder von Wladimir Putin) möglich ist, wenn de facto alle Leitmedien – wie jene in Deutschland – bei der Berichterstattung nahtlos in eine negative Kommentierung übergehen. Im Falle Deutschlands mag einem Beobachter aus der Ferne das im Vergleich zum *Trump-bashing* geradezu antipodische Verhalten der Medien gegenüber der Person an der Spitze der eigenen Regierung auffallen: die deutsche Bundeskanzlerin erfreute sich einer weitgehend kritiklosen Berichterstattung und Porträtierung über viele Jahre – auch, als bereits breite Bevölkerungsschichten eine gänzlich andere Wahrnehmung hatten.

Trumps Politik allein war indes schon wenig dazu geeignet, ihm in Deutschland und anderen europäischen Ländern mit vergleichbaren Wertvorstellungen Sympathien zu verschaffen. Der Ausstieg aus dem Iranabkommen, bei dem Deutschland einer der Vertragspartner war, und mehr noch jener aus dem Pariser Klimaschutzabkommen trafen in Europa, aber auch bei vielen Amerikanern, auf Unverständnis. Dass Trump die These eines anthropogenen, als von Menschen verursachten Klimawandels als *hoax*, als Witz, bezeichnete, wird in Gesellschaften, in denen das Thema

Klima mit maximalem Alarmismus diskutiert wird, geradezu als Sakrileg empfunden. Die Frontstellung gegen seinen politischen Kurs wurde hierbei abermals vor allem in, durch und dank der Medien aufgebaut. Wie andere amerikanische Präsidenten vor ihm forderte auch Trump von der deutschen Regierung die Realisierung des von den Nato-Partnern beschworenen, aber nur von wenigen unter ihnen umgesetzten Ziels, zwei Prozent des Bruttosozialprodukts für die Verteidigung auszugeben – nur in wesentlich schrofferer Form als Bill Clinton, George W. Bush und Barack Obama. Die Antwort aus Berlin, dass man dies sicher bis 2030 tun werde, dürfte er angesichts der wirtschaftlichen Potenz Deutschlands vor Corona-Lockdowns wohl als Frechheit empfunden haben.

Es kann bezweifelt werden, dass Trump als Präsident immer noch so stolz auf seine deutschen Vorfahren war, wie er dies in den 1990er Jahren verschiedentlich betont hatte, als er sogar einmal als Zeremonienmeister für die Steuben-Parade in New York agierte. Dieses alljährliche Festival wird zu Ehren der deutschen Beiträge zum Wachsen und Gedeihen der Vereinigten Staaten gefeiert, seit der Namensgeber Friedrich Wilhelm von Steuben im Unabhängigkeitskrieg Drillmeister der noch sehr unprofessionellen Streitkräfte der gegen England rebellierenden Kolonisten war. Trumps Vorfahren väterlicherseits stammten aus dem pfälzischen Bobenheim am Berg, sein Großvater Friedrich Trump wurde 1869 in Kallstadt geboren (wo mit der vor allem für ihren Ketchup weltberühmten Familie Heinz eine weitere amerikanische Wirtschaftsdynastie ihren Ursprung hat) und wanderte mit 16 Jahren in die USA aus. Sein Sohn – Donald Trumps Vater – Fred Trump gab im und nach dem Zweiten Weltkrieg indes wohl auch aus Geschäftsgründen sicherheitshalber Vorfahren aus dem neutralen Schweden in seinem Lebenslauf an.

Fred häufte ein beträchtliches, wenngleich wohl nicht immer in allen Details unter zweifelsfreien Umständen erworbenes Vermögen an (sowohl Trump senior als auch der spätere Präsident standen wiederholt im Fokus staatlicher Ermittler), das dem am 14. Juni 1946 geborenen Donald eine privilegierte Jugend ermöglichte, die auch nicht durch einen Militärdienst unterbrochen wurde – ein Knochenleiden am Fuß ersparte ihm die Einberufung und damit einen möglichen Einsatz im Vietnamkrieg. Dass Donald Trump steinreich ist, war stets Teil seines (wenn dies das richtige Wort ist) Charismas, seines Images und seiner Wirkung auf andere. Wie reich, ist nicht ganz klar und auch nicht, in welchem Verhältnis sein Besitz zu den immer wieder kolportierten Schulden und Steuerverbindlichkeiten steht. Das Magazin *Forbes* sprach ihm nach seinem Ausscheiden aus dem Präsidentenamt ein *net worth* von 2,4 Milliarden Dollar zu und platzierte ihn auf der Rangliste der reichsten Personen der Welt damit auf Platz 1299.[1]

Sein Ruf als über alle Maßen erfolgreicher Geschäftsmann – ungeachtet von Verlusten in Milliardenhöhe, die von der New York Times halb spöttisch als die vermutlich höchsten, die je ein individueller Steuerzahler angegeben habe, bezeichnet wurden[2] – machte ihn berühmt und »Trump« zu einem *brand*, einem Markenzeichen. Sein gesellschaftliches Auftreten – Einladungen ins Weiße Haus, seinen späteren Arbeitsplatz, bekam er seit der Präsidentschaft Ronald Reagans in den 1980er Jahren – und vor allem sein Privatleben mit wechselnden, oft osteuropäischen Damen an seiner Seite, boten den Medien reichlich Stoff und Trump verstand meisterhaft, auf der Klaviatur eines öffentlichen sowie eines veröffentlichten Interesses zu spielen. Sein 1987 erschienenes Buch *The Art of the Deal* wurde ein Bestseller; es war indes über weite Strecken von einem Ghostwriter verfasst worden. Fernseh- und Filmauftritte kamen hinzu; wer Trump immer noch nicht kannte, hatte ab 2003 mit der landesweit ausgestrahlten Reality-Show *The Apprentice* Gelegenheit, diesem Mangel abzuhelfen. Trump war nun auch fern der Wolkenkratzer von New York City, im Farmland von Nebraska und in Metropolen wie Seattle und Honolulu ein guter Bekannter der Menschen – die Letztgenannten hatten mit seiner Heimatstadt am Hudson später gemeinsam, dass sein Wählerzuspruch hier sehr gering war, während er in ländlichen Regionen seine Hochburgen haben würde.

Politisch war Donald Trump zunächst wenig ideologisch fixiert und registrierte sich mal als Republikaner, dann wieder als Demokrat und als Unabhängiger. Im Jahr 2000 stand er bei den Vorwahlen in zwei Bundesstaaten erstmals auf dem Wahlzettel und zwar als Kandidat der Reform Party. Eine Kostprobe seines Umgangstons bekamen die Anhänger dieser kleinen, bei Präsidentschaftswahlen stets unter 1% liegenden Gruppierung bereits damals, als Trump den schließlich gewählten Kandidaten der Partei, den Politkommentator Pat Buchanan, als »Attila der Hunne« bezeichnete. Im Vorfeld der Präsidentschaftswahl von 2012 wurde über eine Kandidatur Trumps spekuliert. Zu diesem Zeitpunkt wurde er als Erzkonservativer wahrgenommen, wozu vor allem beitrug, dass er der prominenteste Vertreter der *birther*-Theorie war, einer (völlig abstrusen) These, wonach der amtierende Präsident Barack Obama gar nicht in den USA geboren und nicht amtsfähig war.

Drei Jahre später war Trump bereit – und eine breite Wählerschicht für ihn. Im Juni 2015 verkündete er seine Kandidatur, knapp eineinhalb Jahre vor den Wahlen. Sowohl politische Kommentatoren aller Ausrichtungen als auch die Eliten in der Republikanischen Partei taten dies als eine Art politischen Witz, eine Randerscheinung ab. Der Zulauf, den Trump mit Beginn des Vorwahlkampfes erhielt, die gefüllten Hallen und vor allem die Begeisterung durch die Teilnehmer und teilweise deren Militanz hätten ein allmähliches Umdenken auslösen sollen. Dies taten dann spätestens die Wahlergebnisse. Den traditionellen Auftakt, den *caucus* (Wahlversammlungen) in Iowa am 1. Februar 2016 gewann der Senator aus Texas, Ted Cruz, noch knapp vor Trump, doch schon eine Woche später, bei der ersten *primary* (Vorwahl) in New Hampshire, distanzierte Trump bereits das zunächst noch aus elf anderen Kandidaten bestehende Mitbewerberfeld deutlich. Es folgten Siege in Nevada und South Carolina; am Super Tuesday schließlich, dem 1. März, an dem in elf Staaten Vorwahlen stattfanden, übernahm Trump endgültig die Führung in der Zählung der Delegierten, die ihm nicht wieder genommen werden konnte.

Aus dem Amüsement über seine Kandidatur war inzwischen bei den professionellen Kommentatoren Entsetzen geworden. Im Zentrum der Berichterstattung über den Kandidaten standen nun die besonders widersinnigen, populistischen oder unbequemen Stellungnahmen, von der Ankündigung, eine *beautiful wall* entlang der Grenze mit Mexiko zu bauen bis zur Einschätzung, die Nato sei obsolet. Trump riss vor allem weiße, männliche und nicht über einen Hochschulabschluss verfügenden Wähler mit, die in den Jahren zuvor häufig wirtschaftlichen und sozialen Rückschritt erlebt hatten – dass seine Gegenkandidatin diese Bevölkerungsschicht als *deplorables*, als Abschaum bezeichnete, sagt wenig über diese oft benachteiligten Menschen, aber einiges über die Geisteshaltung der Politikerin und ihr defizitäres politisches Gespür aus. Auch ein inzwischen elf Jahre altes, von der *Washington Post* ans Tageslicht befördertes Audio, in dem sich Trump in der Sprache von sich im *locker room*, in der Umkleideräumlichkeit von Sporthallen, unterhaltenden Pubertierenden über Frauen und deren Genitalien äußerte, löste wohlorchestrierte Empörung in den Talkrunden der großen Sender aus, fügte ihm aber bei seinen immer solidarischer werdenden Anhängern keinen erkennbaren Schaden zu. Gewählt wurde er am 8. November 2016 indes nicht nur aufgrund seiner Persönlichkeit und seiner populistischen Positionen, sondern vor allem dank generöser Mithilfe des politischen Gegners. Die Demokraten klopften sich gegenseitig für ihr historisches Verdienst auf die Schulter, als erste der beiden großen Parteien eine Frau auf den Spitzenplatz des Wahltickets gesetzt zu haben, und genossen die Beifallsstürme der in den großen Networks inzwischen heimischen Runden von in die Jahre gekommenen Feministinnen. Dass die Demokraten dabei allerdings die wahrscheinlich unbeliebteste Politikerin des Landes in seiner zu diesem Zeitpunkt 240-jährigen Geschichte auserkoren hatten, ging vielen von ihnen erst am *morning after* auf, als die Ergebnisse feststanden: Trump siegte im entscheidenden Wahlmännerkollegium deutlich mit 304 zu 227 Stimmen. Für ihn war das Resultat ein »Erdrutsch« – als Joe Biden vier Jahre später mit 306 Wahlmännerstimmen gegen ihn gewann, hielten zahlreiche Anhänger sein noch schlechteres Ergebnis hingegen für denkbar knapp und Trump selbst propagierte eine gestohlene Wahl.

Es mag eine Überlegung wert sein, sich zu fragen, wie man Trumps Präsidentschaft beurteilen würde, hätte er seine bekannte Politik betrieben, aber von Tag eins an ein Schweigegelübde wie verschiedentlich die Kartäuser-Mönche im Mittelalter abgelegt und darin die Tastatur seines Twitter-Accounts inkludiert. Vieles an seinen Amtshandlungen ist kontrovers: von den Steuerentlastungen für Superreiche und Konzerne über die Verachtung für Natur-, Umwelt- und Klimaschutz, seine Maßnahmen gegen Migranten, Flüchtlinge und Muslime, sein Vernichtungsfeldzug gegen die Krankenversicherung und gegen eigentlich fast alle Vorhaben seines Vorgängers. Dies alles traf im Übrigen bei vielen Amerikanern, wenn auch nicht immer bei einer Mehrheit, auf Zustimmung oder zumindest Gleichgültigkeit. Unbestritten ist indes, dass es vielen Amerikanern in den ersten drei Jahren unter Trump (vor der Corona-Pandemie) wirtschaftlich gut ging. Doch viel entscheidender: Dieser Präsident hat ungeachtet seiner gelegentlich martialischen Äußerungen keine neuen Kriege angefangen und war beim Einsatz militärischer Machtmittel so zurückhaltend wie nur wenige seiner Vorgänger. Das jahrelange Engagement der USA in Afghanistan und im Irak fuhr er zurück, die von ihm persönlich angeordneten Militärschläge (zwei sehr begrenzte Luftangriffe – einer davon gemeinsam mit den klassischen Verbündeten Frankreich und Großbritannien – auf Militäranlagen in Syrien, die Eliminierung des iranischen Generals Qasem Soleimani durch eine Drohne) lassen sich an den Fingern einer Hand abzählen. Das Leben amerikanischer Soldatinnen und Soldaten und dasjenige von Unbeteiligten in anderen Ländern hatte für ihn ganz erkennbar einen hohen Stellenwert – das alles zusammengenommen ergäbe sicherlich nicht die schlechteste Note bei der Bewertung einer Präsidentschaft.

Seine Rhetorik und sein Umgang mit anderen, auch mit

engen Mitarbeitern und Verbündeten hingegen ist es, was die Wahrnehmung Trumps durch Personen (und Staaten) außerhalb seiner Anhängerschaft – die in seiner direkten Art eine willkommene Erholung vom sattsam bekannten Typ des sich nie festlegenden und klare Statements vermeidenden, vor allem die Grenzen der in den USA fast heiligen politischen Korrektheit nie überschreitenden Standardpolitikers sahen – entscheidend und nachteilig prägte. Es begann schon mit der *inaugural address*, der Amtsantrittsrede. In der Vergangenheit waren diese Ansprachen oft Quell der Inspiration: von *The only thing we have to fear is fear itself* durch Franklin D. Roosevelt zu *Ask not what your country can do for you, ask what you can do for your country* durch John F. Kennedy. Trumps Rede zeichnete ein düsteres Bild der USA und ließ ein tiefes Misstrauen in die demokratischen Traditionen des Landes durchblicken. Seinem Vorgänger und eine zunehmende Distanz zu ihm einhaltenden Parteifreund George W. Bush werden die inzwischen schon klassischen Worte einer Einschätzung der Rede zugeschrieben: *That was some weird shit!*[3]

Es ging so weiter. Nicht nur Journalisten und politische Gegner, auch Weggefährten wurden beschimpft, darunter sein erster Außenminister Rex Tillerson, den Trump nach der Entlassung als *dumb as a rock* bezeichnete. Auch andere Mitstreiter wurden Ziel von Trumps oft geradezu abgrundtiefer Gehässigkeit, wenn sich die Wege trennten oder Kritik am Präsidenten geäußert wurde. Zum Ende geriet selbst der treueste Gesell' in sein Fadenkreuz: der ihm bis zur Selbstverleugnung ergebene Vizepräsident Mike Pence, welcher am Mittag des 6. Januar 2021 im Zentrum Trumpscher Tiraden stand – mit der bekannten Folge, dass unter den das Capitol stürmenden Trump-Anhängern einige lautstark ihr

Vorhaben bekundeten, den zweiten Mann im Staat erhängen zu wollen. Auch für die Regierungschefs vieler verbündeten Nationen hatte Trump letztlich nur noch Verbalinjurien übrig: Kanadas Premier Justin Trudeau sei *two-faced*, ein Lügner, und verdiene nach den Worten eines Beraters einen besonderen Platz in der Hölle, eine Bemerkung des französischen Präsidenten Emmanuel Macron zum Zustand der Nato sei »sehr, sehr schäbig«, die EU sei ein »Feind« und ihre Regierungen erfüllten ihn insgesamt und grundsätzlich mit Zorn. Die Liste ließe sich beliebig fortsetzen.

Harte Worte und die Nennung unbequemer Tatsachen müssen im Übrigen nicht unbedingt sachlich falsch sein. Die Covid-19-Pandemie brach, wie erinnerlich, nicht in Los Angeles oder Las Vegas, nicht in Winsen an der Luhe oder in Heidenheim an der Brenz aus, sondern mit Wuhan ausgerechnet in jener Stadt, in welcher die Volksrepublik China ihr wesentliches und in Erforschung des Coronavirus engagiertestes virologisches Labor eingerichtet hat. Trump war wahrscheinlich der einzige westliche Politiker, der Erreger und Herkunft dezidiert miteinander in Verbindung brachte und vom *Chinese virus* sprach, was ihm sofort als »rassistisch« ausgelegt wurde. Seine Vermutung, es könne aus diesen Labors nach außen gelangt und über die Menschheit gekommen sein, wurde erwartungsgemäß als »Verschwörungstheorie« gebrandmarkt. Mehr als ein Jahr lang wurde bekanntlich offizieller- und medialerseits die Erklärung bemüht, irgendwo und irgendwann sei in Wuhan – »zufällig« dort! – eine Person von einer infizierten Fledermaus gebissen worden oder, alternativ, hätte jemand eine infizierte Fledermaus zum Lunch goutiert. Diese These hat den Vorzug, politisch opportun zu sein und wurde vor allem von jenen Regierungen und mit ihnen verbundenen Medien in Europa gepflegt, die den so wichtigen Handelspartner China auf keinen Fall vergrätzen wollen. Als im Sommer 2021 US-Präsident Joe Biden die amerikanischen Geheimdienste anwies, den möglichen Laborursprung der Pandemie zu erforschen und damit einen klaren Verdacht äußerte, war dies ebenso eine späte Rechtfertigung Trumps wie die wutentbrannte Reaktion des chinesischen Regimes, das bereits vorher mit allen seinen gewaltigen Polizeistaatsmethoden derartige Nachforschungen unterbunden hatte. Die einst verächtlich abgetane *lab theory* wurde quasi über Nacht auch in der *Washington Post* und anderen Mainstream-Medien ernst genommen und nicht länger diffamiert.

Die zögerliche Reaktion der Trump-Administration auf die sich im Februar 2020 von China aus über den Globus verbreitende Infektionskrankheit wurde von Analysten als eine der Ursachen der Wahlniederlage Trumps im November 2020 angeführt. In der Tat hatte er zu einem frühen Zeitpunkt geäußert, alles sei unter Kontrolle – bevor die Pandemie in den USA mehr Todesopfer forderte als in fast allen anderen Ländern. Ob die von der Regierung Trump unternommenen Schritte so viel langsamer oder unangemessener waren als diejenigen in anderen westlichen Industrienationen sei dahingestellt. Ohne Frage waren die Amerikanerinnen und Amerikaner privilegiert, als schließlich die Impfmaßnahmen anliefen: Es waren Trump, seine Regierung und der Kongress, die im Rahmen der »Operation Warp Speed« für die Bereitstellung ausreichender Mengen von Impfstoffen sorgten, so dass ab Januar 2021 Millionen Amerikaner geimpft werden konnten, woran zum Beispiel in Deutschland zum gleichen Zeitpunkt noch kaum zu denken war.

Ganz zweifellos hat die durch Covid-19 und die Lockdown-Maßnahmen grundlegend veränderte Situation, auch die wirtschaftliche, zur Niederlage Trumps beigetragen. Darüber hinaus hatten viele Amerikaner, die nicht fest einem der beiden politischen Lager zuzurechnen sind, einfach genug von seinem Stil, der wenig zur vielbeschworenen »Würde des Amtes« passte. Ferner stieß an Trump ab, dass er im Laufe des Wahlkampfes 2020 immer deutlicher eine Geringschätzung der amerikanischen Demokratie an den Tag legte, die in der Haltung gipfelte, dass im Falle einer Wahlniederlage Betrug im Spiel gewesen sein müsse. Mit seinem Verhalten vor und kurz nach der Wahl hat er wahrscheinlich seinem Land – und seinem Platz in der amerikanischen Geschichte – mehr geschadet als mit den zahlreichen verbalen Entgleisungen und den vielen von ihm geäußerten Unwahrheiten zusammen. Nachdem der Wahlausgang und der Sieg des demokratischen Tickets mit Joe Biden und der ersten Frau im Vizepräsidentenamt, Kamala Harris, feststand, versteifte sich Trump in seiner Behauptung von der gestohlenen Wahl. Besonders bedenklich ist daran, dass bis auf wenige Ausnahmen die Mandatsträger seiner Partei dieser durch keinerlei Beweise belegten Behauptung nicht zu widersprechen wagten. Zu groß ist bei den Republikanern auch nach Ende seiner Amtszeit der Einfluss der Trump-treuen Basis, zu verbreitet ist nach vier Jahren, in denen es fast als normal empfunden wurde, dass ein amerikanischer Präsident völlig ungerührt und ungestraft Unwahrheiten in die Welt setzt, die Flucht in Parallelwelten, welche der eigenen Weltsicht angenehm sind. Die sicherlich nicht politisch neutrale *Washington Post* zählte 30 573 Lügen und *false claims* während seiner Präsidentschaft. Die Dominanz seines Gedankengutes und seiner brachialen Intoleranz in »seiner« Partei (mit der er erst seit 2012 konstant assoziiert ist) ist ein fatales Erbe des Donald Trump, die Etablierung der Wahrnehmung einer »alternativen Realität«, die nicht durch Fakten gedeckt ist, als fast normaler Aspekt im Leben einer Gesellschaft, ist ein weiteres.

Dan Rather, einer der bekanntesten amerikanischen Fernsehjournalisten und über viele Jahre das Gesicht der Nachrichtensendung *CBS Evening News,* wurde nach der Wahl Joe Bidens nach einem Resümee der Präsidentschaft Trumps gefragt. Als ein Veteran der »Mainstream-Medien« ist der inzwischen 90-Jährige sicherlich per se ein Gegner des Ex-Präsidenten. Seine Antwort fiel vorsichtig aus, dürfte indes bei Amerikanern, die sich eine realistische und ideologiefreie Perspektive bewahrt haben, kaum Widerspruch auslösen: »Bitte notieren Sie, dass ich da erstmal eine Pause einlege. Es ist immer schwierig, wissen zu wollen oder zuverlässig zu schätzen, wie die Geschichte über eine Präsidentschaft urteilen wird. Aber dennoch fällt es mir sehr schwer zu glauben, dass die Geschichte irgendwie anders als außerordentlich hart mit Präsident Trump und seiner Präsidentschaft umgehen wird. Das gilt für deren Ton und ihre Substanz und für den Schaden, den sie an unseren Institutionen angerichtet hat. Und das betrifft, wie Sie wissen, praktisch jede der Institutionen, die unsere konstitutionelle Republik, die auf den Prinzipien von Freiheit und Demokratie basiert, so einmalig machen. Er hat jeden und alle angegriffen, die nicht seiner Meinung waren, dazu gehören Mitglieder des Obersten Gerichtshofes, des Kongresses, der Presse. Er hat diesen Institutionen immensen Schaden zugefügt und dieser Schaden wird nicht leicht zu reparieren sein.«[4] Trumps Parteifreundin Liz Cheney, Tochter des ehemaligen Vizepräsidenten Dick Cheney, fasste es knapper zusammen: »Es gab nie einen größeren Betrug an seinem Amt und seinem Eid auf die Verfassung durch einen Präsidenten.«[5]

Die Institutionen der amerikanischen Demokratie, die am 6. Januar 2021 Ziel eines nie dagewesenen und ganz zweifelsfrei von Trump in der schändlichsten Stunde seiner Laufbahn zumindest mitinspirierten Angriffs waren, deuten in der seither vergangenen Zeit eine Kraft an, die sich aus dem Selbstbewusstsein einer Nation speist, welche viele Krisen inklusive eines Bürgerkrieges überstanden hat und meist gestärkt aus ihnen hervorgegangen ist. Dieses Buch hat es nicht verdient, mit Donald Trump zu enden. Dies gebührt vielmehr einem vom Autor besonders geschätzten Präsidenten, den wir in einem früheren Kapitel kennengelernt haben. Es ist Theodore Roosevelt, der vor mehr als einhundert Jahren Amerikas Rolle in der Welt in die Worte fasste: »Uns ist viel gegeben und von uns wird mit Recht viel erwartet. Wir haben Pflichten gegenüber anderen und Pflichten gegenüber uns selbst und wir können uns beiden nicht entziehen. Wir sind eine große Nation geworden und diese Größe hat uns in Beziehungen mit den anderen Nationen auf der Erde gebracht; wir müssen als ein Volk gesehen werden, das diesen Verantwortungen gerecht wird.«

ANMERKUNGEN

Prolog

1 Jean Edward Smith: Eisenhower in War and Peace. New York 2012: 760. https://www.youtube.com/watch?v=OyBNmecVtdU

2 Zur Bedeutung der Rede: Ronald D. Gerste: Eisenhowers Warnung vor einem Staat im Staate. *Neue Zürcher Zeitung*, 18. Januar 2011.

3 Die Statistiken, wie viele Länder zusammengenommen die USA in puncto Militärausgaben übertreffen, schwanken leicht; eine solche Auflistung aus dem Jahr 2018 sieht das amerikanische Verteidigungsbudget stärker als die kombinierten Ausgaben von China, Russland, Saudi-Arabien, Großbritannien, Frankreich, Indien und Japan. https://www.pgpf.org/chart-archive/0053_defense-comparison

4 So dominiert Hollywood, dessen Abgesang in den vergangenen Jahrzehnten wiederholt heraufbeschworen wurde, nach wie vor ein großes Segment der Populärkultur in weiten Teilen der Welt und verbreitet dabei – mal mehr, mal weniger subtil – amerikanische Wertvorstellungen. Oder zumindest jene der Hollywoodeliten.

5 Ronald D. Gerste: Wie Krankheiten Geschichte machen. Klett-Cotta, Stuttgart: 2019.

Andrew Jackson

1 Arda Walker: The Educational Training and Views of Andrew Jackson. East Tennessee Historical Society's Publications 16 (1944): 28.

2 Hickory bezeichnet den nordamerikanischen Walnussbaum.

3 Calvin Colton (Hrsg.): The Speeches of Henry Clay. Vol. 1. New York 1857: 204.

4 John Meacham: American Lion. Andrew Jackson in the White House. New York 2008: 38.
5 Margaret Eaton: The Autobiography of Peggy Eaton. New York 1932: 24.
6 Meacham: 115.
7 Meacham: 189.
8 James Parton: Life of Andrew Jackson. Band 3. Boston 1866: 287.
9 Martin Van Buren: The Autobiography of Martin Van Buren. Reprint New York 1969: 415/416.
10 Publiziert in: The Georgi-Journal-Extra, 17. Juni 1829.
11 Eine Gewalttat, bei der mehrere Menschen verletzt wurden und von der Hinckley möglicherweise Abstand genommen hätte, wäre ihm damals bekannt gewesen, dass Foster lesbisch ist.

Franklin Pierce

1 Michael F. Holt: Franklin Pierce. New York 2010: 1.
2 William F. Freehling: Franklin Pierce. In: Henry F. Graff (Hrsg.): The Presidents. A Reference History. New York 1996: 189.
3 Die anderen Schlusslichter in den *presidential rankings* sind neben Franklin Pierce und James Buchanan (1857–1861) typischerweise Herbert Hoover (1929–1933) und Warren Harding (1921–1923). Wikipedia listet übrigens zwei Umfragen aus dem Jahr 2018, in denen ein neuer Name als Tabellenletzter auftaucht.
4 Holt: 6.
5 Jane Pierce war eine von mehreren First Ladies im 19. Jahrhundert, die – unter der Begründung oder dem Vorwand der körperlichen oder seelischen »Gebrechlichkeit« – im Weißen Haus eine äußerst zurückgezogene Existenz führten. Hierzu zählen auch die Frauen von Andrew Johnson und William McKinley. Mary Lincoln verschloss sich weitgehend der Öffentlichkeit, nachdem sie den gleichen Schicksalsschlag erlitt wie Jane Pierce: den Tod mehrerer Söhne.
6 Freehling: 190.
7 Nathaniel Hawthorne: The Life of Franklin Pierce. Originalveröffentlichung von 1852, Neudruck New York 2009: V.

8 So war es auch Millard Fillmore vier Jahre zuvor ergangen, doch war dieser im Gegensatz zu Pierce kein *elected president*, sondern »nur« als Vizepräsident aufgrund des Todes eines Präsidenten (Zachary Taylor) ins Amt gekommen.

9 Chris Cillizza: You can thank Franklin Pierce for the White House Christmas Tree. *Washington Post*, 10. November 2016.

10 Brady Carlson: NH's [=New Hampshires] Forgotten President. *NH Magazine*, November 2017. https://www.nhmagazine.com/Franklin-Pierce-NHs-Forgotten-President/

Ulysses S. Grant

1 Zit. nach John Y. Simon: Ulysses S. Grant. In: Henry F. Graff (Hrsg.): The Presidents. A Reference History. New York 1996: 246.

2 An der heutigen amerikanisch-mexikanischen Grenze bei Brownsville, nicht zu verwechseln mit dem wesentlich berühmteren Palo Alto in Kalifornien, Sitz so vieler IT- und Social-Media-Unternehmen und der in ihnen arbeitenden Kreativen und Hypersmarten.

3 Brief vom 26. Juni 1846. The Papers of Ulysses S. Grant. Edited by John Y. Simon et al. Carbondale, Illinois 1967. Band 1: 96

4 Zit. nach R. Chernow: Grant. New York 2017: 73.

5 Interview, *St. Louis Republican*, 24. Juli 1885.

6 H. W. Brands: The Man who Saved the Union. Ulysses Grant in War and Peace. New York 2012: 94.

7 Brands: 315.

8 Chernow: 294.

9 Chernow: 616.

10 Chernow: 874.

Rutherford Birchard Hayes

1 Ronald D. Gerste: Kampf ums Weiße Haus. Amerikanische Präsidentschaftswahlen von George Washington bis 2008. Paderborn 2008: 103.

2 Ari Hoogenbom: Rutherford B. Hayes. Lawrence, Kansas 1995: 106.

3 Roy Morris: Fraud of the Century: Rutherford B. Hayes, Samuel Tilden and the Stolen Election of 1876. New York 2003: 61.
4 Morris: 136.
5 Morris: 139.
6 Morris: 10.
7 Morris: 164.
8 Morris: 12.
9 William H. Rehnquist: The Disputed Election of 1876. New York 2004: 159/160.
10 Morris: 237.

Chester Alan Arthur

1 Die verschiedenen Generationen der dem Commodore nachfolgenden Vanderbilts beschäftigten über Jahrzehnte die Gesellschaftsreporter; die Familie blieb über Jahrzehnte im amerikanischen Bewusstsein. Zumindest ein Vanderbilt übt auch heute noch beträchtlichen Einfluss aus, und zwar auf die Gestaltung der öffentlichen Meinung: der CNN-Anchorman Anderson Cooper.
2 Zachary Karabell: Chester Alan Arthur. New York 2004: 15.
3 Karabell: 16.
4 Karabell: 78–79.
5 Thomas C. Reeves: Gentleman Boss: The Life of Chester Alan Arthur. New York 1975: 420.

Grover Cleveland

1 Es war vor allem das Ergebnis in Kalifornien, das bei der Wahl 2016 dazu beitrug, der Wahlverliererin Hillary Clinton einen landesweiten Vorsprung von knapp drei Millionen Wählerstimmen zu geben. Im *electoral college* war sie indes mit 227 zu 304 deutlich unterlegen.
2 Freunden zeitgenössischer Musik ist sie vor allem als Standort der von Meisterarchitekt I. M. Pei entworfenen Rock'n Roll Hall of Fame ein Begriff.
3 Henry F. Graff: Grover Cleveland. New York 2002: 54.

4 Henry F. Graff: Grover Cleveland. In: Henry F. Graff (Hrsg.): The Presidents. A Reference History. New York 1996: 202/203.

Theodore Roosevelt

1 David McCullough: Mornings on Horseback. The Story of an Extraordinary Family, a Vanished Way of Life, and the Unique Child Who Became Theodore Roosevelt. New York 2003: 329.
2 McCullough: 95.
3 Mehr zu den *presidential homes* der USA in: Ronald D. Gerste: Rendezvous mit Amerikas Präsidenten. Unterwegs zu den Orten ihres Lebens. Darmstadt: Primus Verlag, 2012.
4 H. W. Brands: TR. The Last Romantic. New York 1997: 60.
5 Brands: 163.
6 Ron Chernow: Titan: The Life of John D. Rockefeller. New York 1998: 519.
7 Eines der treffendsten Zitate dieses Präsidenten lautet: »The only man who makes no mistakes is the man who never does anything.«
8 Edmund Morris: Theodore Rex. New York 2001: 549.
9 Brands: 721.

William Howard Taft

1 *New York Times*, 19. Juni 1915.
2 Medizinischer Ausdruck für starkes Übergewicht.
3 Er meinte damit das Oberste Bundesgericht, das Ziel seiner Ambitionen war, die sich nach seiner Präsidentschaft erfüllen sollten.
4 Zit. nach John G. Sotos: Taft and Pickwick. Sleep Apnea in the White House. Chest 2003: 124; 1133–1142.
5 Sotos: 1135.
6 Zit. nach Jeffrey Rosen: William Howard Taft. New York 2018: 18.
7 Ronald D. Gerste: Die First Ladies der Vereinigten Staaten. Regensburg 2000: 194.
8 340 Gramm.

9 Lawrence F. Abbott (Hg.): Taft and Roosevelt: The Intimate Letters of Archie Butt, Military Aide. Garden City (New Jersey) 1930. Band 1: 37.
10 Rosen: 92.
11 Eine andere, heute fast epidemieartig verbreitete Folge von Übergewicht, Diabetes mellitus, blieb Taft erspart.
12 Gefäßverkalkung.
13 Herzmuskelentzündung.
14 Blasenentzündung.
15 Sotos: 1137.
16 William Howard Taft: Address at Georgia State Fair Grounds on Wisdom and Necessity of Following the Law. The Collected Works of William Howard Taft. Edited by David H. Burton, Vol. 3. Athens (Ohio) 2002: 323.

Calvin Coolidge

1 Amity Shlaes: Coolidge. New York 2013: 74.
2 Donald R. McCoy: Calvin Coolidge. In: Henry F. Graff (Hrsg.): The Presidents. A Reference History. New York 1996: 402.
3 John Van Til: A Man of Character. Not »Silent Cal«, Thinking Cal: Correcting The Faulty Historical Image of Calvin Coolidge. 2010 JFK Symposium. https://www.coolidgefoundation.org/resources/2010-jfk-symposium-5/
4 Calvin Coolidge: The Autobiography of Calvin Coolidge. New York 1929: 93.
5 Mehr zu Grace Coolidge und den anderen Frauen der Präsidenten in: Ronald D. Gerste: Die First Ladies der USA. Regensburg 2000.
6 Shlaes: 131.
7 Telegramm vom 14. September 1919. In der Quellensammlung der Calvin Coolidge Presidential Foundation. https://www.coolidgefoundation.org/resources/speeches-as-governor-of-mass-1919-1920-13/
8 Shlaes: 159.
9 Ausführlicher wird dieser Tiefpunkt der amerikanischen Prä-

sidentengeschichte abgehandelt in: Ronald D. Gerste: Wie Krankheiten Geschichte machen. Stuttgart 2019.

10 Ein gerahmtes Porträtfoto Henry Fords stand auf dem Schreibtisch eines Mannes in München, der in Deutschland eine aufstrebende politische Partei anführte: Adolf Hitler.

11 Hans R. Guggisberg: Geschichte der USA. Band II – Die Weltmacht. Köln 1975: 182.

12 Karl Schriftgiesser: This was normalcy: an account of party politics during twelve Republican years: 1920–1932. Boston 1948: 248.

Harry Truman

1 Brief an seine Frau Abigail Adams, 19. Dezember 1793. National Portrait Gallery, Washington D. C. Objekt EXH.PW.04.

2 Alfred Steinberg: Sam Rayburn. A Biography. New York 1975: 225.

3 Anthony Beevor: Der Zweite Weltkrieg. München 2014, E-Book, ohne Seitenangabe.

4 Mehr zum Verhältnis des Präsidenten zum Diktator und zu den Beziehungen der USA zu Deutschland während der Regierungszeit beider von 1933 bis 1945 in: Ronald D. Gerste: Roosevelt und Hitler. Todfeindschaft und totaler Krieg. Paderborn 2011.

5 A. J. Baime: The Accidental President. Harry S. Truman and the Four Months That Changed the World. New York 2017: 43.

6 Die Stadt Kansas City liegt auf dem Territorium zweier Bundesstaaten, Kansas im westlichen und Missouri im östlichen Teil. Die Stadt Independence gilt als Trumans Heimatstadt; dort fand er auch seine letzte Ruhestätte. Sie liegt in Missouri und ist heute praktisch ein Vorort von Kansas City.

7 Baime: 75.

8 David McCullough: Truman. New York 1992: 214.

9 Senatoren werden für sechs Jahre, Mitglieder des Repräsentantenhauses nur für zwei Jahre gewählt. Präsident Lyndon B. Johnson brachte auch aus diesem Grund den Unterschied zwischen den beiden Kammern des Kongresses auf den Nenner: »The Senate is like chicken salad, the House of Representatives like chicken shit.«

10 Robert Dallek: Harry S. Truman. New York 2008: 12.
11 Jonathan Daniels: The Man from Independence. Port Washington, New York 1971: 237.
12 Manche Historiker sind indes der Meinung, dass Truman zumindest eine Ahnung von dem Projekt hatte, dessen immense Kosten ihm bei der Leitung seines Komitees aufgefallen sein mussten.
13 Hugh E. Evans: The Hidden Campaign. FDR's Health and the 1944 Election. New York 2002: 79.
14 *Los Angeles Times*, 14. April 1945.
15 Dallek: 20.
16 W. Averell Harriman and Elie Abel: Special Envoy to Churchill and Stalin 1941–1946. New York 1975: 453.
17 McCullough: 451.
18 Baime: 237.
19 Winston S. Churchill: The Second World War. Vol. 6. New York 1962: 545.
20 Alonzo M. Hamby: Man of the People. A Life of Harry S. Truman. New York 1995: 444.
21 Dallek: Truman: 119.
22 Dallek, Truman: 121.
23 Robert Dallek: An Unfinished Life. John F. Kennedy 1917–1963. New York 2003: 235.
24 Dallek: Truman: 149.
25 Dallek: Truman: 50.

John F. Kennedy

1 Ronald D. Gerste: JFK. 100 Fragen, 100 Antworten. Stuttgart: Klett-Cotta 2013: 30.
2 Ted Schwarz: Joseph P. Kennedy. Hoboken, New Jersey 2003.
3 Thomas Maier: The Kennedys. America's Emerald Kings. New York 2003: 264.
4 Näheres zu dieser Thematik in: Ronald D. Gerste: Wie Krankheiten Geschichte machen. Stuttgart 2019.
5 https://www.jfklibrary.org/archives/other-resources/john-f-kennedy-speeches/american-university-19630610

Richard M. Nixon

1 Brooks Flippen: Nixon and the Environment. Albuquerque, New Mexico 2000.

2 Zwei Tote, mehrere Verletzte. Einer der Anführer der Indianerbewegung, Russell Means, wurde nach kurzer Inhaftierung wieder entlassen. Er agierte später als Schauspieler und ist einem breiten Publikum vor allem durch seinen Auftritt in dem 1992 gedrehten Spielfilm *Der letzte Mohikaner* bekannt, in dem er die Rolle des Chingachgook spielt.

3 John A. Farrell: Richard Nixon. New York 2017: 377.

4 Farrell: 70.

5 Immerhin wurde eine Hütte, in der Nixon sein Büro hatte, durch japanische Artillerie zerstört.

6 Sie verpasste den Nationalfeiertag knapp; Julie Eisenhowers Geburtstag ist der 5. Juli.

7 Farrell: 22.

8 Jonathan Bell: The Liberal State on Trial. The Cold War and American Politics in the Truman Years. New York 2004: 200.

9 James M. Cannon: Time and Chance. Gerald Ford's Appointment with History. Ann Arbor, Michigan 2004: 57.

10 Jünger war mit 36 Jahren nur John Breckinridge, der von 1857 bis 1861 Vizepräsident unter Präsident James Buchanan war.

11 Farrell: 195.

12 Farrell: 206.

13 Farrell: 207.

14 Stephen Ambrose: Nixon: The Education of a Politician 1913–1962. New York 1987: 276.

15 Martin D. Tullai: An Election for the Books. *Baltimore Sun*, 2. Dezember 1997.

16 Es war White, den Jacqueline Kennedy eine Woche nach der Ermordung ihres Mannes ins Kennedy-Anwesen auf Cape Cod kommen ließ, um ihm den »Mythos Camelot« regelrecht in die Feder zu diktieren und damit (vor allem durch Whites Artikel in *Life* und sein erfolgreiches Buch *The Making of a President 1960*) das Bild ihres Mannes für die Nachwelt zu prägen. Die Gespräche

mit White stehen im Zentrum der Handlung des 2016 produzierten Films *Jackie* mit Natalie Portman in der Titelrolle.

17 Farrell: 311.

18 Anti Ballistic Missile Treaty.

19 https://www.youtube.com/watch?v=sh163n1lJ4M

20 Als ich vor einigen Jahren erstmals die Richard Nixon Presidential Library in Yorba Linda besuchte, trug ich mich am Ende in das Gästebuch ein. Das Statement des Besuchers, der zuletzt vor mir seine Eindrücke hinterlassen hatte, ist mir unvergesslich: »And he WAS a crook!«

21 Richard Matthew Pious: Richard M. Nixon. In: Henry F. Graff (Hrsg.): The Presidents. A Reference History. New York 1996: 530.

22 Anthony Summers: The Arrogance of Power. The Secret World of Richard Nixon. New York 2000: 437.

23 Summers: 446.

24 Alexander Haig wurde 1981 unter Präsident Reagan Außenminister, amtierte indes nur ein Jahr.

25 Summers: 457.

26 https://www.youtube.com/watch?v=ZEOGJJ7UKFM

27 Farrell: 532.

28 Amerikanische Schriftstellerin und Bürgerrechtlerin.

29 Patti Davis: Nixon looks better than Trump. *Washington Post*, 31. Januar 2019.

30 Auch auf der Plakette der Landefähre bei der bis zum heutigen Tag letzten Mondlandung, jener von Apollo 17 im Dezember 1972, findet sich Nixons Signatur.

Donald Trump

1 https://www.forbes.com/billionaires/

2 *New York Times*, 8. Mai 2019.

3 https://nymag.com/intelligencer/2017/03/what-george-w-bush-really-thought-of-trumps-inauguration.html

4 *Washington Post Magazine*, 27. Dezember 2020.

5 Zit. n. *The Economist*, 16.–22. Januar 2021.